程曼丽 主编

第十辑 Volume X

北大新闻与传播评论

Journalism and Communication Review

北京大学出版社
PEKING UNIVERSITY PRESS

图书在版编目(CIP)数据

北大新闻与传播评论. 第十辑/程曼丽主编. —北京：北京大学出版社，2015.12

ISBN 978-7-301-27037-0

Ⅰ. ①北… Ⅱ. ①程… Ⅲ. ①新闻学—文集 ②传播学—文集 Ⅳ. ①G210-53 ②G206-53

中国版本图书馆 CIP 数据核字(2016)第 076312 号

书　　名	北大新闻与传播评论（第十辑） BEIDA XINWEN YU CHUANBO PINGLUN
著作责任者	程曼丽　主编
责任编辑	胡利国
标准书号	ISBN 978-7-301-27037-0
出版发行	北京大学出版社
地　　址	北京市海淀区成府路 205 号　100871
网　　址	http://www.pup.cn
电子信箱	ss@pup.pku.edu.cn
新浪微博	@北京大学出版社
电　　话	邮购部 62752015　发行部 62750672　编辑部 62765016
印刷者	三河市北燕印装有限公司
经销者	新华书店
	965 毫米×1300 毫米　16 开本　14.75 印张　219 千字 2015 年 12 月第 1 版　2015 年 12 月第 1 次印刷
定　　价	43.00 元

未经许可，不得以任何方式复制或抄袭本书之部分或全部内容。
版权所有，侵权必究
举报电话：010-62752024　电子信箱：fd@pup.pku.edu.cn
图书如有印装质量问题，请与出版部联系，电话：010-62756370

编辑委员会

主　　任：邵华泽
副 主 任：徐　泓
委　　员：赵为民　龚文庠　程曼丽　肖东发
　　　　　杨伯溆　陈　刚　关世杰
主　　编：程曼丽
副 主 编：师曾志
编　　辑：吴惠凡

主 编 的 话

无论哪朝哪代,"新技术""新观念""新学""新知"等词汇如同肾上腺素,总是能对人类肌体产生强大的激化作用,使之兴奋异常,趋之若鹜。眼下的新闻传播研究就不乏这样的追逐。这种特殊的"药理现象"一旦被放大,就会影响研究者对于现实问题的理性判断与思考。而"思被盲从所代替"的后果,必然是随波逐流,"难以作出创造性的发问"(海德格尔语)。因此,新旧交替之际,研究者的理性尤显重要。在我看来,研究者的理性具体表现在两个方面:第一,对于新时期创设的新理念以及在此基础上形成的政策解读和研究结论进行必要的检视与反思,提出更具科学性的见解;第二,对于被"新"事务遮蔽的"旧"问题持续追问,揭示其对于当今社会的重要意义。以上两点在本辑内容中均有体现。

贾文山、赵立敏围绕中国学者有关"中国梦"的研究,尤其是其中存在的问题进行了颇具启发性的分析,认为当前的"中国梦"研究需坚持民族话语与世界话语的结合;坚持从分散到整合的研究;坚持从对集体层面延伸至对个人层面的研究;坚持从虚到实的跟进研究。杨虎、肖东发基于中外文化交流的时代背景以及"社会主义文化强国"建设的现实需要,重新解读"经典"的意义与价值。王辰瑶从融合的理论视角出发,对新闻学的一个古老话题进行重新思考,提出"网络时代如何表征现实"的问题。王洪喆则通过参与式观察探讨了信息传播科技与新的工人群体文化空间生成的关系及其存在的各种制约。

本辑内容虽未直接涉及新媒体技术、平台等的探讨,它们却是研究者设论与思考的背景与前提。在此基础上展开的分析,无论是侗族大歌的国际传播(张斌、张昆)、广府文化的海外传播(刘康杰)、中国媒体的对日文化传播(王秀丽、梁云祥),还是有关学科建设的思考、有关悲剧性事件的伦理思考等,立足前沿,不落俗套,具有鲜明的时代特征。

新与旧、历史与现实是一对辩证关系,也是一个永恒的话题。从新闻传播学的角度看,旧的东西即便逝去,也会成为学科发展的有机组成部分,体现的是一种传承性与延续性。从这个意义上说,新闻传播历史研究具有重要的意义和价值。本辑的新闻史研究部分,包括单波、詹佩的"战时日本新闻的'沦陷'与日本国民性的关联"、刘继忠的"国民党败退大陆的传播学思考"、向芬的"中国与西方的现代意象"等就一定程度体现了这样的意义与价值。这也使本辑内容丰富多彩且不乏新意。

程曼丽
2015 年 12 月

目　录

新闻传播史论

图书经典及其特质论 …………………… 杨　虎　肖东发（3）
战时日本新闻的"沦陷"与日本国民性的关联
　　………………………………… 单　波　詹　佩（15）
国民党败退大陆的传播学思考
　　——以蒋介石战略传播思想为中心 ………… 刘继忠（24）
中国与西方的现代意象：抗战时期滇缅公路的舆论建构
　　……………………………………………… 向　芬（43）
反思广告研究中的"经济学帝国主义" ………… 祝　帅（68）

媒体与社会

网络时代新闻如何表征现实？
　　——一个融合的理论视角 ………………… 王辰瑶（81）
美国华文报刊维系族群边际的困境 …………… 彭伟步（98）
信息传播科技与新工人的文化空间：以华南地区"X中心"
　　为个案的考察 ……………………………… 王洪喆（108）
悲剧性事件的"家属报道"中记者的伦理抉择
　　——以"马航MH370失联"报道中记者与家属的
　　　　互动为个案 …………………………… 刘　津（123）
传播学视角下的公共文化服务研究：综述与前瞻…… 胡　鹏（150）

国 际 传 播

"中国梦"理论话语体系建构图
　　——对中国学者的"中国梦"研究综述和批评
　　…………………………………… 贾文山　赵立敏　（169）
侗族大歌的国际传播与中国国家形象建构
　　…………………………………… 张　斌　张　昆　（181）
日本人眼中的中国媒体及其对中国国家形象的影响
　　…………………………………… 王秀丽　梁云祥　（195）
中国地域文化对外传播的特例
　　——广府文化海外传播的现象与本质 ………… 刘康杰　（215）

新闻传播史论

- 图书经典及其特质论
- 战时日本新闻的"沦陷"与日本国民性的关联
- 国民党败退大陆的传播学思考
  ——以蒋介石战略传播思想为中心
- 中国与西方的现代意象：抗战时期滇缅公路的舆论建构
- 反思广告研究中的"经济学帝国主义"

图书经典及其特质论

杨 虎 肖东发

内容摘要:不同的图书经典是不同文化在不同时期孕育出来的精神财富,同时也塑造并代表着一个国家或民族的文化性格与传统。在建设社会主义文化强国的历史进程中,当代作者、出版者和读者应该充分认识到经典的重要意义和价值。为此,有必要对经典的基本概念及其文化特质有一个清晰的认识。从中外著述历史的发展来看,图书经典应该具备十方面的文化特质。

关键词:文化;图书经典;经典特质

图书尤其是经典图书与文化的关系十分密切。伟大的文化体系能孕育出伟大的经典著作,而优秀的经典著作则可以塑造并代表一个国家或民族的文化性格与传统,进而形成一个伟大的文化体系。"周虽旧邦,其命维新",今天,我们要建设社会主义文化强国,真正实现当代中国人的"文化自信",一项非常重要的工作,就是在传承与扬弃传统文化的同时,创造新时期的具有中国特色、中国风格、中国气派的文化成果。而作为文化的重要载体和表现形式之一的图书,理应在其中有突出的表现。中国的先民曾创造出伟大的文化传统和不朽的传世经典,今日的中国人,理应在中外文化大交流大融汇的时代背景下,推出新的文化成果,打造新的经典著作。我们认为,人们普遍期望看到的社会主义文化强国的文化景观中,至少应该有这样的可喜现象:全社会尊崇经典,创作者努力创作经典,出版者认真出版经典,读者广泛阅读经典。

费孝通先生曾说,文化是人为的,也是为人的。经典也一样,是人为的,也是为人的。多年来,人们一直在探讨经典,关注经典,呼唤经典,因为这的确关系和反映着中国当代文化的生命状态与发展前景。但当人们都在围绕着经典做文章时,却往往忽视了一个基本的问题:"究竟什么是经典?"迄今为止,中外很多学者都给"经典"下过不同的定义。比如王余光先生就认为:"我们常说的经典,是指那些具有重要影响的、经久不衰的著作,其内容或被大众普遍接受,或在某专业领域具有典范性与权威性"[1]。意大利著名作家卡尔维诺也在《为什么读经典》一书中提出了"经典"的十四个定义和特征[2],读来颇有启发。

为了对"经典"这个概念有更准确和深入的理解,我们先分别探讨一下"经"和"典"的本来意义。

"经"的篆体字为"經",原义指织布机上与纬线相对应的垂直方向的纵线。古人认为,在织布或织丝时,只有纵向的经线先确定后,横向的纬线才能有所依附。由此而认为"经定而后纬正",经因此成为前提性、先决性的东西。后来与图书典籍联系在一起,就指那些重要的权威性图书典籍。在汉武帝以前,一些重要的图书就已经被冠以"经"的名号。如《易经》《书经》《诗经》《墨经》《道德经》《黄帝内经》《周髀算经》《甘石星经》,等等。在汉武帝实行"罢黜百家,独尊儒术"的文化政策以后,以孔子为代表并经董仲舒加工改造的儒家思想成为当时占统治地位的思想,而相应的一些重要的儒家著作也脱颖而出,成为封建政权法定的经典,地位越来越高。在传统目录学的经、史、子、集四部分类体系中,经部书专指那些被封建统治者确定的并为儒家所尊奉的重要典籍,包括众所周知的《五经》《十三经》。在传统社会中,这类图书具有高过其他一切图书典籍的至高无上的地位。清代纪昀在《四库全书总目提要》的经部总序中讲,"经秉圣裁,垂型万世,删定之旨,如日中天",经部的书籍记载的乃是天下至高无上、永远正确、万世通用的公理。今天,除了专业的目录学研究以外,当我们把"经"与图书联系在

---

[1] 王余光:《阅读,与经典同行》,《教育文汇》2009年第9期。
[2] 〔意〕埃斯特尔·卡尔维诺:《为什么读经典》,黄灿然、李桂蜜译,译林出版社2012年版,第1—10页。

一起时,已经不再局限于儒家经典,而是更多地回归其本来意义。袁行霈先生就指出,现在研究中国传统文化,要从多个源头清理中华文明的来龙去脉,广泛地吸取其中的精华。基于这样的理念,他倡议对《十三经》重新编选和校注,新编的《十三经》应该收入以下十三种典籍:《周易》《尚书》《诗经》《礼记》《左传》《论语》《孟子》《荀子》《老子》《庄子》《墨子》《孙子兵法》《韩非子》。①

"典"的篆体字为"🙾",《说文解字》解释说:"典,五帝之书也。从册,在几上,尊阁之也。"并引庄都之说云:"典,大册也"②。在纸张发明之前,我国的先民曾选用竹木、丝帛、金石、兽骨作为文字的载体,其中又以竹木之用最为广泛长久,由此形成流行甚广影响甚远的简册制度。根据文献记载和考古发现印证,这种制度有一个基本的规律,即"以策之大小为书之尊卑"③。显然,那些"大册"一定是比较尊贵的重要图书典籍。根据《说文解字》的解释,"典"除了形制上比较大以外,从内容属性上来看,乃传说中的五帝之书,要比一般书尊贵;从珍藏方式来看,是被专门供奉、珍藏于"几阁"之上的书籍。

"经"与"典"连用,用在图书领域,就是指那些具有权威性、典范性且具有广泛而深远影响力的重要图书典籍。参照卡尔维诺的定义方式,在我们看来,经典书籍应该有十条基本特征或者属性,一言以蔽之,就是经典的文化特质:

1. 经典是书籍金字塔顶的那些少而精的"书中之书",在浩如烟海的书籍中特立独行

很多学者都提出来,中国典籍虽然很多,但基本的要籍也就几十种而已。清人曾国藩认为:"古今书籍浩如烟海,而本根之书不过数十种。经,则《十三经》是已;史,则《廿四史》暨《通鉴》是已;子,则十子是已(五子之外,《管》《列》《韩非》《淮南》《鹖冠》);集,则《文选》《百

---

① 袁行霈:《〈新编新注十三经〉刍议》,载《当代名家学术思想文库·袁行霈卷》,万卷出版公司2011年版,第464—475页。
② (东汉)许慎:《说文解字》,李伯钦注释,九州出版社2014年版,第393页。
③ 王国维:《简牍检署考校注》,胡平生、马月华校注,上海古籍出版社2004年版,第38—39页。

三名家》,暨唐宋以来专集数十家是已。自斯以外,皆剿袭前人之说以为言,编采众家之精以为书"①。再如1984年1月25日,在我国台湾出版的《中央副刊》上登载了一封由台湾前任防务机构负责人俞大维口述的《给女作家陈荔荔的一封信》,信中谈及:1912年,陈寅恪第一次从欧洲回国时,曾去拜见其父陈散原的老朋友夏曾佑。夏曾佑对他说:"你是我老友之子,我很高兴你懂得很多种文字,有很多书可看。我只能看中国书,但可惜都看完了,现已无书可看了。"时年22岁的陈寅恪对夏曾佑的这番话很不理解,告别出来时心想,此老真是荒唐,中国书籍浩如烟海,哪能都看完了? 后来,陈寅恪七十岁左右的时候,又见到表弟俞大维,重提当年那件往事,感慨道:"现在我老了,也与夏先生同感。中国书虽多,不过基本几十种而已,其他不过翻来覆去,东抄西抄。"曾国藩、夏曾佑和陈寅恪均为一代文史大家,他们的说法具有很强的代表性,他们所说的"本根之书""基本书",均指那些少而精的经典著作。

2. 经典的产生殊为不易,因为需要具备很强的独创性,它是特殊年代、特殊地区、特殊人物厚积薄发的产物

并不是每个时代都有可能产生经典,辉煌的时代,经典往往会呈井喷之势,层出不穷,而平庸的年代,几百年也出不了经典。而每一部经典的产生过程都是缓慢、艰难的,需要精雕细琢,不断完善。张舜徽先生说:"著述之业,谈何容易,必须刊落声华,沉潜书卷,先之以十年廿载伏案之功,再益以旁推广揽披检之学,反诸己而有所得,然后敢著纸笔。必有自得之实,方可居作者之林"②。而要成为经典,更是难上加难,这也是经典数量不可能很多的重要原因之一。清人顾炎武认为,只有那些"古人之所未及就、后世之所不可无,而后为之"的书,才能真正成为传之不朽的精品。像《资治通鉴》和《文献通考》这样的名著,都是作者"以一生精力成之,遂为后世不可无之书"③。也就是要在前人研

---

① 唐浩明:《唐浩明评点曾国藩语录》,华夏出版社2009年版,第726页。
② 张舜徽:《爱晚庐随笔》,华中师范大学出版社2005年版,第343—344页。
③ (清)顾炎武:《日知录校注》(中),陈垣校注,安徽大学出版社2007年版,第1046—1047页。

究的基础上,开拓新领域,研究新问题,做出对当代和后世均有价值和意义的研究成果,进而呈现出独特的面貌和风格来。正是在这一点上,经典的独特性、深刻性和畅销书的模式化、批量化形成了鲜明的对比。

从中国的著述史来看,"十年磨一剑"甚至"终身磨一剑"的厚重之作,都会让那些"一年磨十剑"的急就章相形见绌。而要做到这一点,往往需要著述之人抛弃很多东西,心无旁骛地专心笔耕,倾注毕生的心血和精力去完成自己的名山之作,因此他们很多人的人生经历经常是孤独寂寞甚至是不幸的。中国的著述史上一直存在着"发愤而著书""文章憎命达""诗穷而后工"的现象。孔子、司马迁、杜甫、蒲松龄、吴敬梓、曹雪芹,这些令后人"高山仰止"的文化大家,都有些"千秋万岁名,寂寞身后事"的悲凉和无奈。在一定意义上,是这些文化巨匠用自己的人生悲剧为我们打造出了民族的不朽经典。因此,面对其人其书,我们应该有一种"温情的敬意",甚至应该有些"家有敝帚,享之千金"的情结。

3. 经典是经过长久的时间考验和人们的精心选择而形成的,是大浪淘沙、沙里又淘金后涌现出来的精品,因此具有很强的历史性

经典一定是经过历史选择出来的"最有价值的书"。关于这一点,冯友兰先生有很精到的论述:"怎样知道哪些书是值得精读的呢?对于这一个问题不必发愁。自古以来,已经有一位最公正的评选家,有许多推荐者向它推荐好书。这个评选家就是时间,这些推荐者就是群众。历来的群众,把他们认为有价值的书,推荐给时间。时间照着他们的推荐,对于那些没有永久价值的书都刷下去了,把那些有永久价值的书流传下来。从古以来流传下来的书,都是经过历来群众的推荐,经过时间的选择,流传了下来。"①从这个角度来讲,经典具有长久的生命力和永恒的价值,这一点如果与畅销书"各领风骚三五月"的时尚性相比,就会更为突出。当然,从中国历史上来看,经典的形成机制是一个错综复杂的过程,受到政治家、学者和群众等不同群体的多维影响。比如儒家

---

① 冯友兰:《我的读书经验》,载《博览群书》杂志选编:《读书的艺术》,九州出版社2004年版,第129页。

经典如果没有汉武帝"罢黜百家,独尊儒术"的强有力政策,可能就不会有后来那么显赫的地位。但无论如何,一本书籍能否成为经典,最根本的因素还是取决于其内容。

4. 经典具有鲜明的时代性,经典会打上时代的烙印,并随着时代的变迁而起伏

一方面,不同的时代可以产生不同的经典,不同时代的经典会打上那个时代鲜明的历史烙印。以文学为例,古代有楚辞、汉赋、六朝骈文、唐诗、宋词、元曲、明清小说,到了民国,新文学领域又涌现出了大量的散文、诗歌、小说、戏剧,今天看来,其中也有不少经典之作。新中国成立以来,有人认为:凡是获得茅盾文学奖的作品,都有成为经典小说的可能性,但最终结果如何,还需时间考验,还需沙里淘金。

另一方面,有些经典因为不同时代的政治、经济、文化等多方面的因素,地位和影响会有所不同。比如汉代许慎的《说文解字》一书,在清代就特别受到学者的推崇,这是中国古代学术发展的必然趋势,也是乾嘉学派"读书自识字始"的学术主张的具体体现。直到民国时期,很多学者仍将其列为国民的基础读物之一。朱自清先生《经典常谈》一书的开篇,选的便是《说文解字》。可是到了今天,对于一般读者而言,要读中国传统经典,一般都很少从此书入手,因为我们已经有了更适合今人查阅的多种字典词典。但这并不能否认《说文解字》是一部文字学中的经典著作,如果要进行专业的研究,还是应该将其作为必读书,下工夫认真研读。

5. 经典具有鲜明的国家和民族的文化特性

首先,不同的国家和民族都会有不同的经典。以我国为例,中国的传统文化是由56个民族共同创造和发展起来的,呈现出"多元一体"的格局和特征。在这种文化格局下,除了汉族的经典之外,藏族、蒙古族、柯尔克孜族也分别有自己的英雄史诗《格萨尔》《江格尔》《玛纳斯》,这些都是中华民族珍贵的文化遗产,我们在谈论中华民族的传统经典时,必须把这些典籍纳入其中。

其次,那些具有根本性、生发性的经典,会在一定程度上决定一个国家和民族的生活样式,进而形成不同的民族性格和文化特征。德国著名哲学家卡尔·雅斯贝尔斯在1949年出版的《历史的起源与目标》中把公元前800年到公元前200年称为世界历史的"轴心时代",认为这是人类文明精神的重大突破时期。这个时期,各个文明都出现了伟大的精神导师——古希腊有苏格拉底、柏拉图、亚里士多德,以色列有犹太教的先知们,古印度有释迦牟尼,中国有孔子、老子……他们提出的思想原则塑造了不同的文化传统,也一直影响着人类的生活。"这个时代产生了直至今天仍是我们思考范围的基本范畴,创立了人类仍赖以存活的世界宗教之源端。"①"轴心时代"的古圣先贤巨大的创造力和影响力,则主要是通过生前的传道授业解惑和身后的图书典籍。为什么会有这种现象?仅以中国为例,因为人类从茫然无知,崇拜自然、崇拜鬼神、崇拜祖先,到处求神问卜的夏商西周蒙昧时期,发展进化到春秋战国,学术下移,出现了私人著述、私人藏书、私人讲学。人类进入开窍的青少年时期,试图回答人与自然、人与社会、人与人之间的关系,或者回答"我从哪里来?""要到哪里去?"等根本性问题。所以就出现了一批所谓的圣人和贤人,他们的著述就逐渐成为经典,后世人还要回答这些根本性问题,还要在这些经典中寻求答案,因为这些经典提出并回答了人类精神生活中的众多根本性问题。这些典籍,都已经成为各个国家与民族精神文化方面永恒的"元典"。比如《吠陀》之于印度,《圣经》之于基督徒,《古兰经》之于穆斯林,《荷马史诗》《理想国》《形而上学》之于希腊人,《四书》《五经》之于中国人,无不如此。所以有人说,要了解一个国家和民族,最好是从决定这个民族文化基因的几本重要典籍入手。

复次,一个国家和民族文化的持续发展,必须对她的重要典籍进行研习、传承、扬弃与创造。清代龚自珍《定庵续集》里说:"欲知大道,必先为史。灭人之国,必先去其史。"这里所说的"史",也包括本国家本民族的重要典籍。可惜的是,自近代以来,因为国势的衰微、政局和文化理念的转变,国人对传统文化以及承载传统文化的典籍的态度,经历

---

① 〔德〕卡尔·雅斯贝斯:《历史的起源与目标》,魏楚雄、俞新天译,华夏出版社1989年版,第9页。

了从"看不起"到"看不到",再到"看不懂"的历史过程。钱穆先生因此感慨地说,对中国文化失去信心是中国文化的最大危机。可喜的是,党的十八大报告已经强调:今天的中国要"建设优秀传统文化传承体系,弘扬中华优秀传统文化",作为传统文化的重要基础内容之一,传统经典理应得到必要的重视和广泛的了解。习近平总书记更是提出了"文化自信"的重要执政理念。2014年9月9日,习近平同志在北京师范大学看望教师学生时提出,"我很不赞成把古代经典诗词和散文从课本中去掉,'去中国化'是很悲哀的。应该把这些经典嵌在学生脑子里,成为中华民族文化的基因"①。在新时期听到党和国家领导人能有如此高瞻远瞩的见解和眼光,我们甚感敬佩和欣慰。

6. 从研究的角来度看,经典作为具有重大原创性奠基性的著作,具有持久的震撼力、生发性与开放性,值得深入研究,多方诠释,可以生发出许多有意义的重大问题,甚至形成重要的学科、学派

美国学者安德斯·斯蒂芬森说,经典之所以成为经典,"在于它们不断地接受重新诠释"②。冯友兰先生也指出,"以述为作"的著述方式是儒家学术赖以成为系统的根本方式。③ 同样一部《论语》,后世不同的注解、章句、笺疏、集解,看似都是在阐述《论语》,实则更重要的是在反映注解者的意见和主张。不独儒家如此,在一定程度上,这也是整个中国传统学术文化接续发展的一种普遍方式。从这个角度来看,中国学问犹如葡萄藤,一串串的累累果实都是从一个重要的点上逐步生发出来的。不研究这些点,就无法读通弄懂后来的大量书籍。《周易》《老子》《论语》《孙子兵法》这些先秦时期出现的"元典",篇幅都不长,但后世的解释、研究之作,真可谓叠床架屋,举不胜举。很多专门的学科便由此而形成,比如,围绕着《说文解字》《文心雕龙》《红楼梦》等书,形成了"说文学""龙学""红学",研究之人如过江之鲫,甚是壮观。

---

① 《习近平:很不赞成把古代诗词和散文从课本中去掉》,新华网:http://news.xinhuanet.com/book/2014-09/10/c_126968969.htm。
② 〔美〕邓比:《伟大的书:西方经典的当代阅读》,苇航译,国际文化出版公司2006年版,第18页。
③ 冯友兰:《中国哲学史新编》(上册),人民出版社2004年版,第187页。

从这个角度来讲,这些书都是一些"源头"书,读书首先要重视这些书,先从这些书读起,越往下读就越有焕然冰释的感觉。金克木先生就指出,在读古书时,应首先阅读《易》《诗》《书》等十部经典:"首先是所有写古书的人,或说古代读书人,几乎无人不读的书必须读,不然就不能读懂堆在那上面的无数古书,包括小说、戏曲。那些必读书的作者都是没有前人书可替代的,准确些说是他们读的书我们无法知道。这样的书就是:《易》《诗》《书》《春秋左传》《礼记》《论语》《孟子》《荀子》《老子》《庄子》。这是从汉代以来的小孩子上学就背诵一大半的,一直背诵到上一世纪末。这十部书若不知道,唐朝的韩愈、宋朝的朱熹、明朝的王守仁(阳明)的书都无法读。连《镜花缘》《红楼梦》《西厢记》《牡丹亭》里许多地方的词句和用意也难于体会。"①

7. 随着知识更新速度的加快和现代学科体系的发展,经典的学科性开始特别凸显

人们经常讲传统社会的早期文史哲不分家,有很多"上知天文,下知地理"的百科全书式的大学者。这是因为先前的学科体系不像现在这样规范和细致,人们阅读的对象更多的是具有普适性的经典著作。如钱穆先生1978年在《从中国历史来看中国民族性及中国文化》中提出,《论语》《孟子》《老子》《庄子》《六祖坛经》《近思录》《传习录》七部书最能代表中国文化精神,是中国人的总纲,也是中国人的必读之书。吴小如先生也曾提出,把《唐诗三百首》《四书》《古文观止》从头到尾都看过,都背过,就能打好国学基础②。两位先生所提到的书都是通用性、普适性的经典。除了这些普适性的经典著作以外,图书领域更多的则是不同学科不同领域的经典,适合专门的研习者去研读,在当代更是如此。有此学科必读而彼学科完全可以不读的书。中国目录学有一个非常优良的传统,清代章学诚概括为"辨章学术 考竟源流"。每个学科都有学术发展史,那些发微、奠基或集大成之作,值得重点研读。比如我们研究中国书籍史和出版史,叶德辉的《书林清话》、王国维的《简牍

---

① 金克木:《书读完了》,《读书》1984年第11期。
② 潘衍习:《吴小如的书房》,《人民日报(海外版)》2012年10月26日。

检署考》都属于不能不读,甚至不能不熟读的经典之作。再如传播学研究中也有"四大先驱"以及集大成者之说,他们各有重要的代表性著作①。但对于研究数学、经济、政治等学科的人而言,不读甚至不知这些书,也没有什么大碍。这一点就提示我们,现代学科体系建立起来以后,术业有专攻,隔行如隔山的特点越来越明显。因此在读书和研究中,应该有一种"厚此而不薄彼"的宽容心态。我研究的领域别人不知不明,是很正常的。在重视自己领域经典的同时,也要对其他领域有必要的敬畏之感。

8. 经典是值得人们反复阅读,甚至百读不厌的书,因为经典具有丰富而厚重的内涵

苏轼有诗云:"旧书不厌百回读,熟读深思子自知",这里的"旧书"系指那些经典的好书而言。卡尔维诺也说:"经典作品是那些你经常听人家说'我正在重读……'而不是'我正在读……'的书"②。孔子喜读《易》以至"韦编三绝";赵普"以半部《论语》打天下,以半部《论语》治天下",白崇禧标榜自己"半部《左传》治广西",都讲的是一部书可以精读数遍,可以用读十本书的精力读好一本书。经典一定是值得我们终生反复阅读而且每读一次都会有新知新解新悟的好书。比如不少人读《诗经》《论语》《孟子》《资治通鉴》《红楼梦》等书时,总有读不够,常读常新之感,这是因为经典的内容太丰富、太深刻,所以大多数情况下,阅读经典并非易事,而是需要有一定的知识储备、文化素养、人生阅历和阅读能力作为基础,读不太懂或者根本不懂,是普通读者初次接触经典时常会遇见的问题。这当然不是经典之错,而是我们的水平有限,需要提高的是我们自己。但一旦进入经典找到感觉后,收获就会与日俱增,开卷有益就会成为一种常态。这恐怕也是应该反复阅读经典的客观原因之一。相比之下,一些流行一时的畅销书,如有闲暇和兴趣,翻读一遍便足矣,因为这样的书,内容较浅,缺乏值得咀嚼的味道。以我们的理解,世间所有书籍,都可分为四种:看家书、精读书、泛读书、备检

---

① 郭庆光:《传播学教程》,中国人民大学出版社2002年版,第260—263页。
② 〔意〕埃斯特尔·卡尔维诺:《为什么读经典》,黄灿然、李桂蜜译,译林出版社2012年版,第1页。

书。对于看家书,应该反复仔细阅读以致无比精熟,部分内容甚至全部内容都能背诵,并能运用自如。对于精读书,则至少系统读过三遍,且有必要的札记,对其框架、观点、方法、风格十分了解。对于泛读书,则取"随便翻翻"主义,闲时一阅,有个大概了解,感兴趣者记下来,过一遍即可。对于备检书,主要针对工具书而言,有问题、有疑惑时拿来查找翻阅即可。这里所指的看家书、精读书,就主要指经典而言。

9. 对于当代人来说,经典,尤其是古籍中的经典,往往存在着"知之者较多"而"读之者较少"的矛盾现象

如经部中的"四书五经",史部中的"前四史"和《资治通鉴》,子部的诸子百家,集部的唐诗宋词元曲以及四大文学名著,对于稍有文化基础的中国人来说,都会知道,但却未必都读过。我们姑且"卑之无甚高论",即便像《唐诗三百首》《古文观止》以及"四大文学名著"这类耳熟能详的常见书,恐怕也很少有人读完读好。我们在北京大学为本科生上课时,经常会向同学们提两个问题:一是从小到大,有哪位同学曾彻头彻尾通读过"四大名著"中的一本?二是每年寒暑假回家,大家都有带好几本书回家的习惯,但放假归来,有哪位同学曾彻头彻尾地读完其中的一本?满堂少年中,有肯定答案的总是寥寥无几。在我们个人的阅读生活中,随便翻翻浅尝辄止,刚开个头就另觅他书的情况也会经常发生。因此就无法深入、系统地了解经典。可是这些经典书籍却是非常基础、非常重要的。如著名学者汪辟疆先生、余嘉锡先生就非常强调读常见的经典书,他们分别将自己的书房命名为"读常见书斋""读已见书斋"。

10. 不论什么样的经典,到了不同读者那里,都会有一个"选择性接受"的问题

读书是一项个性很强的活动,每个人的读书志趣、习惯和方法绝不会等同划一。即便在同一时间同一地点,不同人在读同一本书,最终所得的效果也会千差万别。真正会读书的人,在求学和工作阶段,除了一些硬性规定的必读书外,都会自主选择自己的其他书籍。很多学者都指出,我们在选择和阅读书籍时,既需要认真听取并充分借鉴前人、名人和师友的主张和意见,但又不能照单全收,盲目遵从,而是主权在我,必须根据自己的趣味眼光和实际需要去选择。相比之下,趣味应是第一位的标准。因此,不同人心目中会有不同的经典。民国时期黄侃先生在北京大学任教时,面对声势浩大的白话文运动,不为时风所动,坚持提倡和使用文言文,甚至提出"八部书外皆狗屁"的观点,意谓平生信奉推重的经典只有八部,即《毛诗》《左传》《周礼》《说文解字》《广韵》《史记》《汉书》《文选》,其余均不可论,更不用说白话文。这样的选择,并没有妨碍黄先生成为一代国学大师。黄先生的经历给我们的启发就是:我们可以不读自己不感兴趣的经典,但一定要把自己感兴趣且认为有价值的经典读好。当每个人都在尊崇经典的前提下,自觉选择自己感兴趣的书去认真阅读的话,整个社会的文化氛围也会发生很大的变化。今天我们要构建"书香社会",首先要解决的问题,就是要引发国人对读书的兴致以及对经典的敬意,让大家认为读经典是有益的、必要的、美好的,进而养成自动读书的习惯。接下来,至于读什么、怎么读的很多问题,都会迎刃而解。

(作者杨虎为北京大学继续教育学院副院长,助理研究员;作者肖东发为北京大学新闻与传播学院教授)

战时日本新闻的"沦陷"与日本国民性的关联

单 波 詹 佩

内容摘要：战时日本媒体到底受到什么力量的驱使，逐步沦为军部的传声筒，丧失了言论自由？本文发现，日本新闻界乐于造就为报纸而存在的国民，也乐于被国民所造就，自觉把自己绑缚在国民性之中；当国民性主导新闻报道，新闻媒体将不再独立于政府、受众、广告主，无法说自己想说的话，一切客观、公正、独立、自由将成为泡影，只是听从国民的需求。在战争状态下，日本主流媒体更是贪恋所谓新闻的力量，追随单向度的国民性，以实现自身利益的最大化，从而失去独立思考与报道的能力，成为军国主义的帮凶，最终让本国国民成为被蒙蔽的人。

关键词：日本新闻；国民性；言论自由

在日本新闻界，人们通常把新闻界的战时表现归咎于军部力量对言论的管制，但是，京都大学研究传媒史的佐藤卓己发现，战争中的大报社与大出版社都在积极响应情报局的需求，因此他认为，"大多数被称为所谓镇压言论自由的事例，都是战后媒体方面为了逃避责任炮制出来的"[①]。战争中的媒体不仅在军部的压迫下不再报道真相，在社论方面也失去理性，全面偏离言论自由。尽管有一些小的插曲，如1936年5月7日，美国密苏里大学表彰《朝日新闻》，赞扬其多年来发展日

[①] 日本读卖新闻战争责任检证委员会：《检证战争责任：从九一八事变到太平洋战争》，郑钧等译，新华出版社2007年版，第127页。

本的自由主义和民主主义,抵抗军国主义的功绩①。但在战败后,《朝日新闻》对此展开自我批判表明,虽然被密苏里大学誉为反军阀报纸,但在近卫新体制运动后,报纸自身被迫协助政府,在日本要加入三国同盟时,也没有尝试进行一言半语的批判或反击②。《太平洋战争与日本新闻》一书则做出了更客观的分析,认为日本新闻界在战争时期逐步丧失言论自由,"一边是被军部和政府言论统制,被逼合作的受害者,一边是没有将真相正确传达给国民的加害者"③,这便是战时日本新闻的"沦陷"。在这种背景下,我们有必要再度反思这样一个问题:战时日本媒体到底受到什么力量的驱使,逐步沦为军部的传声筒,丧失了言论自由?

"九一八"事变前夜,《朝日新闻》对军部的独断专行做出批评,表示强烈担心。可事变之后,《朝日新闻》对事变相关新闻进行大规模报道,同时向驻留军寄送慰问金,在社论中全面支持军队。与此不同,《每日新闻》一开始便赞成"满蒙是日本的生命线"④的观点,认为中国在事变中破坏了日本的权益,主张对华强硬,以至于报社部分人自嘲"九一八"事变是《每日新闻》赞助,关东军支持的事变⑤。言下之意,《每日新闻》对于战争的推动作用并不是在军部压迫之下被逼进行,而是自己主动请缨。《太平洋战争与日本新闻》一书总结的原因是,民族主义使得报纸在国家面临困难时支持军部,实现舆论的统一,同时伴随"不买运动"⑥。

的确,"九一八"事变是日本主流媒体转向的重要标志,陆军大臣荒木贞夫当时甚至对报社感激不已,认为各个报纸对内统一舆论,对外发扬了国民的优秀精神⑦。起初,在《大阪朝日》⑧报社内充满对事变的

---

① 前坂俊之:《太平洋战争与日本新闻》,晏英译,新星出版社2015年版,第190页。
② 《报纸的战争责任清算》,《朝日新闻》1945年10月24日社论。
③ 前坂俊之:《太平洋战争与日本新闻》,晏英译,新星出版社2015年版,第4页。
④ 江口圭一:《昭和的历史4·十五年战争的开幕》,小学馆1982年版,第22页。
⑤ 前芝确三、奈良本辰也:《体验的昭和史》,雄浑社1968年版,第61页。
⑥ 前坂俊之:《太平洋战争与日本新闻》,晏英译,新星出版社2015年版,第37页。
⑦ 同上。
⑧ 《朝日新闻》曾在东京以《东京朝日》、在大阪以《大阪朝日》为报名发行,1940年9月统一为《朝日新闻》(见前坂俊之:《太平洋战争与日本新闻》,晏英译,新星出版社2015年版,第14页)。

不满情绪,这样的情绪在新闻报道中的体现引起右翼人士的不满,以在乡军人会(会员为日本预备役和退役军人,是支持军部的团体)为主的团体发起实施不买运动的决议,虽然经报社协调谈话后该决议被取消,但没有改变观点的《大阪朝日》销量仍在每日下降。亲近军部的《每日新闻》抓住机会不断扩大发行量,在利益逼迫下的《大阪朝日》因此改变对事变的态度。随后,在《朝日新闻》报社主要负责人会议中,通过一致的报道方针称:"虽然还像以前一样强调裁军,但在国家面临重大事件时,作为日本国民当然应该支持军部,并统一国家舆论。"①这样一来,就将记者与国民的身份统一起来,自觉接受国家舆论的导引。

随后,日本新闻界陷入疯狂的境地,在上海"一·二八"事变中"创造"出"爆弹三勇士"的神话,记者在没有确认事实的情况下,连日发布报道,偏离事实,成为"神话"的制造者。媒体代替军部和政府鼓动国民的爱国之心,同时获取诸多商业利益。而为了赢得国民对报纸的购买,日本新闻界迎合国民的战争舆论,不惜牺牲新闻的真实性,走上了新闻的不归路。

根据《日本新闻年鉴》(1933年版),从"九一八"事变爆发到日本退出国际联盟期间的报纸表现有如下描述,"这是日本人经营的报纸,国民爱国热情越高的话,言论和报道也就越受读者和周围情况影响,而不断国家主义化、帝国主义化"②。国际联盟是第一次世界大战后根据《凡尔赛条约》设立的,其最大的使命是维护战胜国决定的国界线来维持世界和平,日本与英法意并列为四大常任理事国③。因接到中国的投诉,国际联盟理事会向中国、日本派遣李顿调查团调查"九一八"事变。李顿《报告书》认为,"九一八"事变是日本的侵略行为,"满洲国"政权是傀儡政权,这触及日本军部和国民敏感的神经,日本决意退出国际联盟。在国际联盟拒绝承认"满洲国"后,《朝日新闻》由主张慎重对待退出一事,转为主张将在国际联盟的人都撤回,认为错不在日本,发动战争也在所不惜。《每日新闻》则表现出一贯的强硬态度申明退出

---

① 功刀俊洋、藤原彰编:《资料·日本现代史8·满洲事变和国民动员》,大月书店1983年版,第96页。
② 前坂俊之:《太平洋战争与日本新闻》,晏英译,新星出版社2015年版,第66页。
③ 同上书,第63页。

论，日本在国际联盟里被孤立，主动退出胜过最后被除名。日本新闻界不顾此时的国际舆论，呼吁国民支持并相信政府的决定，从而主动放弃了言论自由。

关于日本国内两起政党政治与军部的冲突的报道，加深了国民对军部的信赖。"五一五"事件中，犬养毅首相被青年军官杀害，在《大阪朝日》发表社论揭露恐怖罪行的情况下，《东京朝日》却辩称犯罪动机是为改善社会情形，《东京日日新闻》与《读卖新闻》规避对青年军官的错误追究，将事件归罪于社会现状与政党政治。"二二六"事件中，青年军官袭击首相官邸和多位官员官邸，杀害大臣，并袭击《东京朝日新闻》报社，然而《朝日新闻》在社内会议中决定支持政府，其他大报则处于完全"失声"的状态。全面侵华战争爆发后，报社开始热心于向海陆军捐款和捐赠武器等报界支援活动。日军攻打南京时，报纸只讲大本帝国的军事侵略英明神武，剔除军队在南京的"屠杀"暴行，在美国发行的日语报纸《大洋新闻》中指出，"日本国民并不知道日本海陆军在中国目不忍睹的虐杀行为"①，已被媒体蒙蔽。

松本君平曾在《新闻学》中写道，国人的特性与媒体的相互影响："最让人惊讶的是巴黎报纸其特性颇似巴黎人之品性格，我们不得不产生这样之疑问：到底是巴黎人造就了巴黎之报纸呢？还是巴黎之报纸造就了巴黎人呢？总之观察巴黎之报纸，正好可以作为观察巴黎人之一种手段。"②这句话触及了一个秘密，日本新闻界乐于造就为报纸而存在的国民，也乐于被国民所造就，自觉把自己绑缚在国民性之中。在引入西方先进思想时，日本新闻从业者遵从西方所推崇的新闻专业主义，并不是没有原因的。起初，在媒介资本运作之下，新闻界努力争取"与受众的关系"，想要扩大报纸的销量，以吸引更多的广告商，赚取更多的商业利益。此外，媒体凭借受众的数量汲取更多"新闻的力量"，使自己的报道有足够多的国民阅读。在很大程度上，他们害怕失去国民的支持，努力满足国民的信息需求，不断突破政府的管制，为业

---

① 前坂俊之：《太平洋战争与日本新闻》，晏英译，新星出版社2015年版，第233页。
② 松本君平：《新闻文存》，余家宏、宁树藩等编注，中国新闻出版社1987年版，第134页。此段中译本有误，周光明、孙晓萌据博文馆藏版改译。

战时日本新闻的"沦陷"与日本国民性的关联

界争得公开说话的权利。1890年,为抵抗完全封闭消息的政府,日本新闻界组成共同新闻记者俱乐部,在监督权力机关的同时获取言论自由。随着战争的爆发,报纸看上去展开各式各样的报道,但实际上偏向于迎合国民口味,并以日本的世界地位、军队战斗力强大、精神主义至上等为卖点,制造与顺应相应的舆论氛围。这些报道又反过来制造了国民的新闻口味,使得战争报道大受欢迎,不支持战争的新闻逐渐受到国民抵制。这就给日本新闻带来了巨大压力。时任《朝日新闻》主笔的绪方竹虎所想的只是害怕失去广告主和国民的支持①,以至于在战争时期,需要顾及报社整体安危,所以不能按照自己的想法来写新闻②。这样做的原因更多地来自报社利益的考量,按照《大阪朝日》编辑总务原田让二的说法,当时报社流行的集体意见是,"报纸就是商品,对社论一定要更加注意。说得太过分的话,报纸卖不出去也很麻烦"③。说得更明白一些就是,追随国民,就是追随报社的利益。

不幸的是,媒体所追随的国民,此时早已浸染于军国主义之中。与西方国家不同的是,日本特有的神道教的"神国论""天皇崇拜""忠于天皇"的思想不断被强调,武士道精神在这样的文化中应运而生,成为近代军国主义的精神支柱,并蕴藏于日本的国民性之中,表现为一种具有普遍性的、相对稳定持久的人格特征和模式④。另一方面,日本人在文化上具有一种外向意识。1871年,日本派遣岩仓使团出访欧洲、美国等地,而后举国学习西方先进思想、技术与制度,认为唯有增强国力才会让日本在世界有话语权。明治维新开始后,国内不断拔高天皇的权威。作为岛国的偏安一隅造就了日本民族心理的自信,在中日甲午战争与日俄战争中的胜利更是让国民、政府与军队迅速膨胀。此时,大多数国民需要自证天皇的统治力与权威,并希望看到日本在世界强大的战斗力,对积极报道战争胜利与军国主义的报纸,国民趋之若鹜,对

---

① 〔日〕前坂俊之:《太平洋战争与日本新闻》,晏英译,新星出版社2015年版,第7、37页。
② 同上书,第188页。
③ 同上书,第190页。
④ 〔美〕英格尔斯:《国民性:心理——社会的视角》,王今一译,社会科学文献出版社2012年版,第14页。

反对军部、质疑政府的报纸,则发起不买运动。这样一来,"有求于民"的报纸在为国民服务的旋涡中无法自拔。当媒体过度需要国民作为自己力量的源泉,过分追求销售量上的突破,就会成为受国民驱使的媒体。因此,战时日本媒体就算没有军部势力的压迫,也会失去作为媒体的理性思考与判断力。

按照《太平洋战争与日本新闻》的历史描述,日本新闻界并非全体沦陷,而是存在一些例外。发行量较小的地方报纸、部分记者、学者在为言论自由呼喊,他们坚持要守护报道真相,以理性的声音呼喊国民要保持冷静。"九一八"事变后,当时在《东洋经济新报》工作的石桥湛山申明,光靠武力征服满洲会被中国的民族主义推翻,提出"如果说存在力挽狂澜的方法的话,那就只可能是言论自由"①。《河北新报》的社长在不买运动的威胁下表示"成不成立不买联盟是读者的资源,我们绝对不会强迫读者购买"②,打消军部施压的企图。在退出国际联盟时,《时事新报》坚持劝说国民要冷静,认为当局者不应该煽动民意,社论部部长近藤认为报纸负有言论责任。在"二二六"事件发生后,根据《时事新报》编辑局长伊藤正德的分析,是新闻人士缺乏勇气、对言论的压迫以及新闻以大众化导致报纸的败北,而该报则坚持批判军部并敦促报业同行要奋起:"昭和时代前半段的报纸因为没有努力抑制军部,所以负有把国家带入亡国战争的连带责任。"奇怪的是,在报纸反抗军部的十个月内,只受到戒严司令部的一次警告。显然,归因于军部压制只是找到了一个可以推脱自身责任的理由,报业自身在国民热情的驱动下,通过满足军部与国民的喜好而获利才是更深层次的原因。《福冈日日新闻》的菊竹六鼓认为《朝日》和《每日》以"报纸就是商品"的论调出卖了自己的灵魂,创办《他山之石》的桐生悠悠批评报纸的商业利益至上,发出"在这个战争中获利的是军需工业者和报社,它们欢迎战争也是没有办法的"③哀叹。

这些小报的观点与大报的观点往往相异,它们与当时国民的战争

---

① 前坂俊之:《太平洋战争与日本新闻》,晏英译,新星出版社2015年版,第49页。
② 同上书,第46页。
③ 同上书,第218页。

倾向不一样,可生存环境也因此更加恶劣,甚至遭遇停刊。重建《时事新报》的自由主义者武藤遭枪杀,新闻史家常把该报被《东京日日新闻》吞并归因于经营不善,事实上,所谓经营不善无非是发表过多与战争舆论相悖的报道,而有违国民的需要。

从历史记载中可以发现,一些发行量较小的报纸与大报相比,反而理性批评多于狂热地顺从。大型报业集团追求新闻的力量,一心想影响国民与社会舆论,扩大受众的规模和报纸销量,而实现这一追求的手段就是,既顺从军部与政府,又顺应国民的需要。但是,小报与一些杂志认为,体现报纸的力量并不只在积极渴求庞大的销售量,为此附和国民的要求,更在于要为社会提供多元的事实和观点,告诉国民真相。小报编辑记者在言论上常与军部要求相左,得到了自我而失去了国民,大报则一直将报纸视为商品,迷失了自我而得到了国民。小报记者试图用行动告诉后来者,站在国民的一边不是一味与国民统一思想,而是要从国民的利益考虑,理性地思考战争现实与国家政策,为国民的理性思考提供空间。可惜的是,这少数人的坚守逐渐被同行大报吞噬,处于竞争关系中较弱的小报部分因经济上难以支撑而停刊,有气节的从业者遭到生命的威胁与逼迫,即使仍勉强维持刊物运营,在大报渲染的国民情绪下,影响甚微。

主流媒体将自己战争时期的表现归责于军部的压制,以及迫于国民不购买报纸的压力,为让自身能运营下去不得不"听命"于他们,从而形成了汉娜·阿伦特所说的"平庸之恶"。平庸之恶比"极端之恶"更可怕之处在于每个人都可能成为作恶者,且大部分人不是主动作恶,是在不加思考的情况下盲目服从;有的人是害怕自己受到损害,从而助长了恶。在新闻界发展初期,国民性与新闻专业主义结合,使媒体受益于销售量的扩大;在战争时期,国民性与军国主义结合,使媒体害怕失去国民支撑。日本新闻界的"平庸之恶"在于,为国家舆论所牵引,又迎合特殊时期的国民性,从而失去了说真话的能力,也失去了新闻报道的能力,助长了军国主义之恶。

战时日本新闻被什么样的国民性所主导了呢?最值得注意的是由"耻感文化"所孕育的国民性。根据本尼迪克特(Ruth Benedict)的分析,日本人处于"耻感文化"中,他们判断处理事情的根源来自于努力不做让人感到羞耻的事情,并习惯于生活在等级制度下,人们"各得其所",方能维持整个社会的运转。每个日本人都生活在一个集体或集团之中,避免做出令人失望的事情来成为调试自己行为举止的标准。在对日本社会史的研究中,有人发现,尽管武士作为一个阶级被消灭了,武士道的"忠"仍被保留、传承下来,经过国家的大力渲染,沉淀为日本人的精神内核,日本人的忠诚对象也泛化为职场、国家①。这样的忠诚无疑是一种无条件的顺从,而身份制度也是日本长期发展中不可少的特性,在为这样的顺从推波助澜。有日本学者说,明治维新后,很多日本人并不否定身份制本身,不过是想通过自己的努力脱离以前的地位,上升至更高的地位而已②。普通记者会为"不给报社添麻烦",而在报道中保持与上级和整个报社一致的口径,这种顺从比盲从更可怕之处在于,他们自以为处于集体理性的状态,而实际上已陷溺于"平庸之恶"。

当国民性主导新闻报道,新闻媒体将不再独立于政府、受众、广告主,无法说自己想说的话,一切客观、公正、独立、自由将成为泡影,只是听从国民的需求。在这样的情况下,记者不仅将自己所处的新闻媒体视为一个集团,更是将国民纳入考虑范围,不肯与国民分离。在战争状态下,日本主流媒体更是贪恋所谓新闻的力量,追随单向度的国民性,以实现自身利益的最大化,从而失去独立思考与报道的能力,成为军国主义的帮凶,最终让本国国民成为被蒙蔽的人。战争结束后,日本新闻界迅速承认错误,并积极呼吁国民不要灰心。但日本新闻界是否真的意识到错误所在,是否通过理性的反思有所改正,仍是一个疑问。

令人担忧的事实比比皆是。2014 年,《产经新闻》驻华记者福岛在节目中表示,关于中国的新闻,她认为日本国民希望看到的是不好的部分,负面内容和冲突会维持较高发行量。至于到底是媒体塑造出中日关系紧张的社会共识,还是社会共识塑造媒体的认知,她认为两者是相互的。但她坚定地认为记者应该报道国民喜欢看的东西。TBS 驻华记者武田则认为,媒体的对华报道不能超过政治大环境的话语,应该与政

---

① 李卓:《从社会史视野看日本文化的特色》,《东北亚学刊》2013 年第 2 期。
② 〔日〕矢木明夫:《身份的社会史》,评论社 1969 年版,第 214 页。

府的声音保持一致①。《读卖新闻》2012 年 9 月 9 日在社论中说,"尖阁冲突事件,逮捕中国船长理所当然"②。如今,日本的法律保证媒体的言论自由,电视、网络等多元化传播手段的普及使言论表达更便利。但日本媒体的行为表现却似乎与多年前一样,受到国民性的驱使而时不时放弃自由。有观察家发现,近十年来,日本政府权力的强化与社会运动和媒体的弱化,反差鲜明,政府高官越来越敢于发表战争言论,而舆论的弹劾作用已相当有限,日本变得越来越窒息③。那么,日本会重蹈战时新闻的覆辙吗?这是一个值得关注的问题。

(作者单波为武汉大学新闻与传播学院教授;詹佩为武汉大学新闻与传播学院硕士生)

---

① 邱震海:《环宇大战略:中日媒体人士对话》,http://v.ifeng.com/news/world/201409/01d2ff8e-054a-4f9c-8c2c-faf8bb98d338.shtml,2014 年 9 月 14 日。
② 诸葛蔚东:《〈朝日新闻〉报道钓鱼岛争端的舆论导向》,《青年记者》2014 年第 13 期。
③ 刘柠:《爱你因为爱自由——我为什么说"日本变得越来越窒息"》,《大家》2015 年 10 月 7 日。

国民党败退大陆的传播学思考

——以蒋介石战略传播思想为中心[*]

刘继忠

内容摘要：在"社会有机体"范畴内，借助"媒介技术与社会变迁""传播是社会的黏合剂"等诸多传播思想，文章从社会信息系统与社会政治、经济、文化等其他子系统的互动关系层面首次诠释了国民党败退大陆的传播学根源。文章认为国民党败退大陆在于：蒋介石以人脉资源构建的"人治"组织模式是其逻辑起点，这一模式在逻辑力量的推动下在经济、军事、文化、社会、大众传播等子系统内产生恶性连锁反应，且构成了牢不可破的多重逻辑链，使整合"撕裂社会"的政治力量异化撕裂民国社会的基本动力。作为"过渡性"的政治人物，蒋介石解决"一盘散沙"的逻辑起点反而是其不断失败的重要根源。

关键词：国民党；败退大陆；传播学思考；蒋介石

作为中国历史上的第一个党治政权，国民党统治大陆仅20余年。依照中国传统王朝统治周期而论，执政20余年只能算是一个短命王朝。国民党为什么这么快就趋于衰败，败退大陆？"这几乎是所有研究国民党史者均难以回避的一个终极问题。"[①]一个政权的覆灭，绝不

---

[*] 本文系教育部社科基金青年项目"喉舌与训政：国民党新闻事业研究（1927—1937）"（编号：H11YJC860027）、国家社科基金2013年度重大项目"中华民国新闻史"（编号：13820154）的系列研究成果之一。

[①] 王奇生：《党员、党权与党争：1924—1949年中国国民党的组织形态》（修订增补本），华文出版社2010年版，第1页。

是单一因素造成的,而是多种因素构成的多条逻辑链交互作用导致社会出现结构性混乱,这个政权的治理理念、资源、方式与执行能力均无法有效应对这一结构性混乱所致。史学界对国民党大陆政权的覆灭,给出许多有力且不同的解答①,但仍有许多疑点、困惑和值得商榷之处。传播学视角是囊括了诸多人文社会科学理论,又有自己独特见解的多元化视角。与社会学、政治学、经济学视角最大的不同是,该视角以信息传播为逻辑起点,从社会信息系统层面审视、把握研究对象。故传播学视角下的国民党败退大陆的探析,是以民国社会信息生产、传播为逻辑起点,探寻国民党及南京国民政府建构、维系的社会信息系统的结构性缺陷,及这一缺陷对政治、经济、文化、军事等社会子系统之间构成的结构性的、恶性连锁反应。正是这种恶性连锁交互作用,导致了政权覆灭,社会系统解体,因此,传播学视角的解释提供了国民党败退大陆的另一种解读视角,这一视角有助于从传播层面探索政权兴亡的历史规律。

蒋介石手握国民党的党政军大权,决定着南京政权国家治理的理念、路径、策略与方法,是南京政权的最高统帅、国民党总裁,是最有能力影响南京政权实际走向,乃至决定南京政权历史命运的关键人物。传播是社会的黏合剂,社会系统的神经中枢,国家治理与政权运转的枢纽。因此,本文以蒋介石战略传播思想为中心,以南京政权的所谓"黄金十年"为观照的主要历史阶段,探讨国民党败退大陆的传播学逻辑。所谓战略传播思想是指政治领导人在维系政权、领导国家、治理社会、

---

① 1949年国民党败退大陆后,退居台湾的国民党开始深刻反思其失去大陆的军事、政治、政党、文化等方面的原因,大陆从20世纪60年代亦从政治批判角度总结国民党败退大陆的诸多因素,欧美、日等研究中华民国史的学者亦从"旁观者"角度总结国民党失去大陆的原因。20世纪八九十年代后,国民党失去大陆的学术研究成为中华民国史研究的一个重要课题,相关学术著作、论述不断问世。其中,〔美〕易劳逸的《毁灭的种子(又名蒋介石与蒋经国)》(中国青年出版社1989年版),《1927—1937年国民党统治下的中国——流产的革命》(中国青年出版社1992年版),史全生的《中华民国经济史》(江苏人民出版社1989年版),许纪霖、陈达凯的《中国现代化史》(第一卷)(上海三联书店1995年版),胡素珊的《中国的内战——1945—1949年的政治斗争》(中国青年出版社1997年版),黄仁宇的《从大历史的角度读蒋介石日记》(九州出版社2011年版),王奇生的《党员、党权与党争——1924—1949年中国国民党的组织形态》(上海书店出版社2009年版)等著作均从不同角度探讨了国民党败退大陆的根源。

应对危机的政治活动中,支配其建构、维系、操控与利用社会信息系统尤其是大众传媒系统以达其政治目的的一套观念体系,即支配政治领导人操控符号系统以领导国家、治理社会的观念体系。

一、社会媒介(信息)系统层面的政权兴亡

君权神授的冷兵器时代,决定政权兴亡的核心因素是军事,其次是政治、经济与文化。《史记·郦生陆贾列传》中的话"马上得天下,安能马上治天下",形象地说明了武力得天下后需文武兼治,才能实现政权的长治久安。媒介系统对于政权兴亡的意义,主要在于官僚科层体系是否保证上情下达、下情上传及外情达内。政令畅达、民意上达、"外情"早知是政权兴盛的重要标志;其次是媒介物理体系能否支撑政令在疆域庞大的国家版图内畅达,罗马帝国能够统治辽阔疆域,部分原因在于它有一个发达的、包括《每日纪闻》在内的传播系统,西罗马帝国的灭亡与其传播系统不发达有关。① 欧洲文艺复兴将人从神权枷锁中解放出来,确立了人的主体性;工业革命将冷兵器送进历史,迎来热兵器时代。决定旧时代政权兴亡基本规律的前提条件已不复存在。历史大变局在欧洲率先开启,在传统社会向工业社会的全面转型中,印刷术首先挤掉了手抄文字传播模式的主导地位,并与电报、电话、广播、电视等新兴媒介技术一道,共同建构了一套基于媒介技术的、跨时空、批量生产、及时传播的社会媒介体系,与此同时社会的政治、经济、文化、军事等社会子系统均发生革命性变革,一种全新的社会形态与治理体系在欧美率先形成,并逐渐波及世界各地。

社会形态的革命性变迁,改变了决定政权兴亡诸多要素的权重顺序。其中,社会媒介(信息)系统的权重得到很大程度的提升,对政权兴亡、社会变迁的作用更大,更为明显。在此背景下社会媒介(信息)系统在社会系统运转中的基础性作用,遂引起各国学者的重视,乃至逐渐成为全球社会精英的共识。在社会科学领域,至少有三大流派在这方面有丰硕的研究成果:(1)"社会有机体"思想、系统论、信息论、控

---

① 程曼丽:《外国新闻传播史导论》,复旦大学出版社2004年版,第3页。

制论等思想的问世与传播,使社会信息系统是社会大系统中的一个子系统的思想成为共识;(2)英尼斯、麦克卢汉等加拿大多伦多学派对媒介与社会变迁的研究,揭示了媒介技术的物理属性对社会变迁所产生的隐性的、深远影响的作用机制,该学派对媒介本身对社会变迁的过度强调,使许多学者更为重视媒介系统对社会系统运转的反作用力;(3)美国、欧洲的传播研究,充分揭示了媒介内容(知识、信息等)对社会系统运转的巨大作用,"人是传播动物"、"传播是社会黏合剂"等传播观念得以普及。

综合这些学术资源,下述四点能够形成逻辑自洽:(1)社会是由政治、经济、文化、军事、技术、媒介等子系统构成的庞大且复杂的"有机体"。(2)社会之所以是"有机体",在于社会信息系统的沟通、黏合作用,且社会信息系统在社会大系统中的运行状态决定了"社会有机体"的健康程度。(3)社会信息系统由看得见的媒介系统和看不见的信息流组成。前者是后者的物质载体,是后者得以流通的物理渠道,是联系社会子系统及子系统各要素的桥梁、中介,因此其在社会系统中的结构、布局与覆盖面与社会子系统及子系统各要素之间的关联与互动紧密正相关。换言之,有什么样的媒介系统就有什么形态的社会互动,且媒介系统的变动会或早或晚地改变社会子系统之间的互动形态与互动关系。后者是由无数个体在改造自然与社会的过程中产生的包括信息、事实、观点、情感、知识等在内的由符号、讯息、文本承载的信息流,依托媒介系统,信息流犹如神经元,它"激活"社会子系统及子系统内的各要素,使之发生物质、能量与信息的多元链锁式互动,由此,在特定时空、特定疆域的人群在一定历史条件下构成了协同改造自然、求生存图发展的"命运共同体"。在这个历史过程中,代表特定族群利益的民族及代表特定阶层利益的国家得以产生,因此社会信息系统具有黏合性,能够黏合社会其他子系统,使分居在不同地理区域、同一时空下的人群能够黏合成社会"有机体"。(4)因地理环境、生产力水平、历史传统、媒介技术条件等客观因素的制约,社会媒介(信息)系统在形成"民族共同体"的同时,也被诸多客观因素分割为众多传播隔阂与传播障碍,共同体内部在分工协作改造自然的过程中,也因传播隔阂与障碍形成了相对封闭的、自我循环的不同阶层、组织与社群，其中握有政权的统治阶层，因其在族群中的地位、身份而具有管理社会媒介系统、调控社会信息流动阀门的权力。

在此前提下，决定政权兴亡的核心要素是社会媒介（信息）系统，而不是军事、政治、经济等子系统。这不是说军事、政治、经济等子系统对政权兴亡不重要，而是说军事、政治、经济等子系统的运行模式、运行形态取决于社会媒介（信息）系统的运行模式、运行形态。而决定社会媒介（信息）系统运行模式、运行形态的核心力量是统治阶层，尤其是最高领袖管理社会媒介系统、操控社会信息流动阀门的理念与行为。即统治阶层是依靠控制社会信息系统，掌握社会系统运行的核心信息来控制社会、维系统治地位的。通过掌控社会信息系统、操纵符号体系，统治阶层可以全方位监视社会，可以掌控话语权，拥有定义真实、发布指令、提供意义、协调关系的权力与威望，可以维系军事、政治、经济、文化、外交等社会子系统的正常运转，可以黏聚绝大多数的人群，获取执政合法性。换言之，政权兴亡取决于统治阶层掌控的社会媒介（信息）系统与社会政治、经济、文化、军事、外交等子系统的互动模式。良性互动，政权稳固持久；恶性互动，政权脆弱衰亡。

维系政权的社会媒介（信息）系统，是由诸多子系统、要素构成的复杂的系统体系，这一系统体系至少由三大核心子系统组成：一是维系国家暴力机器、支撑官僚科层体制、黏合统治阶层的社会媒介（信息）系统（系统A）；二是实现统治阶层、中间阶层、社会底层等不同阶层、人群之间彼此有效"对话"的社会媒介（信息）系统（系统B）；三是维系社会政治体系、军事体系、国民经济体系、文化体系、外交体系等社会子系统运行，黏合全体社会成员的社会媒介（信息）系统（系统C）。系统A、B、C之间彼此交错、链锁，具有"一荣俱荣、一损俱损"的逻辑关联。系统A、B、C内部及其之间若形成良性互动的逻辑链，国家昌盛，社会安宁，政权稳固持久；若它们陷入恶性互动的逻辑链，国家衰败，社会失序，政权脆弱衰亡。

以后者为例，系统A紊乱，统治阶层内部陷入权力内讧，政治猜忌与防范替代政治信任,权力争夺替代政治对话与协商,统治阶层治理国家、管理社会、应对内忧外患的理念、路线、政策不能达成共识,政策因行政科层体系运转失灵而难以有效执行,暴力机器陷入四分五裂、彼此内耗,不能有效应对外来威胁与内部挑战。系统 A 紊乱,势必导致系统 B 失灵,系统 C 陷入混乱。系统 B 失灵,意味着最高统治群体、统治阶层、支撑阶层、社会底层之间的"传播对话"完全失灵,阶层鸿沟形成,阶层之间的利益博弈使社会陷入"撕裂"状态,阶级对抗取代阶层对话,政权演变成特殊利益集团的代言人,其国家治理的合法性根基彻底消失,反抗阶层随之生成。系统 C 陷入混乱,意味着社会完全失序,社会政治、经济、文化、军事等子体系陷入无序化且彼此恶性交互作用的逻辑链内,社会交往重新回归到"类原始状态"的实力交往状态,实力(武力)决定利益、权力分配,规则被权力完全破坏;资源与利益的分配完全权力化,社会贫富分化严重,信仰与道德普遍缺失,人际交往成本飙升,求生存而非图发展成为绝大多数民众的核心诉求,社会陷入"一盘散沙"状态,不能应对外来侵略与威胁。反之,系统 C 陷入混乱,系统 B 势必失灵,系统 A 也因无法解决系统 B、C 而最终解体。系统 A 解体,意味着旧政权覆灭,新政权的诞生。换言之,统治阶层中实力最雄厚的利益群体,其领导人若因其利益、实力与观念的局限,不能改变原有治理理念与模式,不能提出契合实际的应对理念与政策,其固有的统治理念与模式不可能重新整合利益集团,吸引支撑阶层,满足底层阶层的利益诉求,重塑执政合法性。在此背景下,底层阶层因其利益严重受损、生存所迫而首先凝结成反抗阶层,支撑阶层(知识分子、有产者、商人、富农等)在利益集团权力斗争下发生分化,一部分成为不同利益集团的支持者,一部分转向反抗阶层,成为反抗阶层的支持者、领导者。而只有能够提出契合实际、满足民众诉求、解决内忧外患的新的政治理念的,重塑系统 A、B、C 的武装力量,才能笑到最后,成为新政权的掌握者。

二、蒋介石战略传播的逻辑思考及其失策

晚清以来,传统中国在"西力东渐"①下遭遇"三千年未有之变局",以"舞文之吏"和"守旧之儒"为主渠道的社会媒介(信息)系统使传统社会陷入内外不通、上下堵塞的"废疾"状态②,传统中国步入了"解体"的历史进程。清政府固守传统治国模式,以"中学为体,西学为用"应对"西力东渐"的方略,致使其错失了改革良机,于1912年被历史淘汰出局。资产阶级革命派领袖孙中山在推翻清王朝、建立民国的革命实践中提出比较契合中国国情的"三民主义"解决药方,他虽然建立了中华民国,确立了党统,却未重建社会系统,解决传统中国的"一盘散沙"问题。在资产阶级革命派推翻清王朝、打倒北洋军阀、国共合作的历史进程中,依靠军权、得到孙中山青睐的蒋介石,在国共合作后期联合国民党右派、在血腥"清党"基础上于1927年建立南京国民政府。在传播学视角下,新政权只有在既定历史条件下重建社会媒介(信息)系统才能完成重构社会系统的时代重任,获得执政合法性。也就是说,蒋介石要在"西力"束缚下的半觉醒的"中世纪中国"③,通过解决社会媒介(信息)系统A、B、C的重建问题,将传统文化中国改造成现代民族国家,才能巩固政权。

---

① 钱穆(1941)认为西学东渐实为"西力东渐"。他说,"十八世纪以下之西力东渐,实以商业兵戎为主,而文化学术为附,亦不能使中国人诚心乐服"。见钱穆:《东西文化之再探讨》,《华西大学华文月刊》1941年第1卷第2期。转引自蔡尚思:《中国现代思想史资料简编》第4卷,浙江人民出版社1983年版,第395页。

② 梁启超(1896)认为衰败的清政府"受辱数十年"在于"舞文之吏,因缘为奸;内外不通,故无知己知彼之能,而守旧之儒,乃鼓其舌"。见梁启超:《论报馆有益于国事》,《时务报》,1896年第1期。

③ 之所以说,20世纪二三十年代中国社会是"西力"束缚下的半觉醒的中世纪中国,主要在于:(1)"西力东渐"现象依然持续,列强强加给中国的不平等条约依然存在,南京政权虽获得国际社会承认,却未在国际领域获得平等地位,其内政外交严重依赖于欧、美、日苏俄等列强,并受其遥控;(2)经过辛亥革命、五四新文化运动的革命洗礼,中国精英阶层已经觉醒,其提出的各种主义、"救国"的主张与行动也相继登上历史舞台,然因中国长期的积贫积弱,绝大多数的社会底层依然处于"昏睡"状态,需要启蒙;(3)中世纪中国源于胡适的提法,意在表明当时中国的社会组织架构、国民经济、社会心理、公众素养等各个方面均落后于欧、美、日列强。

要重建系统 A,在国民党数十年的政党传统、"总理遗嘱"的基础上,需要蒋介石解决党魁之争,消除地方实力派军事威胁,重构最高权力中枢,重整国民党并将其打造成组织严密的现代动员性政党,以重建国家组织结构体系与官僚科层体系,以掌握社会媒介(信息)系统的运行枢纽,实现政令通畅。要重建系统 B,在阶级对抗、社会撕裂的历史现实下,需要蒋介石在"清党分共"后放开政权,扩大政治参与,将中间阶层纳入支撑阶层;形塑三民主义意识形态,建立政治吸纳机制,将不同阶层的政治精英纳入统治阶层;建立政治互信机制,使各阶层以平等协商对话机制解决阶层间的利益冲突问题;解决底层民众的生存问题、民族平等问题,使国民党真正成为各个阶层的利益代表。要重建系统 C,需要蒋介石及南京政权,提出推动传统中国向现代民族国家全面转型且契合中国现实国情的路线、方针与政策,并能抵御外来侵略,抓住历史机遇,使传统中国完成全面转型,实现社会政治、经济、文化、军事等各个层面的现代化。总之,蒋介石需在重建社会政治、经济、文化等秩序的同时构建与之相适应的社会媒介(信息)系统。

在 20 世纪 20 至 40 年代,蒋介石集团需解决的"现实"问题主要是:(1) 解决来自胡汉民、汪精卫的权力威胁,实现中央集权;(2) 解决阎锡山、冯玉祥、张学良、白崇禧、李宗仁等地方实力派的军事威胁,实现军令统一;(3) 依照孙中山的训政设想,建立"训政"政体,完成政党和国家的科层体制建设,将国民党打造成现代动员型政党;(4) "剿灭"中共,统一"主义",确立孙中山三民主义的主体地位;(5) 解决资本家与工人、地主与农民等不同阶层之间的"阶级矛盾",解决城乡二元对立及农民阶层的生存问题等;(6) 解决外国资本、官僚资本侵蚀国民经济的问题,为国民经济健康发展提供宽容的国内外环境;(7) 解决思想界的混乱、社会信仰缺失、道德滑坡等问题,重塑三民主义意识形态,维护公序良俗,为社会提供"意义资源";(8) 增强国家综合实力,加强国防力量,应对来自日本、苏俄的军事侵略,尤其是日本帝国主义"蚕食"中国的问题,废除不平等条约,使中华民族在国际领域获得真正的独立、自主的地位等。

执政资源最为雄厚的国民党①，其党魁蒋介石在孙中山军政、训政、宪政的革命建国程序的框架内以保守、传统的威权主义思路解决上述问题。这一思路的基本脉络是：(1) 以传统人际模式为渠道在国民党内构建了以黄埔军校、宋孔家族、CC系、新政学系、蓝衣社等为其支撑的利益集团，形成蒋介石的权力中枢与动力系统。(2) 依托孙中山政治思想，与胡汉民合作建立党国体制，一面借助孙中山符号凝聚支持者，垄断三民主义解释权，挟"党统"号令天下，一面以其利益集团为抓手，驱动国民党，控制南京政权，为其剪除异己、谋求集权的政治行动披上合法外衣。(3) 以其利益集团为后盾，以军权为压力，以政治协商为手段，在与党魁胡汉民、汪精卫合作中逐渐削弱其政治影响，关键时刻不惜动用武力(如囚禁胡汉民)，夺取党政军大权；以军权为实力，综合运用裁军、远交近攻、收买分化、以退为进、战争等传统谋略，在削弱地方实力派的同时增强自身武装力量，巩固其权力中枢地位。(4) 面对日本"蚕食"中国，蒋介石以国家民族主义策略整合社会，凝聚人心的同时采取"攘外必先安内"的思路以坚忍态度对日侵略妥协退让，其目的是争取时间解决来自地方实力派、中共的军事威胁，并加强国防力量与中国综合实力，以在"最后关头"与日决战。(5) 面对来自中共的全方位(含理念、组织与军事等)挑战，蒋介石始终力主全力剿灭，在国难危亡、抗日舆论压力下，在"最后关头"选择与中共合作，共同抗日救国。(6) 建立庞大的新闻事业与统制体制，在"训政""国家(政党)自由至上"的旗帜下，却建构以谋求个人集权、维系蒋介石集团利益为社会言说唯一标尺的社会传播体系。(7) 面对迟缓、畸形发展的现代化进程，在党政双轨的党国体制、官僚资本主导的市场体制下，蒋介石以满足"军需""备战""国防"的需要为导向，在不平等条约的国际框架内领导中国现代化进程，等等。

---

① 南京国民政府成立后，国民党至少拥有多项执政资源：(1) 国内最强的军事实力，隶属于蒋介石的集团军是当时军事力量最强的武装力量；(2) 拥有富饶的江浙地区，南京政权得到了江浙地区资本家的支持；(3) 得到英美列强的外交支持，南京国民政府是被国际社会承认的合法政府；(4) 拥有被社会各界广泛认可的三民主义思想与政治资源，其综合实力超过了阎、冯、张、李等新式军阀；(5) 国家统一迎合了公众渴望和平、渴望独立、富强的社会心理，南京政权虽血腥"清党"，却仍得到不少知识分子、商人、资本家等中间阶层的支持。

这一"求解"的思路与行动,有当时中国国情下不得已而为的一面,有符合中国国情促进中国现代化的一面,然而,蒋介石不愿放开政权,维护本集团利益,重"人脉资源"轻"程序正义",重"军权"轻"党权",重"人治"轻"法治"的观念与行动逻辑以及将权位始终放在首位的行动倾向表明,蒋的"求解"方案不仅不是解决传统中国"一盘散沙"的有效药方,反而是中华民国"再散沙化"的动力源。这一药方致使蒋在统治大陆时期出现了许多战略传播的失误。具体而言:

1. 蒋以传统人脉资源模式建构政党、政权运转的组织传播系统,与重制度权威的时代潮流背道而驰,不是解决系统 A、重构中国上层建筑的良策,其遗毒深远,危害甚大。蒋介石虽然留学日本,访问过苏俄,且效仿苏俄政治制度,具有现代思想,但其构建权力中枢与利益集团的基本路径却是传统的人脉资源模式,其选人、用人是以忠诚于自己而非忠诚于三民主义信仰,以血缘、学缘、亲缘、地缘的个人私谊为纽带而非程序化的人事制度。依靠这一模式,蒋建构了以黄郛、杨永泰、陈布雷、张季鸾、吴鼎昌、张群等党内自由主义者、新政学系为核心的智囊团,以黄埔军校、中央政治学校等"蒋校长"为主体的人才资源库,以陈果夫、陈立夫领导的 CC 系、蓝衣社、中统等政治团体为行动力量,以宋孔家族、江浙财阀为经济基础的利益集团。依靠这一集团,蒋介石驱动松散、数量庞大、社会动员能力弱的国民党,控制并维系南京政权的日常运转。

以蒋介石为权力中心、以其人脉资源为路径向外扩散的人脉建构模式,虽披着现代制度的外衣,本质却是传统帝王的"家族"套路,其潜在危害深远,某种意义上是蒋介石败退大陆的源泉:(1) 这一模式不可能让蒋协商解决与国民党胡汉民、汪精卫元老之间的政见分歧与权位争夺。传统中国皇族之间的政见分歧与权位争夺均是以清洗方式解决,其胜者为王、败者身败名裂的惨痛历史表明,以情义为纽带的政治结合不可能解决政见分歧。在宪政民主体制的制度权威尚未确立的民国,以人脉资源构建利益集团的蒋介石,从根本上排除了在制度框架内解决蒋胡、蒋汪之间的政见分歧与权位争夺,形成蒋、胡、汪之间分工合作,国民党权力中枢高度统一的政治格局的历史可能。在不能密切合作的前提下,蒋只能"拉"胡"打"汪或"拉"汪"打"胡,与胡、汪形成貌合神离的权斗关系,而蒋、胡、汪之间的权位争夺与政见分歧,是国民党四分五裂的一个重要根源。

(2) 以人际交往渠道,以恩惠、权位、知遇、推荐等手段笼络知识精英,构建以党内自由主义者、新政学系为主的智囊团,其利在于可使智囊团听从于蒋个人,为其出谋划策,然这种类似幕府形式的智囊团,其弊较为明显。① 将智囊团以外的政治、经济精英排除在外,使其真知灼见难以上达决策层,客观上形成了蒋介石与少数智囊成员密谋决策国家大事的权力垄断局面。② 智囊团内形成以人际交往为阶梯的权力秩序,滋生出众多的次权力中心与次权力关系。③ 造成政治、知识精英进入决策层的渠道单一化、个人化,权力独占现象非常明显,以致成为民国政治、知识精英的集体共识。④ 智囊团成员的思想结晶在决策层面无法超越蒋个人的思想与认知边界,使蒋无法持续接受新思想,无法深入反思其治理理念与模式的弊端。

(3) 以传统人脉资源为基本路径构建以蒋为中心的利益集团,其利在于蒋拥有强大的支撑集团,其弊却从根本上破坏了国民党建立制度权威,将国民党打造成组织严密的现代动员型政党的历史可能。换言之,蒋重视实权、重视人脉、轻视制度权威的组织路径,至少产生四个方面的弊病:① 使非蒋的地方实力派、胡汉民、汪精卫、孙科等派系、政治势力不可能与蒋产生"合心",是国民党"党内有党"、派系林立在大陆时期始终存在的根源。② 使蒋介石集团内部也因缺乏制度权威,在利益集团内部形成诸如 CC 系、黄埔系、政学系等次权力中心与次权力关系,他们在认同蒋的前提下,也因权力分配陷入内讧状态,使蒋介石集团本身也不可能成为组织严密的现代动员型的政治组织。③ 使国民党及南京政权的权力运转严重依赖权力主体的综合实力(实际拥有的军权、党权及政权的程度),并以权力主体为中心,形成各自的次权力中心与次权力关系。这种权力分配的权力主体主导化,使民国权力分配的制度化彻底成为泡影,"武力决定权力分配"①的北洋军阀模式

---

① 陈志让先生深入分析了军阀们的权力心理。"军阀最重要的工作是养兵,兵养的愈多愈好,军阀的权力也就愈大;一旦释了兵权或失了兵权,军阀连自己的生命财产也难以保存。失掉了兵权的军阀的处境比破了产的企业家更危险。"陈志让:《军绅政权——近代中国的军阀时期》,广西师范大学出版社 2008 年版,第 7 页。

披着现代政党组织制度的外衣继续发挥作用。当权力陷入"你死我活"的零和博弈状态时,卷入其中的任何人均有权力崇拜症,攫取权力,控制权力,极力防止大权旁落的权力膜拜,就成为入局者的不二法门,深陷其中的蒋介石亦遵循此逻辑。其一边构建支撑自己的利益集团,一边采用政治谋略、武力清除等方式应对威胁其权位的地方实力派、国民党元老,是蒋始终将扩充实力、掌握权力视为其行动的唯一指针的有力佐证,这注定了蒋不可能成为历史伟人。④ 国民党内权力中心的林立,权力关系的错综复杂,使国民党及南京政权的科层官僚体系陷入了叠床架屋、政令堵塞、公权私用、官员普遍腐化堕落的逻辑轨道。

2. 以巩固蒋介石个人集权为目标,构建了以政治"利害关系"为判断标准的监控社会言说的唯一阀门,以党营传媒为传播渠道的社会传播体系。大众传媒体系在政治动员、意识形态塑造、民族凝聚力及上情下达、下情上传等方面,尤其是社会有机体的神经系统或血液系统的良性运转方面具有基础性作用。国民党在建构了以其党营传媒体系为主、民营媒体为辅的遍布全国的大众传媒体系的同时,也确立了以蒋介石集团"利害关系"为监控社会言说、流通的一整套科层体系。这套以国民党中央政治会议、中央常务委员会执行委员会会议、国民党中央宣传部、国民党各级党部、国民党中央检查新闻处为代表,监视全国社会言说的官僚科层体系,因国民党组织体系的人治化而呈现出很强的人治化特征,并致使社会传播的阀门体系在实际操作中演化为不同权力主体控制社会言说、传播的把关体系。这一体系的核心是国统区的新闻和言论控制呈现出不同权力主体各自圈定社会新闻和言论边界的畸形状态,即在权力主体 A 势力范围内,社会言说可对其敌对的权力主体 B、C 任意言说与抨击,对权力主体 A 只能俯首听命,反之亦然。其基本特征是新闻和社会言说秩序的畸形化、新闻和言论控制权的个人化、新闻和言说边界的局域化等。

在权力参差格局造成的新闻和言说"各自为政"的"割喉"格局下,(1) 蒋介石集团只能有效控制其实际控制区域内的新闻和言说秩序,地方实力派控制区域的新闻和言说秩序则鞭长莫及,这使蒋介石不可能垄断事实,实现言论统一、舆论一律,只能以政治高压抑制异己意见,统制新闻与言说,只能以政治高压为后盾,利用三民主义符号与狭隘的民族主义展开社会动员,整合民众以应对内忧外患。(2)因新闻和言说的"割喉"格局,社会传播沟通信息、整合、制造"共识"的社会的"黏合"功能蜕变为情报搜集、相互猜忌与防范的信息与舆论博弈的"离心"功能,致使政治信任、社会诚信的体制与机制完全缺失,政治信任、社会诚信只能依靠熟人关系来维系,这是国民党集团四分五裂,内部派系斗争不息,国民党与社会各阶层之间的政治对话与协商机制缺失,不能建立政治吸纳机制的传播学根源。(3)在上述机制作用下,工农阶层在得不到实惠、无法化解生存危机与深受披着国民党外衣的地痞劣绅压榨的多重作用下,率先成为推翻国民党的反抗阶层,在官僚资本压制下的商人阶层在权力化的畸形市场秩序与外国资本盘剥的双重作用下,亦因经营日趋困难而对国民党普遍滋生政治离心,知识群体参政无望,政治抱负难以实现,对国民党一党专权、腐化堕落的失望与不满,及不愿同流合污等因素也对国民党普遍滋生政治离心,国民党的统治危机由此生成。(4)畸形的新闻与言说空间致使国民党党治"训政"的劣迹,腐化堕落、专权独断的嘴脸与行为以各种传播渠道(国内媒体的揭露性报道、批评性报道、攻讦性报道、虚假性报道,口耳相传的小道消息、流言、谣言,国民党党员、官员日常生活中的丑恶言行,群体性事件的扩散效应,地方党部、基层官员欺压行为等)曝光于天下。事实真相是虚假意识形态的最大杀手。在"坏事传千里"的传播机制作用下,大量不利于国民党党治"训政"的"事实"的扩散使国民党精心塑造的三民主义意识形态难以"臣服"广大民众,而呈现脆弱、不堪一击的特性。

  形成这一社会传播体系,既与蒋介石集团构建的组织传播模式有关,与国民党宣称的三民主义政治理念有关,与袁世凯独裁失败的"历史镜检"有关,与民营报刊先天独大、知识群体深受自由主义思潮影响,及公共租界的客观存在、蒋介石集团讨好美英等因素有关。

  3. 在畸形的系统A、系统B已成事实的前提下,若能改善系统C的运转质量,能为解决系统A、系统B创设更多的历史时间。系统C的完善有一个历史过程。蒋介石在解决重建系统C、推动中国现代化的历史进程中有一定的历史贡献,取得了所谓"黄金十年"的建设成就,为中国全面抗击日本侵略奠定了一定的物质基础。但在畸形系统A、系统B的共同作用下,蒋介石依靠党治体制、威权政体、官僚资本主导国家现代化建设的基本路径,在实际执行中也有许多失误。其主要表现有:(1) 在解决地方实力派、胡汉民、汪精卫等党魁方面,蒋介石固守"武力决定权力分配"的思维惯性,在胸怀、策略、手段等方面均有许多历史败笔,是国民党"一盘散沙"的重要源泉。如① 蒋介石偏袒嫡系武装的"编遣裁军"行动,使地方实力派将蒋主导的"编遣裁军"、建设国家的战略意图理解为"削藩",并引起南京中央与阎锡山、冯玉祥、李宗仁、白崇禧等地方实力派之间的战争,蒋介石虽然取得最终胜利,以武力削弱了地方实力派对南京政权的军事威胁,却动摇了国民党统治根基,造成了南京中央与地方实力派之间的貌合神离,以及以桂系为主体此起彼伏的反蒋的政治活动,乃至小规模的军事行动;② 在蒋介石与胡汉民、汪精卫争夺国民党党魁的权力斗争中,蒋介石表现出权力斗争艺术不够娴熟的一面,在蒋、胡"约法之争"中,蒋介石未能控制住其个人积怨,将立法院院长胡汉民囚禁于汤山,这一鲁莽行为虽然使蒋顺利通过了《中华民国训政时期约法》,形式上取代了胡汉民主导的"总理遗嘱",却使胡汉民从此与之分道扬镳,并引发了李宗仁、白崇禧等西南派系的政治分裂的严重问题。这些政治"失误",使蒋介石独享权位的野心再次大曝光,而蒋介石个人集权的政治行为导致国民党党国体制的制度权威难以建立。在制度权威缺失下,国民党的权力分配由掌握军权的蒋介石一手操控,由此,军权控制政权、统领党权的权力格局,替代了党国体制纸面规定的党权制衡军权、统领政权的权力序列。

(2) 在全面"围剿"中共时,蒋介石集团未深入思考造成中共崛起的社会根源,也未采取切实可行的政策、措施解决农民阶层的生存诉求。面对农民要求平分土地、解决温饱问题的强烈诉求,南京政权以县为单位推行的"县自治""县训政",因土豪劣绅把持县政权,国民党改善民生的政策、法令成为一纸空文,为"围剿"红军而采取的保甲制度,为提高国民素质、增强国人凝聚力而开展的新生活运动不仅未给农民带来切实实惠,反而因战争、运动等增加了农民负担。在土地集中、盘剥加重、生存无望的情况下,为了活命的农民被逼上了"造反"道路,国民党失去了农民阶层,中共因满足了农民需要,使农民成为其"剿而不灭",乃至崛起的支撑阶层。揭露问题实质且带有反共思想的、也含有批评国民党意味的《"剿匪"与"造匪"》一文,遭到蒋介石忌恨,蒋手令将刊登此文的《申报》"禁止邮递"。

（3）国难兴邦。日本侵略中国，既给蒋介石集团带来严峻挑战，也为其重塑政党、整合社会提供了历史机遇。然而，在应对来自日本的外来严峻挑战的过程中，蒋介石采取的"攘外必先安内"的政策与行动，严重滞后于形势发展，致使其不能利用高涨的爱国民族主义重塑国民党、整合社会，反而受抗日爱国舆论的有力牵制。另外，在与中共争夺爱国主义和民族主义领导权方面，蒋介石也屡次败北，未能早于中共率先提出"抗日民族统一战线"的政治口号，失去了占领引导抗日爱国舆论制高点的先机，失去了借国难整合社会的历史机遇。造成这种被动局面的因素很多，其中蒋介石狭隘的国家民族主义、人治模式是重要因素。

（4）政治组织模式势必影响国民经济体系，蒋构建的披着现代制度外衣的"人治"模式，必然形成依附于"人治"者的官商经济模式。即与掌权者关系密切的人群，极易利用掌权者的权力资本，攫取、控制大部分的社会经济资源，而成为控制国民经济的经济寡头，进而与掌权者相互勾结，构成掌权者实行"人治"的经济基础。当宋、陈、孔等与蒋关系密切的家族垄断官僚资本主导国民经济时，资本内在的逐利本质，必将抑制中小资本、私人资本的发展，损害中小资产阶级、工商阶层的利益，进而造成国民经济的畸形发展和社会贫富分化的加剧。抗战前十年正是以宋、孔、陈为代表的官僚资产阶级形成的重要时期，八年抗日战争虽然沉重打击了南京政权主导的国民经济，却使官僚资本加速膨胀，国民经济陷入了临近崩溃的边缘，解放战争的打响，是压倒民国国民经济的最后一根稻草。国民经济的全面崩溃，是国民党迅速败退大陆的经济因素。

综上所述，在解决传统中国"一盘散沙"的问题上，蒋介石给出了个人集权下的人治化的政治组织模式，畸形言说空间下官僚科层体系监控的社会传播系统，党国体制、威权政体下的官僚资本主导的国民经济体系等"药方"。在蒋介石集团重塑政党、巩固政权、黏合社会、应对外来侵略的历史进程中，这些彼此胶合、联动、相互作用的"药方"却成为社会系统"再散沙化"或曰社会持续"撕裂"的动力源。即蒋介石以人治模式破解"一盘散沙"的解决路径，在历史实践的自我演绎中，反而成为蒋介石丢掉大陆政权的传播学根源。人治治国模式的突出优点是能够调配全国资源集中于某一点,其突出缺点是"点"的确定,调配的速度、成本完全系于最高权威及服务于最高权威的科层官僚体制,因此,人治模式需要威权作后盾才能遮蔽其缺点,凸显其优点,维系政权的正常运转。蒋介石依靠人脉资源路径构建的是披着现代制度外衣的、弱势威权的人治治国模式,这一模式因威权的"弱势性"而在社会政治、经济、文化、军事、信息等子系统衍生出相互内耗、恶性循环的逻辑力量。

具体而言,弱势威权的人治模式,因权力中枢的弱势性而滋生出若干个权力中枢,而权力中枢的多元,在人治模式下势必形成官僚科层体系的臃肿、腐化及政令传播的高成本、低效率、恶效果。本应集中使用的公权却形成了沿着腐化、臃肿的官僚科层体系蜕变为层级化、个体官员擅自使用的私权逻辑,而公权私用的逻辑正是社会政治、经济、军事、文化、社会信息等子系统朝向恶性循环的逻辑起点。由此,政治领域陷入了权力无序化、公权私用化、权力博弈化的内在演化逻辑;经济领域衍生出经济秩序权力化、权力资本膨胀化、社会财富分配的权力化及社会贫富差距持续拉大的逻辑;军事领域衍生出军权个人化、分散化,军队私家化,军队之间貌合神离化、战斗力持续下降的逻辑;文化领域陷入公序良俗逐渐解体的逻辑,真、善、美被假、恶、丑代替,人心不古,道德败坏,世风日下成为社会常态;社会信息传播领域衍生出社会信息生产、传播的权力化,社会信息的博弈化,社会言说空间的畸形化的逻辑。逻辑关系一旦生成,便具有不以个体意志为转移的、推动事物自我演化的内在力量,而要打破逻辑力量的自我演绎,就必须以外力破坏并重组构成逻辑力量的各个要素,尤其是导致逻辑力量自我演绎的起始要素。在统治大陆期间,蒋介石集团使出浑身解数,力图打破造成南京政权持续恶化的逻辑链条,在局部取得了一定成效,然而,历史没有给蒋介石更多的时间,蒋介石也没有壮士断腕的政治勇气与政治行动,这使蒋介石集团不可能打破上述胶合、相互作用,共同推动南京政权持续恶化的逻辑链。

社会信息系统本身具有黏合性。蒋介石集团在诸多逻辑力量构成的历史旋涡中挣扎时,凭借着符合国情的政治理念,由政治精英组成的领导集团,严密的政党组织,强有力的社会动员,契合中国实际的路线、方针、政策,强有力的自我修正错误的能力等因素,年轻的中国共产党抓住了历史机遇,其依靠制度权威、政治理想、领袖魅力等元素建构的社会媒介(信息)系统有效地将厌恶国民党的中产阶层、中小知识分子、工商界人士及被压迫的工农阶层凝聚起来,形成了颠覆国民党政权的历史外因。在历史内因与历史外因彼此作用下,国民党南京政权艰难支撑了二十余年,于1949年败退大陆。

三、余　　论

一个政权退出历史舞台,绝非历史偶发因素所致,而是历史演变的必然结果。南京政权败退大陆,绝非日本侵略中国的"偶然因素"所致(这一"偶然因素"也是东亚历史演变的必然),强调"西安事变"中张、杨扣押蒋介石,逼蒋抗日,日本侵略给中共提供了喘息、壮大的历史机遇等偶然因素致南京政权败退大陆的观点,是历史虚无主义的重要表现。国民党"亡国"未亡党,退居台湾的结局,是多重合力、多重因素在历史偶然事件中共同作用的必然结果,可谓是国民党历史演绎的必然结局,其中,蒋介石对国民党"亡国"未亡党、退居台湾的结局负有不可推卸、首要的历史责任。但若说这一结局由蒋一手造成,有失公允。拨开意识形态的迷雾,在解决传统文化国家的现代转型及"中世纪""半觉醒"的中国迎接现代民族国家带来的现代化挑战方面,蒋介石可谓使出了浑身解数,然而其以孙中山三民主义为灵魂、以蒋介石人脉资源为路径构建的弱势威权主义为权力中枢、以国民党内自由主义精英为智囊,试图维系南京政权,以集中军权,掌握权位为重心,破解"一盘散沙"的传播方略,却因该方略的逻辑起点——依托人脉构建权力中枢,轻视制度权威——不符合时代潮流而使蒋介石重塑社会的行动本身异化为社会持续撕裂的基本动因。

造成这一历史悖论的根源很多,有来自国民党胡、汪等党魁、地方实力派的权力制衡因素,有来自孙中山训政、宪政思想的思想制衡因素,有来自欧美、日、苏等列强的牵制因素,有来自中共的挑战因素,最根本因素却是蒋介石的政治思维与政治性格。在大历史视野下,蒋介石基本是"中学为体,西学为用"的过渡性政治人物,其战略传播思想中重视实权高于一切的思维与做法,使蒋介石无法突出自身思维与视野局限,无法破解"武力决定权力分配"的民国政治逻辑。这致使其政治行为不得不在集权、分权的范畴内游弋,且在游弋中向集权方向倾斜。换言之,在传统集权文化、欧美民主政治分权文化、《总理遗嘱》的训政诉求构成的多元政治文化下,蒋介石陷入了"集权"与"放权"的两难抉择。放权,在"武力决定权力分配"的民国政治逻辑及传统集权文化下,意味着自身危险系数的增高;集权,势必遭到来自"分权"文化及总理遗嘱的层面的抨击,乃至引发党内自由主义知识精英逐渐滋生与蒋的政治离心的严重问题。这种集权、分权的政治文化,使蒋介石的政治性格表现出时而优柔寡断、时而专断独行的两极特征。其次,蒋以人脉资源构建的党内自由主义的智囊团,不可能以传统诤言形式使蒋反思自己的政治思想与行为,使蒋完成"过渡"成为现代型的威权领袖。最后,蒋介石政治性格中的暴躁、专断等弱点,使蒋在处理胡汉民、汪精卫、孙科等党内上层人物的关系上,失分很多。

　　蒋介石在大陆的失败并非毫无价值,其经验教训是值得总结、借鉴的一面历史镜子。这面历史镜子提示后人:后发国家的社会转型,需要威权政体集中社会资源推动社会全方位的现代化,需要在社会现代化进程中建立现代化的社会(媒介)信息系统。而社会现代化推进意味着威权政体本身需要根据社会现代化推进程度,不断地向社会分权,使集权的威权政治向分权的民主政治平稳转型。这意味着只有道德觉悟高、政治责任强的政治精英领导的现代动员型政党才有可能全面推进社会现代化进程,但道德不能防止权力腐化,在政治现代化进程中要制衡现代政党滑向独裁专制,防止政治精英集体性的堕落腐化,必须依靠制度权威,依靠民众力量,因此,必须渐进式地扩大社会言说的空间,使社会言说的秩序由"人治"逐渐地转为"宪治",这样才能使新闻与言论的信息流唤醒民众,重塑民众的政治主体地位,彻底改变"人治"政治文化,形成重制度的政治文化。另一方面,社会言说空间的逐步扩大化、社会言说秩序的"宪治"化,才能防止官僚科层体制控制社会传播渠道,这样,民众觉醒的大量事实流才有可能"下情上传"于威权政体,使威权政体能够根据变化的"事实",调整思路、修订路线、科学决策,推动社会现代化。

当强有力政党的威权"人治"与恰当的社会言论自由度之间的良性互动累积到一定程度,制度权威才能在"威权人治"与"觉醒民众"的长期博弈中达成全社会的集体共识。制度权威的形成,才意味着国家权力分配规则化的真正实现,意味着社会利益平衡机制的最终形成。只有建立全社会共同认可的制度权威、制度文化,才能结束传统"人治"政治的历史循环,真正实现中国政治的现代化转型,真正实现国家治理的现代化。也只有在制度权威形成后,传播与政治良性互动的规则体系才能真正建立。

在社会转型的过渡期,对于政党来说,需要警惕权力的独占性,需要政治胸襟宽广、战略意识强烈、政治艺术高超、全心为公权服务、平凡的政治伟人,需要他们根据现代化进程科学、准确地把握集权与分权的平衡艺术,需要他们坚守"公平正义",切实推进制度建设等;对于新闻业来说,需要恰当的、逐渐扩大的、宪法框架下的言说空间以唤醒民众,需要"坚守真相",做好"上""下"有效沟通;需要根据现代化进程科学把握"新闻"与"宣传"的界限,既要警惕宣传的过度渗透,也要警惕客观至上、绝对化的新闻主义;需要在唤醒民众与动员民众之间保持恰当的、动态化的平衡等。在此前提下,在社会转型的过渡期,威权政体与新闻业之间才能达成动态化的良性互动,共同促进传统中国现代化的顺利转型,其中,威权政体能否赋予新闻和言论的空间以及多大程度的言说空间,或者说民众能够争取到多大程度的新闻和言说空间最为关键。

这也许是国民党党治"训政"与其"喉舌"新闻业之间长达二十余年的"失败互动"留给世人的历史经验。这一历史经验至少表明,国民党党治"训政"与"喉舌"新闻业之间的互动思维、路径与模式,是当代中国不可借鉴且值得警惕的一种传播与政治的互动模式。

(作者为南京师范大学新闻与传播学院副教授,民国新闻史研究所副所长)

中国与西方的现代意象：抗战时期滇缅公路的舆论建构

向　芬

内容摘要：滇缅公路在抗战时期作为中国与外部世界联系的"唯一生命线"，曾一度受到海内外人士的广泛关注。本文以抗战时期滇缅公路的相关文献资料为研究主线，研究"哪些人在关注滇缅公路？他们如何建构滇缅公路？他们关于滇缅公路的舆论建构展示了怎样的社会现实？对于滇缅公路的舆论建构在抗战中起到了什么作用？反映出了什么样的历史背景？"这些问题，勾勒出国内外对滇缅公路"苦难辉煌"的正面建构，同时也展现了滇缅公路"问题与罪恶"的另一张面孔。本文试图从现代化和西方化语境分析战时舆论建构背后的深层意义。

关键词：滇缅公路；抗战；舆论建构；现代化；西方化

1937年七七事变爆发后，中日两国除了争城、争野之外，所进行的实际上也是一场交通路线的争夺战。截至1938年10月广州、武汉相继失守，其间可谓是铁路线和重要水路的争夺时期，运输仍以铁路为主，公路、水路、航空为辅。穗、汉易手后，铁路、水路甚至航空，多遭中断，运输只能以公路为重心。随着战场逐步西移内陆，攻防也由铁路线争夺，转移至公路封锁战。① 中国对外海上通道面临着被日本全面封

---

① 李君山：《抗战时期西南运输的发展与困境——以滇缅公路为中心的探讨（1938—1942）》，2012年9月，第63页。

锁的危机,为抢运中国政府在国外购买的和国际援助的战略物资,保证中国全面抗战的需要,滇缅公路显得尤为重要。1937年11月18日开始,滇西公路沿线20多万各族劳工与工程技术人员,凭借简单工具,肩挑手挖,修筑出滇缅公路,于1938年8月底全线通车,后又不断进行加固、加宽、改线等改善工程。1940年,日军在不到6个月的时间里,共出动飞机400余架数次疯狂轰炸。抢修队不分昼夜地进行抢修,维系交通血脉的畅通。但由于英国当局与日本妥协,从1940年7月18日起滇缅公路禁运3个月。1942年5月5日,为阻止日寇入侵,滇缅公路暂时中断。1943年中国远征军第二次赴缅作战计划确定之后,滇缅公路逐步恢复。1945年1月20日,滇西抗战大获全胜,及至8月15日日本无条件投降,流亡滇西的外省同胞陆续返回,战时滇缅公路的黄金时代结束。

滇缅公路在抗战中作为重要的国际通道(尤其是在所有的海上交通被封锁、滇越铁路被分段拆除之后,驼峰航线开通之前,它成为唯一的国际通道),输入了大批武器、弹药、油料、通讯交通器材等军用物资,亦作为中国远征军赴缅作战的进军路线,为中国抗日战争与世界反法西斯战争的顽强坚持与最后胜利发挥了十分重要的作用。滇缅公路在抗战时期作为中国与外部世界联系的"唯一生命线",曾一度受到海内外人士的广泛关注。

关于战时滇缅公路舆论方面的研究,目前学界有少量文章大多从文学研究的角度略有提及。如叶子[1]主要选取黎锦扬[2]创作的《土司》系列故事,来探寻滇缅公路开通后中国西南的种种变化。文中简要介绍了萧乾、赛珍珠、杜运燮等人的作品。秦弓[3]则以王锡光、杜运燮诗歌、萧乾和范长江新闻通讯为研究对象,来讨论抗战文学的作用与地位。易彬[4]以谭伯英的纪实作品为文本,总结出谭伯英作品体现的集

---

[1] 叶子:《滇缅公路·"摩登"·共产党人——〈纽约客〉之〈土司与他的秘书〉系列小说》,《杭州师范大学学报(社会科学版)》2013年第1期。

[2] Lee C Y., "Sawbwa Fang's Modernization Program," *The New Yorker*, July 26, 1958, p. 50.

[3] 秦弓:《抗战文学中的滇缅公路》,载《抗战文化研究》第二辑,广西师范大学出版社2008年版,第101—112页。

[4] 易彬:《"滇缅公路"及其文学想象》,载《中国现代文学研究丛刊》2007年第4期。

体观念与话语制造,指出作品高扬时代主旋律,并受到强势历史逻辑的影响。董晓霞①谈到除了滇缅公路之外没有任何一条公路被作家们一再关注与书写,萧乾、谭伯英、范长江、王锡光、刘楚湘、杜运燮、白平阶等作为滇缅公路的考察者、修筑指挥者和见证人均提供了一些新的书写内容。另外,蓝华增②曾就白平阶以滇缅公路为背景的边地小说做过评介研究。

以往这些研究涉及滇缅公路舆论方面的内容多集中于对中国的记者、作家或者亲历者的作品论述,而对于中外记者、作家、亲历者的总体舆论研究较为欠缺,无法构成完整的历史图景。本文将以抗战时期滇缅公路的舆论建构为研究主线,来研究"哪些人在关注滇缅公路?他们如何建构滇缅公路?他们关于滇缅公路的舆论建构展示了怎样的社会现实?对于滇缅公路的舆论建构在抗战中起到了什么作用?反映出了什么样的历史背景?"这些问题,勾勒出国内外滇缅公路舆论建构的轮廓,并试图在现代化和西方化语境下分析战时舆论建构背后的深层意义。

一、从滇西辐射世界的舆论建构

1. 中外记者报道的滇缅路

1939年春,萧乾从昆明到大理、龙陵、芒市,自畹町到缅甸腊戍,风尘仆仆来回奔波了近三个月,接连写了五六篇通讯,刊登在港版及渝版的《大公报》上,萧乾深入的采访适时顺应读者的渴求,带给大后方不小的信息震撼,其中尤以《血肉筑成的滇缅路》③一文被广为称道。著名报人陆铿生前写到萧乾当时沿滇缅公路采访到保山的情景时道:"其时,我正在保山县立中学任教,并组成了'保山县抗日救亡宣传团',萧乾希望了解一下祖国边疆对日本侵略中国的反应,县里的人就

---

① 董晓霞:《滇缅抗战与现代文学》,西南大学硕士学位论文,2012年。
② 蓝华增:《中华民族救亡的勇士之歌——白平阶三四十年代反映修筑滇缅公路的边地小说评介》,《民族文学》1994年第6期。
③ 萧乾:《血肉筑成的滇缅路》,1939年6月17日至19日连载于香港《大公报》。

建议他访问'县中',到了'县中',学校让我出面接谈,一见如故。他朴实的态度和诚挚的语言,感染了我,第一印象是记者可爱。我因1938年为缅甸《仰光日报》写过保山农民为修滇缅公路流血流汗的通讯,与萧乾接触后更增加了做记者的冲动,从此就担任了《仰光日报》的通讯记者。"①

萧乾旅欧游学期间,正逢英国首相丘吉尔为了保全其在远东的既得利益,与日本签订了封锁滇缅公路的协定,萧乾撰文②提及他读到滇缅路封闭的消息时的痛心:"千万人的血汗筑成的滇缅路,仅仅为了'减少帝国局势之紧张',就被封闭了。当时英国舆论界的确哗然。但舆论终归只是叫嚷而已。"文章反映了英国援华会"立即无条件开放滇缅路"的强烈要求及其向英国政府交涉准许红十字会药品及汽油先行经过的情形,揭穿了英国政府的谎言。由于萧乾刚从战火中的中国来到英国,又是采访并报道过滇缅路的记者,英国援华会就安排萧乾赴伦敦及英伦三岛各地演讲,他主要谈的就是滇缅路对中国抗日战争的重要性。③

1942年,萧乾根据旧稿自译的《中国并非华夏》(*China But Not Cathay*)由英国向导出版社出版,书中滇缅公路的几幅照片就是萧乾所拍的。④ 1940年《南华早报》登载了《滇缅路的劳工:中国记者的讲述》,报道介绍了青年新闻记者萧乾给《亚洲评论》写的一篇关于滇缅公路建设情况的文章,萧乾将这条道路称为"现代中国的长城",将滇缅公路视为"目前转型时期的标志"⑤。

范长江也于1940年12月撰写述评《滇缅与滇缅公路》,开篇就称赞滇缅公路是"支持全民族抗战的一条国际交通要道。""不但是中国交通史上的奇迹,而且是世界公路交通史上值得大书特书的事情。"范长江素有政治敏感和问题意识,他在文中提醒应注意民族问题,确定新

---

① 萧乾:《从滇缅路走向欧洲战场》,云南人民出版社2011年版,前第4页。
② 萧乾:《滇缅路开放之前》,香港《大公报》1940年10月17日。
③ 萧乾:《从滇缅路走向欧洲战场》,云南人民出版社2011年版,第179页、第239页。
④ 萧乾:《萧乾全集》第五卷,湖北人民出版社2005年版,第745页。
⑤ Burma Road Toilers, "Chinese Journalist Tells Story of the Work the New and The Old," *South China Morning Post*, Aug. 28, 1940.

的民族政策:"我们要在理论上首先给滇西各弱小民族以新的希望,使他们不起离心的倾向,然后改革他们旧有的土司统治制度,改进他们的生活,则他们不至于终日如在黑暗世界中,时时苦闷,处处有被外力挑动之可能。"①

木枫1939年9月21日脱稿于昆明的《一〇六号桥——滇缅公路是怎样筑成的》(1940年3月,在《七月》第5卷第2期"速写"栏目刊出),以106号桥修建过程中的一场洪水灾难来展示公路修筑的异常艰难与巨大牺牲,生动刻画了创造滇缅公路伟大奇迹的卑微小人物们。②

1940年《良友》画报刊载王小亭(Nensreel Wang)③的专题摄影《滇缅公路重新开放》,照片所附文字写道"滇缅公路是目前中国西南通达海口的唯一国际交通线,从欧美来的军火由此路而直达重庆,内地的土产也由此经仰光而转运欧美,但是关于这次开放消息发出前后所引起国际间之紧张情形,又表示滇缅公路的重行开放与否,决不单是军器货物的运输问题,而象征着英国远东政策的坚定,英美合作援华的愈趋积极,中国前途的无限光明,未来历史家定会把廿九年十月十八日作为一个划时代的日子的"。"滇缅公路在三个月封锁期间的修路工程,开放后,五千辆卡车的军火向内地不停的运输,因此路的开放而得源源运经仰光等许多伟大事迹,本杂志特约摄影记者王小亭君所摄的实地照片,可以给读者一个清楚的轮廓"④。王小亭的照片展示了"百万元改良的滇缅路""装载军火运华的车辆"以及"开放第一日滇缅边境所见"等情境。

1940年至1942年间《纽约客》的闲话评论与新闻报道,也频频关注滇缅公路的种种动态。⑤ 1940年3月8日"热门话题"栏的《中国记

---

① 范长江:《滇缅与滇缅公路》,(1940年2月20日重庆),转引自沈谱编:《范长江新闻文集》下,新华出版社2001年版,第890、893页。
② 秦弓:《抗战文学中的滇缅公路》,载《抗战文化研究》第二辑,广西师范大学出版社2008年版,第110页。
③ 王小亭早年任职于英美公司电影部,是中国人投身于新闻电影界之鼻祖,1925年任万国新闻通讯社摄影记者,做美国摄影师范济时的助手和中文秘书;后受聘《申报》,任新闻摄影部主任;1930年任《申报》新闻摄影记者,协助该报创办《图画周刊》。
④ 王小亭:《滇缅公路重行开放》,《良友》1940年总第160期。
⑤ 叶子:《滇缅公路·"摩登"·共产党人——〈纽约客〉之〈土司与他的秘书〉系列小说》,《杭州师范大学学报》2013年第1期。

者》(Chinese Reporter),通过为国民党中央通讯社工作的卢祺新①的闲谈,透露中国苦力在滇缅路上的巨大作用。

一批外国记者也将目光投向滇缅公路。1939年张孟令翻译了3月26日港报所载外籍记者杉姆森(Gerald Samson)由该路经滇到缅沿途观察纪实。随后,《天下事》杂志也翻译了杉姆森的《滇缅公路小记》,文中记述"滇缅公路于一九三八年十二月完成,当记者于一九三九年二月旅行经过该公路时,实系完成后第一外国新闻记者行经此地"②。不过,李灿章在《滇缅公路保龙段修、毁侧记》中回忆道,记得在工程即将竣工、尚未正式通车前的一天(1938年8月),约下午4时左右,我正在检查道路,突然驶来一辆黑色小轿车。车在我跟前刹住,一个外国妇女和两个男人下了车,他们问我到保山还有多少路程,我回答后,他们就驾车离去。这是滇缅公路上由缅甸进入云南的第一辆汽车。据说车上的人是英国记者。③ 如果李灿章的回忆没有出入的话,从时间上来讲,杉姆森或许就不能算是第一个行经滇缅公路的外国记者了。

1939年有报载消息:《泰晤士报》记者最近乘汽车沿腊戍之昆明视察,曾著文力赞"中国工程师之伟绩"。中国政府对于此段工程,特别经营,务求达于至善。中国工程师之功绩,咸不能埋没也。凡经历云南者,均不免深羡中国人之决心及其勇气云。④ 虽未提及记者姓名,所言媒体还是《泰晤士报》,但从内容上与时间上推定有可能报道所记述的就是英国记者杉姆森。

哈雷特·阿班(Hallett Abend)1929年之后任《纽约时报》驻华首席记者多年,1941年太平洋战争爆发前夕被日本人驱逐出中国。他在1940年10月12日的文章中称,尽管英国决定10月17日重开滇缅路,

---

① 卢祺新(David Lu)出生在纽约,12岁回到中国,先后在广东的岭南大学、北平的燕京大学及美国密苏里大学学习新闻学,是1940年唯一一个驻美国的中国报社记者,随后成为中央社华盛顿办事处主任。
② Gerald Samson:《滇缅公路小记》,《天下事》1940年创刊周年特大号,第41页。
③ 李灿章:《滇缅公路保龙段修、毁侧记》,《云南文史资料选辑》第52辑,中国人民政治协商会议云南省委员会文史资料委员编,1998年,第72页。
④ 《英报记者盛誉滇缅公路》,《时事半月刊》1939年第2卷第11期,第10页。

滇缅公路的价值已经下降了。① 在《一个美国记者眼中的真实民国》一书中哈雷特·阿班重申滇缅公路的重要性过去被高估了,"滇缅公路的军事重要性被大大高估了,通过这条公路输往中国的货物,也是从未超过每月一万八千吨,通常倒是大大低于此数。事实上,作为军需供应路线,滇缅公路与印支铁路比,重要性还大大不如。因为中国不产汽油,故每辆卡车所运油料的整整一半,必须用于卡车自身所耗,包括其用去的汽油、油脂、润滑油等,使其得以开回缅甸,再运回一车货物。这便意味着,中国从滇缅公路获取的实际军需供应,每月并不超过九千吨。对于驻扎在中国以便轰炸日本的巨量飞机而言,这一数量是微不足道的。这也说明,即使日本人被赶出缅甸,绝大部分的输华军用物资仍需依赖空中运输,除非美国海军能打开通往某个中国港口之路"②。

胡春冰翻译了《纽约时报》登载的鲍尔温(H. W. Baldwin)的《滇缅战局与滇缅路》一文,文中谈到"即使如此,运输数量也还不足以支持中国境内对日巨大的陆空战事,如果美国要在东方与日本从事大陆战争,中国东海岸的港口的开辟,将是运入供应品的主要入口"。他认为"滇缅路的开辟,主要是政治与心理上的价值,军事上的重要性还在其次"③。

1940 年,欧文·华莱士(Irving Wallace)作为美国《自由》杂志的远东记者,受命来到亚洲进行战争情势的采访和报道。当时,美国还没有参与第二次世界大战,华莱士以非交战国的记者身份到过日本、中国和菲律宾等地。太平洋战争爆发之后,作为美国空军第一电影制片分队成员,在战争情势系列片中,创作了一部《为中国而战》的电影,其中谈到滇缅公路,披露了其他叙述中未见的背景:"几家国际知名的工程公司被邀商谈此事。他们说要完成这项工程需要六至七年的时间。然而,中国没有六七年的时间可等啊! 于是,中国人开始赤手空拳自己干

---

① Value of Burma Road to China is Cut Down; Japanese Fliers Expected to Bomb the Highway Almost Daily After the British Reopen It This Week, By Hallett Abend, Wireless to the New York Time, *New York Times*, Oct. 13, 1940.
② 〔美〕哈雷特·阿班:《一个美国记者眼中的真实民国》,杨植峰译,中国画报出版社 2014 年版,第 253 页。
③ 〔美〕鲍尔温著,胡春冰等译:《滇缅战局与滇缅路》,《经纬》,1945 年第 2 卷第 10 期,第 32 页。

了起来……"解说词称赞筑路者:"他们每筑好一座桥,留下可临时搭浮桥用的站桩。日本人一次次地扫射这些桥梁,但多亏沿路备好的临时浮桥,这条路线从未中断几小时。只要一连通,便可立即投入使用。""在不到一年的时间内,数以千计的汽车来回穿梭于两地之间……有时爬高达一万英尺的高山,又驶下近乎海平面的深谷,上上下下。沿着山势蜿蜒盘旋……有时行驶在悬崖峭壁之下。有的地方,来往会车的间距仅有一英尺,他们是沿着陡立的峭壁边缘行驶的。"①

在《美亚》②杂志中,骆传华(曾长期为中国华洋义赈救灾总会工作,1938年后前往香港协助温源宁从事战时国际宣传工作③)介绍了滇缅公路的情况,"滇缅公路是在战争期间内才完成的,因为英国远东绥靖政策的结果,曾受过三个月的封锁,到最近十月十八日才开放。特别是正当日军在越南登陆、滇越路段被截断的今日,它已成为西南唯一的国际通道。这通道起于云南的昆明,直达缅甸仰腊铁路的终点腊戌,同时也沟通了缅甸全境的公路网,不但在战时有着重要的意义,同时对于东南亚经济发展也有极大的作用"。骆传华对滇缅公路的未来做出了乐观的估计,"滇缅公路总有一天要成为世界瞩目的路线,至中日战争结束以后,外货及旅客之经由中国后方门户入内者,迅速增进,实可预卜"④。事实证明,骆传华的预卜,与战后滇缅公路的实际情况有较大差异。

上海"美国大学同学会"邀请美国《芝加哥日报》远东访员史蒂尔(A. T. Stelle)做"滇缅公路"的演讲,史蒂尔之前由西南各省游历取道滇缅路来沪,他首先谈了交通动脉性质的重要,并言及日军轰炸并未影响运输,滇缅公路仍川流不息,甚至说"滇缅路即生长于轰炸之中"。他大力推崇美国红十字会中国救济事业部主任贝克博士就任运输总监后的工作成效,对于滇缅路提出了改进方案。史蒂尔在中国西南各省

---

① 〔美〕欧文·华莱士:《为中国而战》,王金铃译,广西人民出版社2005年版,第23—24页。
② 《美亚》即 Amerasia,是20世纪40年代以讨论远东事务闻名的杂志。
③ 文俊雄译:《奥乍得致骆传华函》,《民国档案》(外文译档),2003年第2期,第44页。
④ 骆传华著,岳彦译(节译自 Amerasia 九月号):《中国的新生命线——滇缅公路》,《国际间》,1940年第2卷第8期,第246—248页。

广泛游历,"所见交通之发达、民气之激昂及工业之进步,对于中国之前途遂抱有乐观之信念"①。

2. 筑路者、旅行家、传教士笔下的滇缅路

除了新闻记者的报道和撰述,筑路亲历者、旅行家、传教士等也近距离目睹并记述了滇缅公路。曾任滇缅公路运输管理局局长的谭伯英②1945年6月在美国出版《修筑滇缅公路纪实》(*The Building of the Burma Road*)③,作者作为滇缅公路改善维护工作的亲历者、领导者,他从改善公路的艰辛,到敌机轰炸下的抢修,再到为了挡住侵略者的铁蹄,忍痛炸桥炸路,做出了全景性的描述。这部作品提供了大量只有亲历者才能写出的、鲜为人知的内容和感人细节:譬如信号灯怎么设置;弹石路怎样打造;工人怎样招募;管理者、技术人员怎样与之有效地合作;遇到庙宇、纪念碑或是涉及民族信仰的重要墓地等,怎样尽可能地予以保护;少数民族在繁重的筑路劳动中仍然保持的生活习俗,边唱歌边干活的别致景观等。文中还描绘了工程官员、千余名技术人员与工人同舟共济,流血流汗,甚至付出生命代价的感人事迹。这部著作原是作者为了向世界介绍国人如何修筑滇缅公路而用英文写作,国人所读到的是戈叔亚1945年6月再版版本翻译的中文译本。④ 1946年的一篇书评写道:作者的叙述中对他的成就表示出了谦逊的态度,他最后希望有可能的话竖立一个纪念碑,以纪念"成百上千的无名氏将他们的生命奉献给这条造福后代的滇缅路"⑤。

美国人史密斯(Nicol Smith)所著的《滇缅公路》(*Burma Road*)⑥,1940年在美国出版。随即,《天下事》杂志开始了选登连载,在编者按

---

① 《芝加哥日报记者讲滇缅路重要性》,《申报》1941年6月25日第7版。
② 交通运输工程专家,因主持修筑滇缅公路获得美国威斯康星大学"荣誉博士"称号。1944年赴美考察。抗日战争胜利后,任国民政府驻美国物资供应委员会委员、副主任兼航务处长。后定居美国。
③ Tan Pei-Ying, *The Building of the Burma Road*, New York: Whittlesey House, McGraw-Hill Book Company, Inc., 1945.
④ 谭伯英:《血路》,云南人民出版社2002年版,第180页。
⑤ Osgood Hardy, *Pacific Historical Review*, Vol. 15, No. 2, June. 1946, p.241.
⑥ Nicol Smith, *Burma Road*, New York: The Bobbs-Merrill Company, p.940.

中写道:《滇缅公路》为世界著名旅行家尼古拉·史密斯所著。史氏于1939年来华,得我国当局之许可,与美国驻昆明领事梅耶乘汽车遍历滇缅公路全程。全书原有二十章,首七章述香港、北海海防见闻,中六章记滇越道上风土,后七章始为滇缅公路旅行记,本刊觉其内容富有趣味,不无价值,爰为译载,以为重开滇缅公路后之一小点缀。①1941年5月中译本由亢德书店出版。②不过在《太平洋事务》的书评中这样评价道:"一个年轻的美国人从香港经河内、印度支那铁路到昆明,再沿缅甸路、腊戍回来。这样一本受欢迎的旅游书,基本没有严肃地讨论滇缅路在政治、经济、技术方面所存在的各种问题与意义,如果因此批评这本旅游书没什么大的价值,或许实在不公平。然而,遗憾的是,作者的确错过了这样一个良好的机遇,即对现有关于滇缅路(中国西南部重要的生命线)较少的一些材料做一个重要的补充。"③书评人觉得,"史密斯先生刻画了一条粗糙而危险的道路,蜿蜒曲折通过蛮荒的、多山的、美丽的但有时邪恶的国土,衣衫褴褛、饥肠辘辘的民众拼命与暴雨战斗,以保持他们一手修筑起来的滇缅路能够持续开放;满载弹药的货卡车挣扎着通过泥泞的河流,沿着陡峭、狭窄的盘山公路行驶,有时甚至倾倒在峡谷里。这是一个令人兴奋和浪漫的画面,但它告诉我们的并不算多。"④

内维尔·布拉德利(Neville Bradley)于1945年出版《古老的滇缅路》(The Old Burma Road)⑤,当内维尔·布拉德利博士1930年春决定开始仰光这段旅程时,他当时是昆明的一个医疗传教士。路程中他做了完整的日记、笔记和照片记录。"事实证明他的这些故事是值得出版的,如今,他所记录的地方因为著名的滇缅公路建设,其旅游条件已经发生了很大的改变,同时这也是一段关于云南生活的记录,暂且不说中国西部其他地方,云南受到了西方文明与抗日战争的冲击。与云南

---

① 〔美〕尼可·史密斯:《滇缅公路》,亢德、云玖译:《天下事》,1940年创刊周年特大号,第43页。
② 〔美〕尼可·史密斯:《滇缅公路》,亢德、云玖译,上海亢德书店1941年版。
③ W. J. Leaning, Pacific Affairs, Vol. 13, No. 4, Dec. 1940, p. 477.
④ Ibid. , p. 480.
⑤ Neville Bradley, The Old Burma Road: A Journey on Foot and Mule Back, London: William Heinemann, 1945.

其他当地交通相比滇缅路受到更多的关注,但现在的西部云南人的生活并没有因为新缅甸路发生很大的变化。毫无疑问,深刻的变化即将来到,所以这个记录会有相当的历史价值。"① 这一书评充满西方化和现代化的论述基调。

1939年3月,成都活特主教对香港记者谈到滇缅公路情形时称,"滇缅公路对于中国及缅甸两国,具有莫大关系,现已成为世界国际重要孔道,以前两国商人多有由该道来往贸易,然而崎岖困苦,且费时多日,今经改良发展后,已成中国西方门户者"②。

29岁的郝乐威是陆军航空队的一名少校,他所写的《滇缅路历险记》原载于1942年10月29日出版的美国中印缅远征军报纸③第一卷第六、七两期,文中记叙了他在滇缅公路执行轰炸任务时,迫降在中国境内,受到当地老百姓的款待及其一路见闻。④ 这位少校用外部人的视角对当地老百姓和风土人情的记录颇为独特。

3. 文学作品中的滇缅路

描写滇缅公路的文学作品也应运而生,广为流传。1940年8月,《星期六晚邮报》(The Saturday Evening Post)发表了赛珍珠(Pearl S. Buck)的小说《泥金菩萨的面孔》(The Face of Gold)⑤,讲述西南中国人抗日救国的故事,其中有大量惨烈的筑路图景,"这条新路像一阵暴风雨似的席卷着这个区域,她似乎每隔几天就要加长十余里。实际上几千个满身尘埃、褴褛不堪的老少男女,好像耗子钻洞一样工作着,他们所用的锄头和竹篮担子原与儿童玩具差不多,但他们仍把这条公路迅速地而且不断地开拓出来。"⑥ 疟疾的盛行导致"每隔几天就要换一批

---

① H. L. R., *The Geographical Journal*, Vol. 105, No. 3/4, Mar-Apr, 1945, p. 135.
② 《成都主教活特自蓉抵港谈滇缅公路发展情形》,《申报》1939年3月26日第5版。
③ 美国中印缅远征军报纸 Ronne-up,因原件不清晰,报纸名称或许不准确。
④ 〔美〕郝乐威:《滇缅路历险记》,李文达译,《航空建设》1943年第3期。
⑤ Pearl Buck, "The Face of Gold", *The Saturday Evening Post*, Aug. 24, 1940. 中文译名为《滇缅公路的故事》,参看〔美〕赛珍珠:《滇缅公路的故事》,以正译,武汉:新评论社1940年版,第8页。
⑥ 〔美〕赛珍珠著《滇缅公路的故事》,以正译,武汉:新评论社1940年版,第14页。

工人,因为他们死得太快了"①。"那里,一群弱小的人类仍在工作,但衣服已半不蔽体,又都在发烧。在他探视的当儿,他还看见几个人病倒了下来。倒下去的再也爬不起来了。一个带病的身穿制服的中国人慢慢地走来,他的干枯的眼睛在那顶泥污的制服帽下显出患着热病。"②在赛珍珠的小说中,还提到"如今在滇缅公路上开一趟卡车比做强盗还要有利可图。在路上开两趟来回车就可一辈子衣食无忧"③。她创作的小说由以正翻译,题为《滇缅公路的故事》,小说向世界披露中国男女老幼铺筑公路用以抗战的奇迹,鼓励美国军火商援华抗日,不要再对日本销售武器。

美籍华人作家黎锦扬(Lee C. Y.)的《土司》系列故事发生在滇缅公路刚刚开通的西南中国。系列中首篇发表的《方土司的摩登计划》围绕公路开通后芒市以及芒市人的种种变化展开,"最近完工的滇缅公路从芒市穿镇而过,土司一定已经意识到,对于那些初入此地的外来者,他的领土很可能被看作是一块蛮荒之地"④。

老舍在《由川到滇》中也写下了公路的繁忙情景:"一上了滇缅公路,便感到战争的紧张;在那静静的昆明城里,除了有空袭的时候,仿佛并没有什么战争与患难的存在。在我所走过的公路中,要算滇缅公路最忙了,车,车,车,来的,去的,走着的,停着的,大的,小的,到处都是车!"⑤

云南腾冲回族作家白平阶⑥写了一些有关修筑滇缅公路的小说,如《跨过横断山脉》《风箱》《金坛子》。而《释运》和《腾冲骊驹行》则写了滇缅公路修通后抢运国际援华军用物资的史实。白平阶力求真实地反映在滇缅公路上中国边地民工的平凡生活和筑路的艰辛。白平阶本是滇西人,其作品并不是浮光掠影地描绘边地风土人情,或标语口号式地歌颂抗战,他更能够理解滇西民众的粗犷、血性甚至是蒙昧,能切身

---

① 〔美〕赛珍珠《滇缅公路的故事》,以正译,武汉:新评论社 1940 年版,第 19 页。
② 同上书,第 15 页。
③ 同上书,第 18 页。
④ Lee C. Y., "Sawbwa Fang's Modernization Program," *The New Yorker*, July. 26, 1958, p. 50.
⑤ 老舍:《由川到滇》,载王稼句:《昆明梦忆》,百花文艺出版社 2002 年版,第 143 页。
⑥ 白平阶之女白山 2002 年也出版了长篇报告文学《血线——滇缅公路纪实》。

感悟他们的牺牲与付出。①

杜运燮②的诗歌《滇缅公路》③成为活跃于西南联大的文聚社的代表作,也是他本人的成名作,曾得到闻一多的赏识。《滇缅公路》写于1942年1月在昆明担任"美国志愿空军大队"(飞虎队)翻译期间。诗歌意象多取自生活场景,第一节以血脉与躯体的关系昭示滇缅公路的非凡意义,进而引导出更不平凡的人。朱自清在论及诗与建国的关系时,评价杜运燮的《滇缅公路》在他看来是将抗战与建国交织并行,"建国的主要目标是现代化,也就是工业化",建设滇缅公路的"这些英雄值得诗人歌咏;相信将来会有歌咏这种英雄的中国'现代史诗'出现"。滇缅公路工程和贡献的伟大"实在需要也值得一篇'现代史诗'"④。

滇缅公路修筑期间,工地上流传着一首《筑路谣》,作者为时任龙陵县县长的王锡光。为鼓动士气,王锡光以民谣体作《筑路歌》⑤。筑路歌道出了工农筑路的辛勤与顽强,表现出对交通大动脉功能的肯定。

1938年,腾冲县公路局长刘楚湘在滇缅公路下关至畹町段修通后创作了《滇缅公路歌》。这首歌记录了修筑滇缅公路的岁月,歌颂筑路民工为支援抗战所发扬的大无畏的精神,表达了他抗日救国、驱除日寇的爱国思想。

二、苦难辉煌:对滇缅公路的正面建构

1. 滇缅公路工程的战略意义

滇缅公路一度成为中国接受国际援华物资的唯一通道,在战时具有重大的战略意义。滇西各族人民仅用了九个多月的时间,就将这道

---

① 董晓霞:《滇缅抗战与现代文学》,西南大学硕士学位论文,2012年。
② 杜运燮在西南联大外文系就读期间,响应政府号召从军抗战,先后在云南的昆明、零益及湖南的芷江任飞虎队翻译一年,在印度比哈尔邦的"蓝伽训练中心"任中国驻印军翻译两年多,1945年回西南联大毕业。
③ 杜运燮:《滇缅公路》,《文聚》杂志第1卷第1期,1942年2月25日。
④ 朱自清:《诗与建国》,原载1943年9月25日《世界学生》第2卷第7期,收于《朱自清全集》第二卷,江苏教育出版社1988年版,第351—354页。
⑤ 董元昆:《滇缅路上的龙陵人》,摘自云南省政协文史委员会编:《血肉筑成抗战路》,云南人民出版社2005年版,第98—99页。

抗日战争中的"长城"克期修成。萧乾在报道中感叹,"是可能的吗? 九百七十三公里的汽车路,三百七十座桥梁,一百四十万立方尺的石砌工程,近两千万立方尺的土方,不曾沾过一架机器的光,不曾动用国库的巨款,只任二千五百万民工的抢筑:铺路,铺石,也铺血肉,下畹段一九三七年一月动工,三月分段试车,五月便全路通车"①。当时,国统区内几乎所有报纸都报道了这个振奋人心的消息。滇缅路也引起世界的关注,《华盛顿邮报》认为滇缅路开放,为远东历史新页之开始。②

修筑滇缅路,物资条件非常匮乏,没有现代化的筑路机器,纯属人力开辟。萧乾在采访中说:"在长达一千公里的滇缅公路上竟连一台推土机也没见到。一条那么长、那么艰险的公路,竟然光靠胳臂拉、肩膀挑,就那么赤手空拳地修了起来。"萧乾后来回忆这次报道时说"那真是个大题材。只是我初出茅庐,笔力很嫩。虽然我写了点感人事迹,却没能表现出那工程的宏伟"③。

记者杉姆森以为"在这种复杂地形、粗陋工作、简单设备之下,竟能于一年内造成这种伟大命脉的道路,那是非平凡的建筑可比,亦是建筑纪录上伟大之一页"。"这条公路的建成,是使运输车可以穿山越岭地运送自仰光上岸经过二千里路程之军需品至重庆,所以这条公路,可说是中国连海之生命线。"④"滇缅公路工程之伟大,实有历史上之价值。不论该路改善计划之能够按时完成,中国工程界能于最短时间,在最艰苦中,完成此国际路线,其精神其毅力,实足钦佩。记者深信此线将来必有无限之希望也。"⑤

2. 筑路的艰辛与民族的精神

伟大工程的背后浸透着工农的血汗,范长江深感筑路的艰辛,"滇缅路的建筑情形,现在经过的人只知道它的伟大,而不容易知道它建造

---

① 因为萧乾采访时正处于滇缅公路建成较为混乱的运作时期,所以在数据方面有多处与事实并不相符,比如路段公里数、修建时间、劳工人数等。
② 《华盛顿邮报》1940年10月19日。
③ 萧乾:《从滇缅路走向欧洲战场》,云南人民出版社2011年版,第64—65页。
④ Gerald Samson:《滇缅公路小记》,《天下事》1940年创刊周年特大号,第41页。
⑤ 张孟令译:《国际路线滇缅公路旅行记》,《国际与中国》1939年第3卷第3期,第25页。

过程上的辛苦。若干友人都曾在滇缅路建筑时去参观过。完成这条伟大公路的,不是开山机、建筑机,不是近代化的工程队,而是这一向被视为边僻之地的劳苦人民,使人触目惊心的是,这批崇山峻岭中的建筑队,不只是壮丁,还有无数的老人、幼童、妇女,甚至孕妇也参加其间!他们都是平日受国家恩惠最少、经济教育最落后的人民,然而在抗战大潮流之下,他们吃着自己的饭,无工资地为国家筑路,而他们所用的工具,除简单的农具外,就是他们的双手了"①。亲历者谭伯英感叹道,"这项工程仅仅是中国人民在战争中所做出的系列伟大成就中的一项。工作时他们显然没有足够的营养和设备,但他们拥有从我们先辈那里继承下来的宝贵的自我牺牲精神、坚忍不拔的决心。"②更动人的是那成千上万用"保甲制度"征来的民工,他们从远地跋山涉水徒步走来,自带干粮;有的老人胡须长达胸部。公路穿过的主要是少数民族地区,老百姓受着国民党和土司的双重压迫。他们顶着烈日,在那恶性疟疾猖獗的地带挥动着锄头。③ 萧乾追悔道,"当时我还没学过社会发展史,不懂得人民是历史创造者的道理。我却称他们为'历史的原料'。当时我想的是:公路是用壮丁们的白骨铺垫而成的"④。

穿越滇缅路的外国人这样记叙他们看到的筑路工人:"所穿的衣服简直是褴褛不堪。他们的蓝布断裈,有些还是棉的,和短裤都已是拖一片挂一块的没有完整的地方。工人中年龄最大的大约在四十岁左右,最轻的则在十六岁左右,其中至少有三分之一都患着很重的颈腺肿症,喉间的颈部都凸起着一个大瘤,最大的竟有小足球那么大小。据说这病症的起因是:饮水的里边缺乏碘质,并食物只有米饭一项的缘故。据有人估计,这省内每十二个人之中,即有一个患这种病症的人,但这显然还是一个太低的估计。这群路工在我们经过时都向我们注视,其目光的呆滞,差不多竟像牛马一般。"⑤

---

① 范长江:《滇缅与滇缅公路》,《华商报》1941 年 1 月 21 日,转引自沈谱编:《范长江新闻文集》(下),新华出版社 2001 年版,第 890 页。
② 谭伯英:《血线》,云南人民出版社 2002 年版,第 4 页。
③ 萧乾:《从滇缅路走向欧洲战场》,云南人民出版社 2011 年版,第 70 页。
④ 同上书,第 64—65 页。
⑤ 〔美〕尼可·史密斯:《滇缅公路(续一)》,云玖译,《天下事》,1940 年第 2 期,第 49 页。

面对如此惨状,劳工们没有怨言,只是感叹"这就叫国难呀"。修路时,除了洪水的侵袭、炸药的悲剧、坠崖的死难等意外事故之外,还有瘴气引发的各种疫病。环境恶劣、筑路艰辛、牺牲惨烈都没挫败中国劳苦大众,正如萧乾所描写的龙潞段上的一位老人"生活是那样苦,他却永远笑着"①。

对于公路所要经过的地区的不同民族来说,原先他们的乡村仅仅是地图上一个个孤立的地方,但在随后到来的几个月中,他们彼此熟悉起来了。为了修路,他们不顾相互之间有多么不同的生活习俗和文化背景而走到一起来了。为了修路,这些完全不同的民族尽可能友好地生活工作在一起,任何民族的矛盾和冲突都未曾发生过。②萧乾在采访中感受到了民众为国奉献的精神,"这趟旅行使我看到了抗战的另一面,壮烈的一面。多少华侨青年为了支援抗战,丢下他们在海外的安定生活,奔回祖国,用原始工具协助修建那条通往广大世界的公路——海岸被封锁后,它成了我们唯一的生命线。在采访那位印度铁工时,我问他为什么志愿到中国来支援。他擦了擦沿着头上穆斯林头巾淌下的汗水,朴素地回答我说,因为他恨侵略者,一切侵略者;他自己的祖国当时也处于奴役中"③。

可以说,一直到抗战,中华民族的自觉、个体与国家的关联等才形成。通过"文化舆论界发出的(上述)这种声音,显然也在一定程度上逐渐改变了政府和民间中人,包括众多理性知识分子在和战问题上曾经有过的犹移态度"④。

三、问题与罪恶:滇缅公路的另一张面孔

1. 滇缅路通车中存在的实际问题

公共健康与安全问题是修筑缅甸路实际面对的大问题。美国专家

---

① 萧乾:《血肉筑成的滇缅路》,《现实》1939 年第 2 册,第 118—119 页。
② 谭伯英:《血线》,云南人民出版社 2002 年版,第 4 页。
③ 萧乾:《从滇缅路走向欧洲战场》,云南人民出版社 2011 年版,第 70 页。
④ 杨奎松:《抗日战争:使中国走向现代民族国家》,《文汇报》2015 年 8 月 28 日。

团发现疟疾每年夺去了成百上千人的生命。① 在那些用拉壮丁的办法硬征来的千百万民工中间,谭伯英还看到有七老八十的人。吃喝全不管,在那遍地"瘴气"(恶性疟疾)的地带,连一粒阿司匹林也休想找到。② 滇缅路修建时三种导致死亡的原因,即瘴气、溺水和炸药事故。③

滇缅路抢修出来,也难免存在道路质量问题。"危道峭壁,未经平砌者向多,且沟道排水不足,又以经济关系,路面以细石子代水门汀,故易积滞淤水,两旁疏松,车辆行驶,舍路中央外,极为危险。"④记者杉姆森的描述非常详细,"工程方面,该路因缺乏造路机器,及赶工关系,虽经二百余工程师,及十六万工人之努力,路面仍未臻善境。弯道既多,坡度亦大,且尚有未铺路面之处,有时路基过狭,车行其上,两旁所余地位各不满两尺,而路基不固,车轮稍偏向外边,土方即有崩溃之虞。记者行车第三日中,前行为一大客车,载客八人及行李多件(记者行李亦在其内),忽因前外轮下土方松散,全车倾覆,落于一百五十尺悬崖之下,全车粉碎,乘客一人因受重伤而死,可谓险矣。翌日,又一车因路基不坚,而倾斜入沟,但未翻倒。再则因开山斜度太大,有崩落之虞。记者沿途所经之处,此种情形颇多,路面在山中本已极狭,因土石崩落,占去其半,更为狭险。某次,在离怒江桥三里处,崩石将路面全部封塞,车不能进,经六十名工人,以炸药协助,费三小时半之久,方恢复交通"⑤。

卡车数量不足和专业司机缺乏的问题。货运卡车的稀缺使得物资运输面临困难,因此,美国进出口银行给予2500万美元的授信,由世界贸易公司与通用汽车公司及克莱斯勒汽车公司签订1000辆用于中国公路的卡车合同。⑥ 萧乾曾指出现存的一个问题是卡车司机的招募,

---

① "Malaria Greatest Problem Facing Chinese on Burma Road," *The Science News-Letter*, Vol. 38, No. 23, Dec. 7, 1940, p. 359.
② 谭伯英:《血线》,云南人民出版社2002年版,第4页。
③ Burma Road Toilers, "Chinese Journalist Tells Story of the Work The New and The Old," *South China Morning Post*, Aug. 28, 1940.
④ Gerald Samson:《滇缅公路小记》,《天下事》,1940年创刊周年特大号,第41页。
⑤ 张孟令译:《国际路线滇缅公路旅行记》,《国际与中国》1939年第3卷第3期,第24页。
⑥ Dorothy Borg, Yunnan-Burma Road Enters Trial Stage, *Far Eastern Survey*, Vol. 8, No. 13, June. 21, 1939, p. 156.

已经呼吁海外华人加入，一个1500人受训的学校也开起来了。① 但即使招募来了专业司机，滇缅公路翻车事故频仍，其中一个重要原因是司机的素质问题。当时的司机来自四面八方，成分较为复杂，没有严格的考核制度。不少人沾上吹烟（吸毒）、赌博、嫖妓的恶习，晚上熬夜耗尽精力，第二天开车精神恍惚，就容易出事故。②

货运超载问题严重。平均每天大约有300—400辆车经过，几乎所有的车辆都不顾路面不适合重载运输的现实而选择超载，超载的货物有：军火、重型机器、汽油以及各种日用商品，车主不顾死活地拼命多装，一味追求更高的指标和利润。③ 极端的拥挤和数不清的困难一直是滇缅公路交通运输上难以解决的大问题，它不仅仅是运输部门或公路指挥部工作粗心和低效率的结果，也有其他诸多原因需要说明。④

车辆管理混乱。因为车辆管理经验不足，"一九四一年春，中国政府不满意于滇缅路的效率，打了一个电报给霍普金斯求救。罗斯福的助手唤来了阿恩斯坦⑤……阿恩斯坦和他的两个助手台维斯（Harold Davis）、海尔门（Marco Hellman）不久就到了重庆，这三位路运专家辛苦地走了十八天，研究滇缅路症结所在。然后，他们藏在仰光一家旅馆里，在酷热难当的屋子里写成了长达数百页的报告书，指摘管理不善的地方，并建议改善的方案。他们又作了一个摘要，共三十五页，交给中国最高当局。中国政府立即下了一些指令：中缅边境的海关，奉命每天工作二十四小时；卡车运检由一个机关主管，避免令出多门。另外还提供了增快行车速率的方法、提出沿线设立无线电报电话设备及管理站。"⑥阿恩斯坦还发现"在改革前，滇缅路上的车辆，一半载的是商货，根本和抗战无关。遇到税卡，检查费时，后面的军火车却给堵住了。运货是发财的事，仰光的投机商人，买了一辆卡车，就载些奢侈品开到昆

---

① Burma Road Toilers, "Chinese Journalist Tells Story of the Work The New and The Old," *South China Morning Post*, Aug. 28, 1940.
② 吴棠：《滇缅公路见闻》，《大理市文史资料》第5辑，中国人民政治协商会议云南省大理市委员会文史资料委员会，1994年，第71页。
③ 谭伯英：《血线》，云南人民出版社2002年版，第143页。
④ 同上书，第174页。
⑤ 阿恩斯坦英文名为Daniel Arnstein，中文也被译为艾斯坦、安司丹。
⑥ 〔美〕乔治·肯特：《滇缅路痛史》，俊珊译，《时与潮》1942年第12卷第1期，第6页。

明,走一两趟之后,把车卖了,还可赚钱。很多人的财产,一个月就加了倍"①。因此,阿恩斯坦建议,商车运一次商货,一定要替政府运两次军火,一次汽油。

运输关税的问题。缅甸政府对通过货物要征收百分之一的转口税,连美国价值巨万的租借法案下所拨军火,也不能例外。阿恩斯坦在这方面做出了很大的贡献,他曾说:"中国正在和侵略者作战,而这侵略者,说不定明天就会掐住缅甸的咽喉,缅甸还要来赚钱。明儿,等缅甸要向美国索取租借物资时,美国也得犹豫一下——尤其,英国货品明明是不费一文就通过的。"他同英国官方和缅甸官方讲起此事,但他们都支吾其词。后来仰光报馆知道这事了,记者采访他时,他毫不客气地讲了出来。阿恩斯坦还拍了一个电报给霍普金斯,痛陈转口税的不合理。于是,华盛顿向伦敦提出抗议,缅甸政府才把转口税取消。②

2. "罪恶滇缅路"上的世相与人心

抗战时期的滇缅公路曾带动沿线城镇的繁荣,下关、保山、芒市、畹町等地商贾云集。大型旅社,各色酒家,停车场、修理厂、南货店、戏院、茶馆随处可见。抗日将士在前线浴血奋战,后方城市灯红酒绿,一部分人还在过着醉生梦死的生活。在各种行业当中,依附于滇缅公路发财的还有一种新兴行业——运输行。当时官办的运输机构主要是西南运输处,后改中缅运输局和资源委员会,承担军事之外为官僚资本家做投机买卖,具有垄断性的特点。民族工商企业和一般中小商号、行商需要运送的货物,全靠私人开设的运输行。正规的运输行一般有自己的火车,少则四五部,多的几十部。也有类似"皮包公司"没有一部车的运输行,他们与商车老板有联系,从中介绍收取一定的费用。门前一块大招牌,有一个客厅或铺面,再装一部电话就行了。③

在滇缅公路上驾驶汽车的司机,当时被称为"滇缅公路第一把宝座的大亨"。原因在于他们可以很轻松地携带一些货物进行买卖,因

---

① 〔美〕乔治·肯特:《滇缅路痛史》,俊珊译,《时与潮》1942年第12卷第1期,第67页。
② 同上书,第6页。
③ 吴棠:《滇缅公路见闻》,《大理市文史资料》第5辑,中国人民政治协商会议云南省大理市委员会文史资料委员会,1994年,第73页。

此这一时期的司机非常富有。"他们衣着华丽,享受奢侈,挥霍阔绰,使人望而生畏。"①司机们拥有大量财富的同时,也从另一个方面反映出他们依靠金钱占有了大量的生活资源与必需品,加剧了这些生活品价格的上涨。"今年入夏以来,昆明物价较去冬格外飞涨,据经济专家调查十六种日用必需品,比较去冬价格,如米、面粉、猪肉、火柴、木柴、木炭、猪油八种涨价百分之一百五十以至二百,盐、白布、酱料三种涨价百分之一百乃至一百五十,肥皂、鸡蛋、煤炭三种涨价百分之一百乃至二百,煤油涨价百分之五十,白糖涨价百分之二百五十,牙擦每枝售价一元二角,毛巾每条售价八角至一元,其他舶来品价值之贵,尤足惊人,若重庆贵阳,则较昆明更为昂贵。各公司但求有货物运输至内地,无一而不赚利倍蓰,运输公司如是之多,殆即因此,然尚求过于供也,有等小资本之商人,或集二三人合伙组一小公司,或独自投资组织,在香港购买一两部货车,并满载货物,由仰光驶入昆明或重庆之后,将货及车一并脱手卖去,挟资以归,又再做第二次生意,如是轮流往复,亦赚十数倍之厚利,但必须凭借当地之有力者为之保护耳"。② 战时国民政府所实行的各项经济统制措施,由于收购价格往往偏低,加上通货膨胀严重,工商业者为求自保,每多采取囤积居奇或进行走私贸易,以为因应。以专卖事业为例,由于实施专卖之初,专卖品生产成本与收购价格之间的矛盾,使得黑市问题严重。③"发洋财的人愈多,物价愈贵,挥霍越多,东西越少,一般靠薪俸吃饭的人,永远落后在物价的远方。"④拿俸禄的公务员的薪水都远远落后于物价,普通百姓就更不用说了。

权力在滇缅路沿线统治机构也存在滥用。进入保山坝,有个令人望而生畏的板桥检查站,和昆明碧鸡关一样,是国民党军、警、宪、特严守的关卡,重点检查鸦片烟、黄金、白银。过往商旅一律停车检查,宪兵、交警执勤,受害的自然是商车老板和平民百姓。懂行道的老板,送给执勤的宪警一两条美国产的"骆驼"牌或"菲利浦"香烟,可获顺利通

---

① 宋自节:《滇缅路》,今日新闻出版社1945年版,第60页。
② 《滇缅公路之运输业》,《申报》1939年8月22日第8版。
③ 张瑞德:《抗战时期大后方工商业者的心态与行动》,《台湾师范大学历史学报》1999年第27期,第142页。
④ 宋自节:《滇缅路》,今日新闻出版社1945年版,第61页。

过;要不然,叫你卸下全车货物检查,什么时候能走,就很难说了。下关在今二号桥附近也设有检查站称"西站",抓到的大烟贩子多为零星毒品,大宗贩毒一般是要用军车及有特种身份的人押运,成车装运大烟扬长而去,检查站不敢动其毫毛,此即"官贩"①。

有人计算了一下滇缅路上的单位,大大小小总有百来个。"这一百多个单位,除了在运输业务上都略受运输统制的影响外,没有一个统一的机关来管理他们,他们蛮行着,犹如向一个黄金市进占的匪队一样,他们不但不能使祖国有帮助,而且更由于待遇等的不同,而互相仇视,互相排挤,除了在犯罪的行为上,或者有些以外,其他时候,都是互相瞪着眼,好像谁都想把对方吃掉一样。"因此,"不知消耗了多少器材,多少人力,多少时间?更不知惹了多少祸乱!譬如甲机关开一辆车子抛锚了,他的修理厂却在远地,而他又不能在当地的其他机关的修理厂请修,如果成年累月,把这些损失统计起来,该令人惊骇吧"②。

有人批判滇缅路上结党营私的自私行为。"只要一个人投进这圈子里去,随时犒犒就可以捞到大批油水,于是,从利权不外溢的观点出发,尽可能的把自己亲戚朋友拉在身边……互相犯罪,作恶!因此,在滇缅路上,纪律成了臭东西,把犯罪的行为,在最卑鄙的动作里进行完了,而后像疯了般地去吃喝,等到前面的黄金又为他铺好了,于是又像狼狗般从污臭的天地里钻出来。"③犯罪的洪流与争斗也时时出现在滇缅路上。到了1942年的4月间,缅甸战局吃紧,日军第56师团进犯腊戌,畹町机关、居民开始撤退,华侨家属大批逃难回国。滇缅公路车辆拥挤,翻车事故日益增多,黄连铺至北斗铺这一段每天不下10多起。如果司机和乘客遇难,心术不正的过路人,收拣细软、钱物,叫作"发国难财"。

---

① 吴棠:《滇缅公路见闻》,《大理市文史资料》第5辑,中国人民政治协商会议云南省大理市委员会文史资料委员会1994年版,第72—73页。
② 谷雍神:《滇缅路是谁的天下》,《民众杂志》1946年第1卷第2期,第37页。
③ 同上书,第36页。

四、结　语

旅行家史密斯(Nicol Smith)对永平城外有一段这样的描绘:"李太太是一位美丽女子,她穿了绸的旗袍来陪我们吃晚饭。她订着一份美国出版的专讲时尚的杂志。这是一次极愉快的聚餐,其中有热的烘饼,芥末,罐头梨,和我们车上所带来的水果。这位李先生除担任站长一职之外,似乎还兼着养路工程的职务,他所担任的大概是从下关到缅边约有四百里长的一段。"①在战时的滇西,公路交通小官僚的家庭呈现出这样一幅"西方文明的景象"。这或许是应了布罗代尔所说的"为了摆脱西方强加给中国的枷锁,中国首先需要实现现代化,也就是说在某种程度上使自身'西方化'"②。这种现代化和西方化的语境在滇缅公路的舆论建构中似乎处处可见,也使得滇缅公路充满了象征意义。

总体来看,透过滇缅公路的舆论建构呈现给世界的是落后的、蛮荒的、贫穷的、苦难的中国形象,抗战的中国同时是需要西方物质援助的、文明感化的、理念支持的、技术引进的中国。国民政府是无能为力,四处求助,无法保有疆土、保护人民的;中国人民则伟大而卑微,他们有众志成城的抗日精神,但同时又是一群靠保甲制度以拉壮丁的办法硬征来的民工,他们艰辛劳作、筑路救国,但又衣衫褴褛、流离失所、苟且偷生。无论如何,战时中国与现代化的距离都相去甚远。③

滇缅路上国人对西方生活方式的向往与模仿,外人对西方先进文明的笃定与自信,显然是按照社会进化论架构下的种族中心主义来看待世界,"西方工业主义无疑处于这一架构的最顶端,因为它所释放出

---

① 〔美〕尼可·史密斯:《滇缅公路(续一)》,云玖译,《天下事》1940年第2期,第52页。
② 〔法〕费尔南·布罗代尔:《文明史》,常绍民等译,中信出版社2014年版,第235页。
③ 杨奎松在《抗日战争:使中国走向现代民族国家》中曾谈到:"就整个国家的组织力而言,就许多方面来看,中国当时确实还称不上是一个成型的现代民族国家。但一直把中国当成未开化的落后民族,而不以为战争对手的日本军国主义者,怕是无论如何也没有想到,正是他们的入侵,迫使散漫且分裂的中国人从1931年以后以特殊的方式加速地组织起来了。也正是在应对现代侵略战争的这种组织力日渐形成的过程中,远远落后于日本的中国,一步步开始迈入了现代国家的行列。"(见杨奎松:《抗日战争:使中国走向现代民族国家》,《文汇报》2015年8月28日。)

来的物质生产能力远胜于此前的任何其他社会"。"把自己的社会或文化看做是衡量其他社会或文化的标尺,这种态度无疑深深扎根在西方文化之中。"因为长久以来,"(西方世界的生活方式远优于其他文化的生活方式)这种信念通过资本主义自身的迅速扩张得到了促进"①。"资本主义决不会让民族国家的边界来限定自己的扩张欲望……它能够渗透到世界的边远地区。"②即使中国西南偏远的滇缅公路也不例外,它包含了资本的流动、欲望的扩张。虽然在战火纷飞的严酷背景之下,无数苦力正完成着不可能完成的任务,但毫无纪律的管理层却以极度的散漫消耗着国际给予的支援,利欲熏心的商人和掮客仍以利益至上的行为大发国难财并挥霍无度。

一些来自"文明世界"的报道和撰述以这样的基调形塑外界对抗日时期中国西南乃至整个中国的观感——"外来的"与"民族的"、"现代的"与"传统的"对立冲击。比如《纽约客》关于滇缅公路的相关内容给读者这样一种印象——"摩登"正沿着滇缅公路涌入内陆深处,中国却并不具备与之相应的现代理念去迎接。③ 肩挑手挖修筑而成的滇缅公路,可能被简单认知为"中国不必发明机器来节省人力,它是由地方性的人口过剩产生的贫穷的永久性受害者"④。及至冷战时期,西方社会抱持类似观点的仍大有人在:"第三世界中的传统社会毕竟是低度发展(underdeveloped)的社会,而且是不发达(undeveloped)的社会,他们有待工业转型力量的冲击。"⑤

在此,滇缅公路对于西方管理经验的引进值得一提。1942 年 1 月,《纽约客》"档案"栏连载了上下篇的人物专访《胡适的火枪手》(*Hu Shih's Musketeer*),记叙了传奇的货车运输专家丹尼尔·艾斯坦(Daniel Arnstein)如何使用美国的货运方式管理滇缅公路,使租借给中国价值

---

① 〔英〕安东尼·吉登斯:《社会学——批判的导论》,郭忠华译,上海译文出版社 2013 年版,第 14—15 页。
② 〔英〕安东尼·吉登斯:《现代性的后果》,田禾译,译林出版社 2011 年版,第 60 页。
③ 叶子:《滇缅公路·"摩登"·共产党人——〈纽约客〉之〈土司与他的秘书〉系列小说》,《杭州师范大学学报》2013 年第 1 期。
④ 〔法〕费尔南·布罗代尔:《文明史》,常绍民等译,中信出版社 2014 年版,第 232 页。
⑤ 〔英〕安东尼·吉登斯:《社会学——批判的导论》,郭忠华译,上海译文出版社 2013 年版,第 105 页。

十亿美元的物资得以运送至战火前线。① 因贡献卓越,时任驻美大使的胡适将艾斯坦描述为三个火枪手中的硬汉"波尔多斯再世"②。胡适称,"当我撰写中国历史时,艾斯坦先生的名字一定会在里面"。胡适文中所提艾斯坦即前文所提阿恩斯坦,云南档案馆藏中则为安司丹,在"改善滇缅公路运输建议书"中多次出现对于商用车辆限制的建议。首先他对于行车管理提出"任何增加滇缅公路运量之建议,必须以军事当局对该路有绝对统治权力为先决条件。"他还对公路上行驶的商用车辆提出了种种规定建议,比如牌照登记、司机执照、行车运费等。③ 随后,这位美籍交通管理运输专家便被国民政府聘用实施他的改善方案,对滇缅公路的运输进行改善工作。④ 从某一方面讲,西方的扩张促进了非西方社会的现代化和西方化,像胡适这样的知识界领袖也对西方的影响作出了极为正面的回应。但是不得不说,类似这样"先进"管理经验的援助却"将其(西方资本主义)卑劣的一面与其有益的一面混淆在一起"⑤。这使得非西方国家在利害得失的计算中,对"西方权力扩大带来的文化传播"变得毫无意识。虽然实现"非西方国家的人民应当接受西方的价值观、体制和文化"⑥这一目标被认为是不道德的,但西方权力实质性的扩大、部署和影响的结果,往往使得非西方社会受到西方文化的塑造。现代化理论则理所当然地"为西方资本主义国家支配世界其他地方提供了意识形态辩护"⑦。

---

① Bainbridge J.,"Profiles：Hu Shih's Musketeer" Ⅰ,*The New Yorker*,Jan. 10,1942,pp. 22-27；Bainbridge J.,"Profiles：Hu Shih's Musketeer" Ⅱ,*The New Yorker*,Jan. 17,1942,pp. 23-33.

② Bainbridge J.,"Profiles：Hu Shih's Musketeer" Ⅰ,*The New Yorker*,Jan. 10,1942,p. 22.

③ 〔英〕安司丹:《改善滇缅公路运输建议书》(1941),云南省档案馆藏,馆藏号:1054—17—69。

④ 任骏:《蒋介石、宋子文、俞飞鹏等为滇缅公路相关事宜往来函电(1941年6月2日)》,《民国档案》2008年第4期。

⑤ 〔英〕安东尼·吉登斯:《社会学——批判的导论》,郭忠华译,上海译文出版社2013年版,第110页。

⑥ 〔美〕塞缪尔·亨廷顿:《文明的冲突与世界秩序的重建》,周琪等译,新华出版社2010年版,第286页。

⑦ 〔英〕安东尼·吉登斯:《社会学——批判的导论》,郭忠华译,上海译文出版社2013年版,第106页。

诚然，滇缅公路的问题，在当时不仅攸关中国国防、民生，也对国际外交与盟军合作，造成很大的影响。① 战时关于滇缅公路的舆论宣传的确极大程度上鼓动了民众的爱国热情，对内有民族团结和社会整合的作用，事实上达成了国家动员的目标；同时，国际宣传展现了中国抗战决心和争取外援的动机，这也为中国获取了战争中的国际物质援助和道义上的正当性。比如1940年7月英国政府关闭滇缅公路仅三个月，国民党内的悲观投降论调又猝然抬头；②而在国际上，苏联、美国、缅甸则纷纷对英政府关闭滇缅公路提出抗议或谴责。③ 从1940年《南华早报》关于滇缅公路关闭时的报道可见，该报道集合了国内外多家媒体的报道与观点，还援引了国内外权威人士和媒体等多处信息源。④ 因滇缅公路通畅与否引发的国内外舆论的关注与支持，在客观上鼓舞了国民党政府的抗战信心。一条公路，不仅与国民政府的抗战态度密切相关，也反映着国际上反法西斯战争的舆论导向。

(作者为中国社会科学院新闻与传播研究所副研究员)

---

① 李君山：《抗战时期西南运输的发展与困境——以滇缅公路为中心的探讨(1938—1942)》，《"国"史馆馆刊》2012年9月第33期，第85页。

② 王奇生在《读书》2015年第9期《抗战第一年的政略与战略》一文中谈到："从抗战初期国府高层的倾向看，妥协求和的可能性非常大。当多数文武大员们丧失信心时，几乎是蒋介石一人在独立撑持。尤其是沪宁沦陷前后，主和声势之强烈，若非蒋介石坚毅力拒，抗战的结局也可能是另一形态。"

③ 马向东：《滇缅公路龙畹段历史概述》，《云南文史资料选辑》第52辑，中国人民政治协商会议云南省委员会文史资料委员会编，1998年，第84页。

④ Burma Road Pact, "Chungking Indignant at Decision British Position in Far East Weakend Alternative Routes," *South China Morning Post*, July 22, 1940.

反思广告研究中的"经济学帝国主义"

祝 帅

内容摘要：自从1984年厦门大学在余也鲁教授的主持下创办改革开放后第一个广告学专业以来，中国的广告研究取得了长足的进展，并且在国际广告学术话语场内也以中国学者独特的问题意识获得了一席之地。然而，在当下的广告学论文中存在一种"言必称经济学"的倾向，或者说，经济学在当前广告研究中成了第一显学，这种现象和之前一个阶段的广告研究有很大的差别。本文即是对这种现象的学理反思，并提出中国广告学学科建设在下一个阶段的任务，应该从为业界现象提供解释转向自身基础理论建设。

关键词：广告学；经济学帝国主义；学科反思

从学科源头来看，广告学的研究脱胎于心理学，在冯特建立的第一个现代实验心理学研究的实验室中，广告就一直是一种重要的研究对象，作为"工业心理学"的一个分支而得到闵斯特伯格、斯科特、华生等几代心理学家的关注，于是他们成为最早的独立意义上的广告学者，推动了广告学作为一门独立学科的建立与成熟。在中国20世纪20年代的西学东渐过程中，上海商务印书馆就同时引进了美国学者斯科特和日本学者井开十二郎两本同名的《广告心理学》著作。在同时期的《建设》月刊和《东方杂志》上，也发表了孙科等人关于广告心理学的长篇论文。[①] 在广告学形成的过程中，心理学无疑在推动其科学化发展的

---

① 参见祝帅：《中国广告学术史论》，北京大学出版社2013年版，第129—133页。

历程中做出了最重要的贡献。与此同时,传播学、艺术学、社会学、伦理学、管理学、经济学、营销学等学科共同参与了广告学发展壮大的整个过程。可以看出,广告学的百花园中从来就是万紫千红,经济学在其中当然能够找到自己的一席之地,但从来没有形成过一种垄断一切的模式。

在中国广告学的引进和发展也有一个世纪左右的历程,经过早期的广告学者的积累、探索和主动的学科建设,改革开放后广告学也初步建立起一个符合中国国情和现实特点的理论体系和研究框架。这个框架以广告营销实务为中心,涵盖广告史学、广告文化学、广告社会学、广告伦理学、广告美学、广告传播学、广告语言学、广告符号学等基础理论学科,也衍生出广告设计学、广告创意学、广告心理学、广告管理学等应用取向的广告学分支学科。由徐智明、高志宏策划的"龙媒广告选书"清晰地反映出20世纪末广告学者所关注的主要议题和理论视野。从老一辈广告学者的视野来看,他们关注的研究领域似乎也更加多元化一些,比如荆其诚、马谋超等人的广告心理学研究,可以说一些具体的问题意识和研究方法至今在广告学界内无人能超越。在学科归属的问题上,在此后一个时期内广告学界内部也曾有过关于广告学学科定位与归属问题的讨论。

然而时过境迁,这些广告学学科建设的声音都已经是我们久违的了。

由于广告学与业界密切而特殊的关系,使得上述很多问题对当今广告学主流的学者而言好像成了另外一些话题,或者至少不是最主要的问题。在眼下的中国广告学研究中,有一种"言必称经济学"的倾向,放眼各大广告类专业期刊,"广告产业"和"广告经济学"的研究无疑成为第一显学,广告产业模式的讨论往往占据最核心的篇幅,有关中国广告产业问题的研究也占据广告学类各类立项课题的主流。从研究主体来看,有越来越多的广告学者是经济学学术背景,取代了传统广告学所根源的艺术学、传播学、心理学等学科背景,在强大的经济学帝国主义①的压力之下,"理性人假设""博弈论""均衡效益""边际成本""产业竞争力"等越来越多的经济学术语和模型、计量的研究方法频频被借用,以至于连传统广告学中最为核心的营销理论都不再为学者们所侧目。

出现这种现象的根源,是很值得追究和讨论一番的。

一、广告学术与广告实务各有独立的价值和标准

广告学研究中出现"经济学帝国主义"的第一个根源,是一种长期以来把广告学看做业界的附庸的心态。广告学者陈刚曾经在多个场合指出,广告学虽然是一门密切贴近实务的学科,但广告学界与业界的关系应该是一种"引领"而不是"追随"。② 换言之,业界并不能够反过来作为学术本身的判断标准。对于学者而言,其存在的价值往往有自足性,需要根据学术自身的标准而不是业界的标准来进行判断。作为学者,要尤其注意"常"与"变"的关系。从历史发展角度来看,广告学者最初就是广告人,或者是从广告人中逐渐分化出来的,后来随着专业分工,独立成了一个特定的群体。然而学者的使命在这个过程中也发生了变化。开始,广告学者的任务就是追随业界,解决业界操作实践中所出现的各种问题,但后来随着时间的进展,就逐渐转化为引导业界,提出业界目前还没有,但在下一个阶段有可能成为现实的操作模式,甚至跳出业界的话语场,进而与学术界的其他学科进行对话,把广告理论发展为一种自足的社会科学,而并不斤斤计较于广告理论对于业界现实问题的解释力。

这也就是学界和业界价值的差异化所在。只有差异化的存在,才使得业界和学界有必要独立为两个专业分工不同的领域。业界有业界的存在价值,如同一些企业家所经常说的那样,"春江水暖鸭先知",很

---

① "经济学帝国主义"(economic imperialism)是一种约定俗成的说法,一般指的是将经济学理论和方法的适用范围无限放大,进而认为可以用来解释其他社会科学甚至人文学科领域内一切问题的做法。这种做法标榜经济学的优越性而忽视了其他学科的自主性,形成学术话语的垄断,因而也被称作"经济学沙文主义"。

② 陈刚:《什么是发展广告学》,《广告研究》2012年第6期。

多时候业界并不会真的把经济学者,哪怕是获得诺贝尔经济学奖的经济学家真正放在眼里,完全听经济学家的话而不按照市场规律办事。但与此同时,学界也有学界存在的独特价值。在与业界的对话的过程中,学界是一种与业界平等的对话者的身份,而并不总是扮演业界问题的学习者和阐释者的角色。在长期的话语积累与研究实践的过程中,学界也逐渐形成了一套自身的研究规则,这套研究规则可能是圈外之人所并不理解的,但却契合了学术发展演进自身的逻辑。简单地说,那就是理论研究并不总是诉求于"有用性"。"有用"并不是衡量广告理论学术价值时放之四海而皆准的真理,有的时候很多广告理论对于业界来说可能是"无用"的,但并不能因此说这样的广告理论就不是好的理论,更不能说,广告学研究就没有自身的评价标准。

作为一种学术、一门学科,广告理论首先置身于一个与其他各门人文社会学科并存的学术百花园中,然后,这门理论的特殊性,又体现在它和业界的关系要比其他的理论学科更密切一些。换言之,广告理论的第一身份是理论,其次才是广告理论。所以,与学术界其他学科的对话,很可能要比广告学者与业界的对话显得更重要一些。近年来,有很多人看到,中国的广告理论取得了非常重要的研究进展,提出了许多有原创性的观点和理论命题,越来越被业界专家和国外同行重视,可是从整个学术话语场来看,广告学者和广告学研究的地位依然没有提升。举例来说,在新闻传播类核心期刊中,广告学论文的位置往往是最靠后的;在《中国社会科学》等学术界重要刊物上,至今也仍然没有出现过一篇广告学者的论文。这些现象都是发人深省的。这一方面固然是因为在广告学发展的同时,其他兄弟学科,如新闻传播学、艺术设计学、信息管理学等学科的理论也取得了长足的进步,但另一方面可能更重要的是,广告学者长期以来强调自身的独立性和应用性、积极与业界对话的同时,或多或少地忽视了与学界其他学科的对话。

发展广告学理论的提出是中国广告学本土化历程中的一个重大成果。然而在研究实践中,发展广告学的理论体系被窄化为"发展广告经济学",发展广告学则常常被人们理解为"中国广告产业发展研究"的代名词。笔者认为,中国广告产业发展研究的相关议题,当然是发展广告学所关心的一个重要方面,事实上,有关广告产业发展中国模式的讨论,也的确构成现阶段发展广告学理论的亮点。然而用发展的眼光看,发展广告学研究在下一个阶段的集中任务,应该重新回到对于自身理论构成严密性的检验与重塑。发展广告学的理论框架,也亟须以广告经济学为中心向外围拓展,带动与广告经济学密切相关的广告史学、广告法学、广告心理学、广告社会学及广告传播学的学科建设,探讨广告史、广告文化、广告素养、广告批评、广告管理等领域在新媒介环境中的发展议题。

如果说,检验广告实务研究成果优劣的试金石是看一种理论与业界实际操作之间的对应程度的话,那么检验广告理论研究成果的标准就体现在学术自身。一种广告理论,可以从广告现象出发,向着传播现象、社会现象乃至文化现象扩展,它所诉求的不是理论对于业界现实问题的解释力,而是理论思辨在人类社会生活各个领域之间的洞察力和穿透力,它很可能源自广告现象,但辐射到社会科学的各个领域。举例来说,很难说索绪尔、麦克卢汉、罗兰·巴特、福柯、德勒兹、哈贝马斯这些人的"理论"究竟是什么理论?这些人究竟是社会学家、哲学家还是传播学家、建筑学家、广告学家?他们可能从一种现象(或文学现象,或哲学现象,或传播现象……)出发,却成为其他学科的理论资源。也许他们的理论与他们原初所讨论的对象(比如文学)之间已经没有直接的关联,文学创作家也不可能认为他们的理论对于文学实践有什么解释力,但不可否认这种理论思辨自身已经具备一种学理的逻辑和自足性,并不意味着理论脱离了与现实的联系就等于失去标准,也绝非未经过理论专业训练的人士可以随时介入的。一位理论家说"理论既没用,还挑人",似乎很符合这种不严格对应于实践问题而独立存在的理论的品性。

只是在广告学界,出现这样的理论似乎还有待时日。

二、广告学在学科目录中的"正名"至今未完成

广告学研究中出现"经济学帝国主义"的第二个根源,是现行国家专业目录设置的不合理性。在现在的学科设置里,"广告与传媒经济学"成为新闻传播学一级学科下的二级学科,这个说法令人颇感困惑。

因为一个学科就是一个学科,它是独立的,但像现在这样把广告和传媒经济学联系在一起,则容易让人误解,好像现在的广告领域基本上就是传媒经济学的同义词,或者基本上广告领域都被经济学占用了一样。

其实,从学科目录的设置来说,现行的学科目录的不合理性是显而易见的。过去,"文学"门类下包含中国语言文学、外国语言文学、新闻传播学、艺术学四个一级学科。现在,将"艺术学"从文学一级学科中独立出来成为第十三个学科门类的做法,显然是一种及时的修正。但迄今为止新闻传播学还仍然栖身于"文学"门类下,"广告与传媒经济学"也还只是一个二级学科。将"新闻传播学"与中外语言文学并置的做法显然是不伦不类的,传播学、广告学显然是社会科学而不是"文学"这样的人文学科,向这些专业的毕业生授予"文学"学位注定也只能是一种权宜之计。长远地看,"新闻传播学"调整到社会科学门类下,或者独立为一个新的学科门类也是大势所趋。

然而,"名不正则言不顺"。无论是作为眼下"文学"门类下的一级学科,还是日后有可能独立出来的学科门类,"新闻传播学"这个说法都是不能成立的。显然,作为一级学科的新闻传播学是一种并列而非偏正的关系,即这个学科命名意在指向"新闻学与传播学",而不仅仅是"新闻的传播学"。然而问题在于,我们还没有看到哪个学科门类甚至一级学科,是把两个有关系但不相同的学科,用一个"与"字就简单地并置在一起。例如我们很难想象一个上级学科叫作"中国与外国文学",下面包括"中国文学""外国文学"两个下级学科——因为这个上级学科的名字只需要叫作"文学"。也就是说,当制定学科目录的人们把"新闻学"和"传播学"两门学科联系在一起作为一个一级学科时,显然他们还不具备从这两门学科之中抽象出一些共同性的理论的能力,或者对"传播学"这门在中国传入的历史远远短于新闻学的学科的解释力和自身的理论构成缺乏足够的信心。

与"新闻传播学"这个命名有类似语病的就是"广告与传媒经济学"这个二级学科。无论人们是否承认,从招生数量来说,"广告学"都已经成为"新闻传播学"这个专业中招生最多的本科专业之一。但广告学长期以来就在专业目录中找不到自己的一席之地。更有甚者,迄今为止在国家社科基金申报系统自行制定的学科设置之中,广告学的成果只能属于"新闻传播学其他学科",出现这种现象是否源于人们对于广告学专业扩张的隐忧,不得而知。传媒经济学当然也是近年来迅速发展起来的一个学科,它虽然与广告学研究比较接近,但二者的差异性远远大于交集。现在却把两个学科联系在一起,是一种典型的中国式"懒政"思维。

把广告学与传媒经济学简单联系在一起的后果,就是消弭了广告与传媒经济学两个学科之间的差别。对于传媒经济学而言,且不说这样的学科命名消解了传播政治经济学等理论视角对于传媒经济学研究的介入和解释力,架空了这些批判研究而单纯执着于经营管理这一形而下的层面,更重要的是,把广告单独拎出来作为传媒经济学的案例,则有些退回到了"广告是传媒的生命线"的原始时代,显然与新媒体环境下媒介经营和企业营销的多样化趋势背道而驰。而对于广告学而言,这样错误联系的后果更是致命性的,因为这样的学科命名无异于提示我们:广告学的研究从本质上说就是一种传媒经济的研究,广告自身的创意设计和艺术性、广告文化与广告史的研究以及广告人文社会科学理论的研究在这样的学科命名中都是无足轻重的,甚至根本找不到自己的安身立命之所。

其实,暂时搁置"广告",单看"传媒经济学"这个学科命名,也是存在很大的问题的。所谓传媒经济学这门学科在中国,并不是像"传播政治经济学"这样,以经济学的方法从事传媒的理论批判和研究,更不是说传媒的经济学研究能够为经济学理论体系提供什么颠覆性的新知识,它仅仅是"传媒经营管理"这一形而下的操作实务性学科的代名词。将"经营管理"等同于"经济学",有偷换概念之嫌,其背后,仍然是"经济学帝国主义"的强大势力在作祟。

"广告与传媒经济学"这样带有诱导性的学科命名,也使得广告教育的视野受到了局限。在这种学科命名的感召之下,广告教育已经被天然地定位于为业界输送经营管理人才,这种立场不利于广告学术自身的建设和发展。对于广告而言,无论专业名称叫作"广告学"还是"营销传播",它作为一种通过传媒向大众推广产品或者服务的宣传手段这一核心价值并没有变,广告的一切研究和教学都应该围绕着这样一个中心而展开,传媒经济学,或者把它叫作广告经营管理只是这样一个大学科的分支,而不应该是全部的甚至是核心的内容。然而从现在的学科命名来看,则几乎偏离了这样一个本体,广告创意、广告心理、广告设计、广告文案等本专业核心基础课程的重要性在这样一个学科命名中基本上没有得到体现,取而代之的是"广告的经营管理"这样外围的内容。更不用说,明确地宣称广告专业培养的是"经营管理"方面的人才,等同于宣告这门学科教育并没有为广告理论研究中有潜力的新锐预留出足够的空间。

三、广告学者亟待与其他学科进行平等对话

广告学研究中出现"经济学帝国主义"的第三个根源,则是广告学者对自身所从事的这门专业的学术潜力缺乏信心。发展广告学是广告学界最新的理论建树之一,但从目前来看,这个群体的研究成果主要也集中在广告产业领域,仍然属于一种经济学研究。其实从历史来看,广告学最早起源于心理学研究,后来又介入传播学、艺术学的研究等,这些都在广告学中占据着比较重要的位置。在《社会学方法的规则》一书中,涂尔干(迪尔凯姆)曾指出"一个学科之所以独立,是因为它的对象是其他学科所不研究的",涂尔干还以社会学具有了自己独立的研究对象——社会和用来研究社会的实证研究方法,作为社会学从哲学中独立出来的标志。[①] 这样看来,广告学如果是独立的学科,它应该有自己独立的研究对象和研究方法。因此在这样的背景下,用经济学的框架来研究广告,可能有很多针对性的分析,也可能造成广告学和经济学的对话总是处在下等的位置。

上级学科是学术的源头,上级学科往往具有独特的研究对象、研究方法。下级学科是学术的支流,往往是从上级学科之中分化而来的,往往是上级学科中的研究对象借鉴了其他学科的研究方法所嫁接而成的一个交叉学科。举例来说,"哲学""艺术"都是一些上级学科,但"艺术哲学"就是一门下级学科。下级学科的研究对象有可能在一段时间内占据上级学科的前沿,但长远来看,无论是就发展潜力还是研究对象来

---

① 〔法〕迪尔凯姆:《社会学方法的规则》,胡伟译,华夏出版社1999年版,第120页。

看,无疑都要远远小于上级学科。上级学科的方法和理论资源可以在下级学科中借用,但下级学科很难发展出自己独特的研究方法,更遑论反过来对上级学科的方法论进行范式革命。简单说,下级学科只能"借鉴",而不擅长于"创新"。即便它的研究对象有创新的意味,但是对于整个学科范式来说可能起到的作用微乎其微。这也是为什么我们经常看到一些广告经济学的论文大谈经济学术语,似乎要给广告学界进行一种经济学的启蒙,但所谈无非是一些经济学界的常识,对于经济学家来则并不能够形成理论范式和方法上的启发的原因。

最近一段时间以来,广告学界一直有一种观点,主张把专业名称从"广告"更名为"营销传播"。从业界所面临的现实来看,这种转变似乎迎合了新媒介传播环境中广告业变化的大趋势,即广告的概念已经不再局限于传统"硬广"的介质和形式,企业所运用的一切营销传播手段,如人员推销、植入式营销、事件营销、体育营销、公共关系等,都可以纳入"广告"的范围。从业界的实务来说,这种转变似乎是不可避免的,毕竟逐利是资本家的本性;但作为专业设置而言,则应该以不变应万变,分清"常"与"变",授学生以"常",从而应万"变"。

除此之外,笔者反对用"营销传播"取代"广告学"这个传统的专业名称还有一个重要的理由,那就是以"营销传播"这样一个两个学科组合而成的学科命名,只能屈居"营销学"或者"传播学"的下级学科,而不能平起平坐地与营销学、传播学等兄弟学科对话。一门学科,如果从学科命名的源头上体现出是一门独立的学科,那么它应该自然具有与其他兄弟学科交叉研究、向各种支流延伸的可能性;但如果从源头上就决定了这门学科是一门交叉而非独立的学科,那么它的延展能力就要大大受限了,在学科对话的层面也只能甘居老二。换言之,如果是"广告学",那么我们把这门学科建设好了,它可以与营销学、传播学等学科进行平等的对话,而不是上下级的关系;相反,如果学科名称叫作"营销传播",那么则注定在学术对话层面,成为营销学和传播学的附庸学科,永远也无法超越营销学或者传播学。

眼下,广告学尚未能与其他学科平等地展开这种对话,其原因并不是"广告学"这个名称不能适应于当下营销传播实务的发展,恰恰相反,如果改名将更不利于这种"十年树木、百年树人"的学术积累。对于学术来说，与业界实务不同的一点，就是以"常"为主。学生虽然毕业后马上就要参加工作，这时候看来当然所学的东西越时髦越好，但专业毕竟也是一个跟随学生一辈子成长经历的东西。今天看来时髦的东西，在十年以后、二十年以后还能继续时髦下去吗？那个时候，恐怕越是当初"时髦"的东西，才会变得越发"过时"。回想十年前、二十年前，有许多当时看来很时髦的专业领域，已经无情地被历史所淘汰，甚至学校中都很少设置相关的课程，如 CIS、电脑美术等。至于业界所淘汰的媒介形态更是不在少数，如电报、寻呼机、博客等。因此，教学和专业设置并非总是以"新"为好，还是应该分清楚"常"与"变"，以"常"为主。授课的内容当然需要根据当下的实务发展不断补充新成分，但专业名称一旦确定，似乎就并不应该变来变去，让学生无所适从。

所以笔者的观点是，"广告学"就是"广告学"，它是一个独立的学科，虽然年轻，但蕴含着无尽的发展潜力。作为我们这一代的广告学者，自身的使命注定是与这门年轻的学科共同成长。"广告经济学"只是广告学研究的一个领域，而不可能是广告学研究的全部内容。广告学研究的任务，一方面是与业界对话，解释业界存在的现实问题并加以引领；另一方面则是与学术界的其他学科对话，并且这种对话一定是建立在与其他学科平等的基础上，即不能只是"单向受益"，仅仅将经济学、传播学、社会学、管理学等相对成熟的学科理论套用在广告学身上，也应该是双向的沟通，即广告学者的理论、思想、智慧、方法等，也能反过来启发其他一些相对成熟的学科，对其他学科的方法论产生影响。此外，这种对话的学科对象，并不一定是当下正在流行的时髦显学（对于社会科学领域来说，当今第一显学毫无疑问是经济学），而应该指向其他一切可能与"广告"这种现象形成对话和启发的各门人文社会科学。

四、结　语

因此总的说来，眼下广告学研究中出现的经济学帝国主义现象，是广告学自身理论体系发展过程中的一个特定阶段，而不应该是最后的面貌。对于急需在国际舞台上发声的中国广告学者来说，以广告产业发展的中国模式研究作为突破口,获得国际同行的关注,为国际广告理论研究话语场贡献自己独特的力量,这本身无可厚非。然而,这还只是中国广告学者的一个起点,并不是终点。当我们对于广告产业的中国模式这种实务研究取得进展的同时,下一个阶段就要及时总结、反思,趁热打铁,建立起中国特色的广告理论研究体系。这个体系应该体现出广告学的包容性和交叉的魅力,在各个广告学分支学科上都取得相应的进展。为此,我们有必要更多地从广告学自身所蕴含的可能性中寻找突破,希望看到下一个阶段的广告研究格局能够更加丰富,而不只是经济学研究一枝独大、占据主流的现象。只有这样,才能显现出广告学作为一种研究领域的开放性和独到的魅力。

(作者为北京大学新闻与传播学院副教授)

媒体与社会

- 网络时代新闻如何表征现实?
  ——一个融合的理论视角
- 美国华文报刊维系族群边际的困境
- 信息传播科技与新工人的文化空间:以华南地区"X中心"为个案的考察
- 悲剧性事件的"家属报道"中记者的伦理抉择
  ——以"马航 MH370 失联"报道中记者与家属的互动为个案
- 传播学视角下的公共文化服务研究:综述与前瞻

网络时代新闻如何表征现实?

——一个融合的理论视角*

王辰瑶

内容摘要:新闻传播语境的变化,不仅带来了一系列新技术,创造了新的新闻生产和营销模式,也带来了对新闻基础观念的挑战,并"一再提出旧的问题"。本文即是在网络时代对一个新闻学古老问题的重新思考。本文将新闻真实重新界定为新闻应该如何表征现实的问题,并回顾了三种不同理论视角对此的回答:伦理的视角、认识论的视角和文化研究的视角。本文认为,这三种视角各有贡献,但也都存在着问题,而且相互冲突。在重新讨论事实与价值关系的前提下,受普特南真理性与合理性问题密不可分思想的影响,本文采取将以往彼此冲突的观点相互融合的视角,并在此基础上提出新闻是对现实的合理表征这一新的理论观点。从问题的提出、分析到回答,本文一再援用"内地小孩香港街头便溺"事件,以说明理论与实践的对应性。

关键词:新闻真实;表征;现实;便溺事件

一对内地夫妇公然让孩子在香港热闹的旺角街头便溺,但是孩子的母亲说公共厕所人太多,他们找不到可以让孩子方便的地方。网络视频显示,这位母亲使用了尿不湿接尿,并未弄脏地面。

一位香港青年看不过眼此种行为,拿相机拍下了这一场景,但是内

---

* 本文系国家社科基金青年项目《网络时代新闻报道观念创新研究》(项目编号14CXW001)成果之一,并受"中央高校基本科研业务费专项资金"资助。

地不少网民认为这一举动对儿童隐私构成侵犯,同样是不道德的行为。

这对内地夫妇和香港青年随即发生了冲突,他们抢夺相机和记忆卡,有目击者称孩子的母亲还掌掴男青年。但是警方证实这位女士并未打人耳光……

毫无疑问,以上三段文字是对发生在2014年4月15日的"内地小孩香港街头便溺事件"(以下简称"便溺事件")的陈述。它看起来很"别扭",因为研究者有意将两种不同视角的陈述"缝合"在一起。如果将这三段文字"但是"之前的部分排列在一起,大致可以得到一个类似于《苹果日报》《壹周刊》"东网"《星岛日报》等港媒报道的文本,而将"但是"之后的部分排列在一起,则可以得到一个类似于新华社、《人民日报》《环球时报》《东方早报》等内地媒体报道的文本。这两个文本的不同是如此显而易见,以至于可以被当做完全不同的"故事"来看待——在第一个"故事"里,内地夫妇粗鲁可恶,缺乏公德意识,香港青年愤而抵制却被侮辱。但在第二个"故事"里,情节几乎反转,香港人"小题大做"、有"优越感",对内地游客有歧视。试图了解此事的人不免要追问,到底哪一种是"真相"?然而这个看似简单的问题,却很难回答。在资讯发达的今天,不仅两地媒体在这样一个并不算复杂的事件上,依然坚持自己的叙述视角,相互指责对方存在"偏见",两地网络舆论也都相信己方所述为真。

一、新闻、表征与现实:问题的重新表述

本研究将这个有关新闻真实的问题,重新表述为新闻如何表征现实,原因在于前者作为一个新闻学的元命题,已经生发出了许多充满感情色彩和不证自明的权威"论断",如"真实是新闻的生命""追求真相是新闻人的天职"等。这类论断首先忽略了一个基本事实,即与新闻学中的其他术语相比,新闻真实不过是一个晚近才出现的概念。[①] 其次,这类论断与其说是理论,不如说是新闻界的信仰,天生带有某种道

---

① Tom Goldstein, *Journalism and Truth: Strange Bedfellows*, Northwestern University Press, 2007, p.17.

德力量。例如,泽利泽(Barbie Zelizer)认为,事实(fact)、真相(truth)和现实(reality)是新闻业的"神性术语"(God-terms)[1]。这使得对新闻真实的讨论格外困难,有时甚至显得多此一举。当然,由于这个问题本身的重大,以及现有论断的诸多漏洞,人们又不得不一再地讨论新闻真实以及与此相伴随的新闻客观性。这些讨论本身构成了一个错综复杂的理论谱系,后续研究者很容易就此陷入"对讨论的讨论",而不是"对问题的讨论"。因此,本研究不想继续跋涉于这一语词的密林,而宁愿选择一个更容易提出实质问题的表述。当然,与任何表述一样,本研究在谈论这一问题时,没有使用"事实"而用了"现实",没有使用"再现"而用了"表征",对语词的选择当然也体现了某种特定的"偏好"。研究者承认自己的偏好,但希望能在论文的后半部分证明这种特定"偏好"具有合理性。

就本研究所要论证的问题来看,它涉及两个相互关联的前提:

一方面,新闻不是事实本身,而只能是某种表征(representation)。无论人们在新闻能否真实,以及如何才能真实的问题上有多少分歧,新闻只能试图表达事实而非事实本身的观点都应该是一个共识。陆定一在运用唯物辩证法澄清新闻基本概念时说,"事实是第一性的,报道是第二性的"[2]。尽管当时对新闻作为"第二性"的叙述特点还没有充分的认识,但承认了"第二性"就意味着新闻记者要通过选择、排列和叙述来重新呈现事实,这种实践活动无疑会使报道文本(实践结果)与已经发生过的事实本身存在距离;不同记者的新闻实践,即便针对同一事实,其结果也会不同,有时差异甚至很大(正如"便溺事件"所呈现的那样)。新闻真实最坚定的捍卫者,也无法轻易否定这种差异的存在。

但另一方面,新闻的表征又离不开现实强有力的规约。新闻的使命即是要准确地言说现实、获得真相。虽然早期新闻和流言、谣言的关系密不可分,但这并不意味着受众对信息真假无动于衷。[3] 哪怕是流

---

[1] Barbie Zelizer, "When facts, truth, and reality are God-terms: on journalism's uneasy place in cultural studies", *Communication and Critical, Cultural Studies*, vol. 1, no. 1, 2004, pp. 100-119.
[2] 陆定一:《我们对于新闻学的基本观点》,《解放日报》1943年9月1日。
[3] Martin Conboy, *Journalism: A Critical History*, SAGE Publications Ltd, 2004, p. 6.

言、谣言也总是以一个所谓的"事实"为对应物,并诉诸集体"相信"的。① 没有人会去传播一个明明知道是假的信息,除非他另有目的。新闻对真实性的追求和新闻的诞生一样,都源自社会需要。早期新闻常常来自于道听途说、假语村言,是因为在社会交往需求不那么迫切的情况下,大众对谈资的真实性要求也没那么高。但正如哈贝马斯所说,"随着贸易的广泛开展,眼睛紧盯着市场的商人在核算时越来越需要准确地了解远方发生的事情"②。这样的推动力,促使新闻作为一种职业与流言、谣言渐行渐远,并逐渐发展出多种采访、记录和核实的事实采集技术,确立了自身的专业合法性。

以上两个前提如果都能成立,那就不可避免地会提出本文的问题——既然新闻不是所要表达的现实世界本身,但又必须真实地表达出现实世界本身,如何才能做到?

二、三种不同视角的回答

作为新闻学一个非常古老的问题,前人的论述已经给出了各色各样的答案,本文将这些回答概括为以下三种视角:

1. 伦理的视角

伦理的视角将重点放在报道者(人)上,诉诸报道者的真诚性(sincerity)。也就是说,报道者要诚实、没有隐瞒和欺骗地向公众报道他所发现的现实。哲学家威廉姆斯·伯纳德(Bernard Williams)曾提出过两种基本的"真实德行",一种是一般意义上的、实实在在的真实准确(accuracy),另一种即是内在的真诚性。③ 从伦理出发的真诚性,对新闻业来说是一个很有用的定义,因为它可以用来区分哪些是新闻,哪些是打着新闻旗号的弄虚作假。在与新闻相对的"假新闻"范畴中,记者

---

① 王辰瑶:《新闻与谣言》,《南方传媒研究》第44期,南方日报出版社2013年版,第143—146页。
② 〔德〕哈贝马斯:《公共领域的结构转型》,曹卫东等译,学林出版社1999年版,第15页。
③ Bernard Williams, *Truth and Truthfulness*, Princeton University Press, 2002, p.44.

故意造假比失察引发的后果要严重得多。例如,同为《纽约时报》的记者,大量捏造的杰森·布莱尔(Jayson Blair),被称为"罪人",永远从新闻界除名,而报道"伊拉克有大规模杀伤性武器"(记者根据白宫信源进行报道,但事实并非如此)的朱迪·米勒(Judith Miller)虽然也引起了很大争议,但毕竟只是被指责为替白宫"背书"而已。① 国际记者联盟的伦理手册中把追求真实作为新闻伦理的第一信条,这显然是把追求真实理解为一种真诚的个人信仰和职业理念。从伦理的视角来看,新闻要确保真实,最重要的是要保证记者的真诚。但是这种真诚性,只是显示了记者作为人的品性,并没有显示与职业有关的能力,也不能确保一个可验证的再现结果,因此它并不能令人满意。甚至"真诚性"还可能被理解为"真诚地怀有偏见"。例如,"便溺事件"中,当时仍是凤凰卫视记者的闾丘露薇因为在微博上转发相关视频,并以报道的口吻补充了几点事实片段(包括"孩子当街便溺,有路人拍照,遭孩子父亲抢走相机和记忆卡""孩子母亲打了路人一耳光""片中白衣青年看不过眼报警,并且阻止夫妻离开""双方争执,青年遭人用婴儿车推撞"等),招来数万条批评。② 尽管闾丘露薇此后发长微博称微博内容确实存在细节性错误,并表示"接受批评",但从她博文后的留言看,相当一部分网友仍然认为她怀有"香港人的傲慢"。

2. 认识论的视角

正因为伦理视角的内在诚实无法验证,很难进行可操作的判断,新闻界实际上采取的解决方案是认识论视角的。与伦理视角关注报道者(人)与报道关系的真诚性不同,认识论视角主要关注的是报道(认识结果)与现实的相符性(correspondence)。这一理论视角源自柏拉图的哲学传统,但迥异于柏拉图认定"洞穴人"无法看到真相的悲观论调,新闻业一直宣称"有能力对世界进行可查证的再现",并以此作为合法

---

① Tom Goldstein, *Journalism and Truth*: *Strange Bedfellows*, Northwestern University Press, 2007, pp.1,8.
② 闾丘露薇2014年4月21日12点37分所发认证微博, http://weibo.com/luqiuluwei。

性来源。① 为什么当同样以求真为诉求的其他社会科学领域都逐渐动摇认知定能与现实相符的信念时,新闻界反倒表现出高涨的热情,自信地宣称新闻可以做到以"透明、复现和无需重构"的方式"摹写现实或自然"②? 这个问题确实令人疑惑,学者对此有一种解释是,新闻业作为一种"理论化不足的实践"(under-theorized practice),绝大部分记者都没有意识到他们自己在知识场域中扮演的角色。③ 在"以实务为上纲"的语境下,新闻界对待实践的方式缺乏其他知识生产学科所强调的自反性(reflexivity)。④ 这也是认知论视角最重大的发明——新闻客观性的局限所在。

对新闻客观性的惯常批评是:因为人们不可能绝对客观,所以新闻客观性必定是一个虚假的意识。这完全是一个误读。正是因为在20世纪初人们深切意识到了人的主观性,为了补救这一天生的弱点,李普曼等人才提出用一套客观报道的方法来限制记者的主观。李普曼曾经热情赞美客观性方法对新闻业的意义——"当我们的头脑深刻意识到人类思想的主观性时,我们的心灵却前所未有地迸发出对客观方法的热情"⑤。但是因为缺乏反省,客观性方法常常被记者当作好用的策略、保护性措施和规避风险的技术来使用,而不是发现和接近真相的路径。塔奇曼(Gaye Tuchman)将客观性表述为新闻记者的"策略性仪式",她发现在新闻工作需要不断面对截稿时间的压力下,记者们通过把客观性当做一系列常规惯例,来应对不断面临的截稿压力和避免报道招致批评的风险。作为一种外在的"策略",客观性只是提供了一种

---

① Barbie Zelizer, "When facts, truth, and reality are God-terms: on journalism's uneasy place in cultural studies", *Communication and Critical, Cultural Studies*, vol. 1, no. 1, 2004, pp. 100-119.
② Jeffrey P. Jones, "Believable Fictions: Redactional Culture and the Will to Truthiness", edited by Barbie Zelizer, *The Changing Faces of Journalism: Tabloidization, technology and truthiness*, Routledge, 2009, pp. 127-143.
③ Andrew R. Cline, "Toward a Field Theory of Journalism", http://rhetorica.net/field_theory.htm.
④ 臧国仁、蔡琰主编:《新闻访问:理论与个案》,台北:五南图书出版有限公司2007年版,第227页。
⑤ 转引自迈克尔·舒德森:《发掘新闻:美国报业的社会史》,陈昌凤、常江译,北京大学出版社2009年版,第137页。

"可接受"新闻的理由,而并非真正在探讨新闻接近真相的路径。这种外化的标准实际上也是封闭的,塔奇曼称"'客观性'这个词是在他们(记者)和批评者之间建立了一种壁垒"①。

"便溺事件"也很明显地反映了客观新闻模式的这一弱点:两地媒体关于这个小事件的报道,在信息交往如此发达的今天,基本上没有隐瞒和刻意歪曲事实的可能性。即便一开始媒体有一些细节失实,如把男孩说成女孩,后来也得到了纠正。从新闻操作上来说,两地媒体都提供了"可接受的"新闻报道,但却是截然不同的"故事"。而当受众对这种"故事"表示不满时,他们的批评事实上是被拒绝的。闾丘露薇在"便溺事件"引发争议后,开始面对网友铺天盖地的指责(有评论称此事可能酿成这位在新浪微博上有 340 万粉丝的超高人气记者"从业以来最大的非议")。② 她作为回应的长微博《两地之间,平心静气谈一谈》是一个很值得分析的例子,在这篇长文中,闾丘露薇承认自己引述的媒体报道存在错误,并"接受批评",但从她分析的报道错误来看——第一个错误是"把衣服的颜色写错了",第二个错误是对孩子母亲打耳光的细节没有注明出处,两个错误都是在客观主义报道范式下的技术瑕疵。这与网民所要求的道歉完全是两回事。网民要求闾丘露薇承认自己的"偏见",但在这一按照严谨的客观主义范式写成的"道歉信"中,"偏见"丝毫未被提及也不可能被提及——客观主义的认知视角要最小化记者作为"我"的角色,而网民要求的立场反思则必然意味着报道者要清晰地检视"我"的角色。这两个诉求恰好是背道而驰的。

3. 文化研究的视角

认识论视角发明的"客观性"有一个相当自信的前提,即只要方法得当,人们就可以不带偏见(至少是偏见最小化)地认识和表达事件和现实。但是在文化研究的视角看来,这个前提本身就是可疑的。从认

---

① Tuchman, G. Objectivity as Strategic Ritual: An Examination of Newsmen's Notions of Objectivity, *American Journal of Sociology*, vol. 77, no. 4, 1972, pp. 660-679.
② 徐达内:《媒体札记:一泡尿的发酵》,http://www.ftchinese.com/story/001055923?full=y。

识论视角到文化研究视角的转换有点类似于哲学上的"语言学转向",或者说这本就是"语言学转向"在新闻研究中的折映。文化研究的视角认为,记者用来认识新闻事实的语言本身就是一种建构性的符号体系,没有什么符号是可以外在于意义、预设和立场的,也就没有什么纯粹的、不带"偏见"的客观再现。比如,"便溺事件"如果所选择的不是"内地人""香港人"这样的符号,而是"游客""摄影记者"(拍照的香港青年身份为《壹周刊》摄影记者),它恐怕就会呈现为与本文开头所举的两个"故事"都不相同的另一个"故事"。因此,与新闻专业主义不同,从文化研究的视角看来,新闻是"由符号、故事、仪式和世界观"构成的。① 文化研究视角的一大贡献是动摇了新闻记者对事实理所当然的看法,这个相当混杂的理论路径包括从英国文化研究中借鉴来的社会文化结构分析、法国的符号学和叙事分析以及现象学的思路,使得新闻学从原来对"事实/报道"关系的简单理解进入到一个由话语、意识形态、符号、仪式等构建而成的复杂的意义世界当中。

但泽利泽也在论文中讨论过新闻与文化研究艰难的共生关系。文化研究对新闻报道建构本质的揭示动摇了新闻业的信心却没有提出一个新的、清晰的可供记者、公众、研究者和教育者讨论的共同概念。换句话说,文化研究的视角并没有提出对新闻业应该如何表征现实的回答,它只是解构并颠覆了原有的答案。文化研究视角还容易陷入相对主义的泥沼,如果各种版本的新闻"故事"不过都是某种类型的建构,那新闻界是否还有必要为追求真相而努力? 进而,受众是否还会认真严肃地对待新闻? 从这个意义上讲,甚至有学者认为文化研究视角对新闻实践和新闻教育来说是有破坏性的。②

普林斯顿大学哲学教授哈里·法兰克福(Harry G. Frankfurt)写过一本精彩的小册子《论扯淡》(On Bullshit),他指出"在我们的文化里,

---

① Ann Swidler, Culture in Action: Symbols and Strategies, *American Sociological Review*, vol. 51, no. 2, 1986, pp. 273-86.

② James S. Ettema, The Moment of Truthiness: the Right Time to Consider the Meaning of Truthfulness", edited by Barbie Zelizer, *The Changing Faces of Journalism*: Tabloidization, Technology and Truthiness, Routledge, 2009, pp. 114-126.

最突出的特征之一就是:有太多的人在'扯淡'"①。与撒谎不同,撒谎是"企图引导我们偏离对事实的理解",而扯淡则是"根本不在意表述的内容是否具有真实价值"。生活中当然不可能没有扯淡,但如果扯淡文化日益盛行,"这种'反真相'的信条,会渐渐蚕食我们的信心,让我们不再相信可以通过正直的努力来判断真假,甚至无法理解'客观探索'这一概念"②。这一分析深刻地指出,对真实/真相的漫不经心和玩世不恭比起刻意扭曲来危害更大。如果人们对新闻界提供真相的能力不再有信心或者不再在乎,那么新闻就会沦为一种谈资,新闻不再是为了让我们了解世界,而不过是给了我们一个说点什么的话题。

三、寻求一个融合的视角

　　伦理的视角、认识论的视角和文化研究的视角都包含着对新闻如何表征现实问题的可贵探索,但都没能提供一个足够令人满意的答案。伦理的视角提出传播者的内在真诚性问题,可贵之处在于尊重了传播者的主体性,但它没能解决一个外部效度的问题,即如何确保报道的结果是真实的;认识论的视角贡献了方法性的解决思路,用可以操作的客观性来规约记者的实践,以确保得到"可接受的"新闻。这一思路显然非常契合新闻界的需要,因而一直成为新闻实践的"专业标准"。但这一外化的解决之道,很容易因为"不过心"而流于外在的"策略仪式"和自我保护,成为新闻界的一个封闭的标准,既隔绝了与公众的对话,也不能离真相更近;文化研究的视角为新闻业带来了可贵的"自反性",指出了新闻最重要的一对关系——"事实"和"报道"——具有极其复杂的关系,动摇了新闻业在这个问题上简单又自大的假定。但是这种动摇是一把双刃剑,它可能促成反思和更好的行动,也可能带来虚无主义的玩世不恭。

　　而这三种视角也不可相互叠加,因为它们存在着内在冲突。如认识论的客观新闻理念指导记者要隐藏自己的观点,以一个中立者的形

---

① 〔美〕哈里·G.法兰克福:《论扯淡》,南方朔译,译林出版社2008年版,第15页。
② 同上书,第69页。

象出现。比如美联社在最新修订的"美联社员工社交媒体使用指导守则"中提到员工使用社交媒体应遵守多条限制性规范,包括"避免说任何人坏话、不随意对争议性话题表达意见"等。① 这些网络时代的指导原则与此前的新闻编辑部文化一样,都要求记者隐藏自己的观点和立场(这是无法取消的),这种扮演出来的角色与伦理视角所要求的内在诚实必定冲突。因为真诚性取决于自觉意识,而根据布尔迪厄的说法,尽管新闻伦理鼓励自主性,但从经济角度考虑,记者并不具有真正的自主性。缺乏主体性的规则和方法则可能忽略新闻的整体精神。②

新闻业仍然需要求真的精神,这不是老生常谈的口号,而是一个内在的真实德行,它需要社会和新闻界非常严肃地思考:什么样的新闻实践是在践行这样的德行,什么样的实践只是打着"新闻"名号而实际上对"真"不以为意各种货色的信息生产;但是如何求真? 新闻业也比过去更加需要方法的支撑。新闻业的方法不仅需要可操作和有效率,而且要能回应实质性的问题,不能仅仅流于形式。更重要的是,在新闻观念和新闻实践都在经历越来越挑剔的检视的今天,新闻业不能再采取鸵鸟政策,对学理和实践层面的批评置之不理。它需要有能力真正地回应这些声音,并在持续的自反性下保持这个职业的活力和开放性。新闻传播语境的变化,并不单纯是"新"的变化,它不仅带来了一系列新技术,创造了新的新闻生产和营销模式,也带来了对新闻基础观念的挑战,并"一再提出旧的问题"③。如果新闻学丧失了对"旧的问题"的热情和敏感,缺乏在新的语境下更新答案的能力,那么完全可以想象,专业观念会因为缺乏针对现实的解释力而显得"似是而非",新闻实践则会在对理论不屑一顾的同时逐渐模糊自己的色彩,变成五花八门的信息杂货铺。因此,在分析了针对新闻学"旧问题"——新闻如何表征现实的三种理论思考之后,本研究尝试从一个融合的视角来给出新的答案。

---

① 美联社:《美联社员工社交媒体使用守则》,廖鲽尔译、史安斌校, http://www.zj.xinhuanet.com/newscenter/sociology/2013-05/21/c_115847364.htm。
② Peter Lee-Wright, Angela Phillips and Tamara Witschge, *Changing Journalism*, Routledge, 2012, p.135.
③ John O'Sullivan, "Challenging Values: the 'good' Journalist Online", edited by Eugenia Siapera and Andreas Veglis, *The Handbook of Global Online Journalism*, John Wiley & Sons, Ltd., Publication, 2012, p.41.

四、网络时代的新闻表征理论

1. 从事实到现实

长久以来,新闻把对事实的再现作为职业使命,帕克(Robert Ezra Park)和舒德森(Michael Schudson)都把新闻看做是事实性的知识。对事实的再现为什么重要?阿伦特(Hannah Arendt)曾经做过令人信服的说明。她在论述政治权力与事实性真理的关系时,虽然认为在权力的拨弄下事实陈述有其脆弱的一面,但亦有其顽强坚韧的一面,因为"事实性现实属于过去,已经进入了一个无法触及的领域","权力由于其本质所限,永远不能创造一个替代品来代替事实性现实的牢固性"①。为了说明这一点,阿伦特讲了一个故事:20世纪20年代,法国总理克里孟梭(Georges Clemenceau)在去世前不久曾和一位魏玛共和国的议员就第一次世界大战爆发的罪责问题进行谈话。克里孟梭被问道:"未来的历史学家会如何看待这个棘手而又充满争议的问题?"他回答道:"我不知道。但是我可以肯定的是,他们不会说,是比利时入侵了德国。"阿伦特将此类"德国入侵比利时"的事实称为"最无情的基本事实"②。正是这类最无情的基本事实给人类实践带来了确定的基础,没有这些事实,意义追求和价值探索也就无所附丽。新闻业自豪的缘由也正在这里:如果没有新闻致力提供的确切事实信息,个人的社会交往就无法进行,社会这艘航船也会因为不知哪里是浅滩暗礁而危险重重。因此,帕克才会高度评价提供事实性知识的新闻,认为"在现代社会中,新闻的角色似乎比其他形态的知识比如历史都更为重要"③。

但是,这里还得有一个前提条件:新闻是社会获取事实性知识的唯一或最重要的渠道。舒德森曾认为:"媒体的大部分权力来自这样一个简单的事实:除非我们借助于新闻渠道,否则很多事情我们永远不可

---

① 〔美〕汉娜·阿伦特:《过去与未来之间》,王寅丽、张立立译,译林出版社2011年版,第242页。
② 同上书,第221页。
③ Robert E. Park, "News as a Form of Knowledge: A Chapter in the Sociology of Knowledge", *American Journal of Sociology*, Vol. 45, No. 5, 1940, pp. 669-689.

能知道。"①然而这一天然的渠道优势在网络时代已经遭到了严重的挑战。李普曼在《舆论学》开头所讲的那个住着几户居民的海岛,如果放在今天的语境下,它可以被想象成一个有无数条渠道与外界相连的节点,可以是跨海大桥,可以是飞机,可以是电缆、隧道,也可以是游艇、皮筏和军舰,而不是一个只靠一艘带着新闻纸的货船与外部世界相连的孤岛。这个画面的变化正是网络时代新闻地位变化的写照。在大众传播时代的 20 世纪,新闻界的主导隐喻"把关人",在网络时代已经不再适用。② 如今,无需直接借助新闻渠道我们也可以知道很多(甚至太多)事情。

那么网络时代新闻的使命在哪里呢?实际上,网络时代不是收回了新闻的合法性基础而是给新闻业提出了新的、更重大的任务,那就是新闻业所要提供的不仅是针对具体事实的知识,而是针对现实的知识。什么是现实?阿伦特已经敏锐地意识到"现实不等于事实和事件的整体,而是大于事实和事件的整体,尽管这个整体是无法确定的"③。还是以"便溺事件"来理解,一对内地夫妇让孩子在旺角街头便溺,有香港市民拍照,双方发生冲突。这是一个基本事实。不需要媒体,我们也可以通过网友拍摄的视频搞清楚这一点,而绝不会误会成是香港夫妇带孩子在内地街头便溺。所有围绕此事的讨论都是在这个事实前提下展开的,但为何针对同一件事的价值判断差异如此大呢?一方面是因为在基础事实之外还有很多细小的事实,正是这些细小事实而不是那个基础事实在引导着人们的意见。比如,孩子到底是大便还是小便、孩子母亲一开始有没有用尿不湿接住、孩子父亲在冲突过程中有没有把孩子推向青年、孩子母亲是不是试图打人耳光等,这些细小事实在基本事实不变的情况下完全有可能改变我们对事件的看法;另一方面,"便溺事件"还会唤醒此前发生过的一系列事件,比如内地孕妇赴港生产、

---

① 〔美〕迈克尔·舒德森:《为什么民主需要不可爱的新闻界》,贺文发译,华夏出版社 2010 年版,第 24 页。
② 〔美〕比尔·科瓦奇、汤姆·罗森斯蒂尔:《真相:信息超载时代如何知道该相信什么》,陆佳怡、孙志刚译,中国人民大学出版社 2014 年版,第 11 页。
③ 〔美〕汉娜·阿伦特:《过去与未来之间》,王寅丽、张立立译,译林出版社 2011 年版,第 244 页。

网络时代新闻如何表征现实?

内地人抢购婴儿奶粉、孔庆东骂香港人、港人称内地人为蝗虫等,这些历史事件及其形成的社会记忆,同样会影响人们在"便溺事件"上的判断。除此之外还有一些社会常量,比如香港的相关法律、内地的习俗,以及虽然是"偏见"但却是真实存在的社会情绪,这一切的一切,构成了围绕"便溺事件"的现实。新闻媒体需要在这个现实层面对这一事件作出反应。或者不妨这么理解:在网络时代,新闻媒体不是要去和其他渠道争夺对事实本身的传播权,而是要把与此事相关连的各种陈述看成是"现实"的一部分。新闻的视域要从事件发生的那个"现场"拓宽到历史场、社会场、舆论场等不同的场域,并在这样一种综合的把握下报告"发生了一件什么样的事情"。

2. 表征与合理性

当新闻的任务转变为针对由具体事件牵引出的现实,而不再仅仅只是具体事件的时候,就需要提出一个新的思路来解决新闻该如何对应现实的问题,原有三种视角分别强调但彼此冲突的内在真诚、方法和自反性可以统一在这样一个新的解决方案中。

首先,对事实和价值不应再做二元对立的理解。新闻客观性最基础的假定就是事实可以从价值或意见中剥离出来,而记者可以作为中立的搬运工将事实搬运到受众面前。[①] 这种事实与价值二分的假设不仅在新闻学中存在,在哲学和科学领域也根深蒂固。但是美国哲学家普特南(Hilary Putnam)却认为这一传统二分法的错误在于没有看到事实和价值是必然缠结在一起的。因为我们在"描述"事实时必然使用"指称",而所有的语言上的指称都和我们对于世界的分类息息相关,都涉及我们对世界的理解。普特南举的例子是,一只蚂蚁爬过沙地,留下的弯弯扭扭的曲线无意中构成了一幅好像丘吉尔画像的图案。但是对于蚂蚁来说,它完全没有"丘吉尔"这样的概念,这堆曲线只是曲线而已(当然蚂蚁也无法理解曲—直、点—线—面这样的概念)。普特南

---

① Stephen D. Reese, "The News Paradigm and the Ideology of Objectivity: A Socialist at the Wall Street Journal", *Critical Studies in Mass Communication*, vol. 7., no. 4., 1990, pp. 390-409.

说:"因此,表征的必要条件,或首要条件,看来就是意向。"①没有价值判断,我们根本无法表述一个事实。在"便溺事件"中,当媒体和网民使用"香港人""内地人"来描述事件时,无论其怎么想要"客观",这已经在某种价值体系之下了。如果这是在内地某城市发生的一起随地便溺事件,恐怕用来描述事件的指称就会全然不同。

其次,新闻具有对现实多种表征的可能,但要有合理性作为判断。

已经发生过的事实的确是唯一的,进入到了不可改写的过去时的领域。但是任何对这一事实的认识都需要借助语言、符号,从一开始就渗透进人们的价值判断和选择,因此这样的认识必然是表征,并存在着多种表征的可能。这就是为什么霍尔(Stuart Hall)将 representation 一词理解为"表征"而不是"再现"。因为"再现"依然试图寻找"重现"事件的唯一性和绝对性,而"表征"则从一开始就是"通过语言产生意义"②。从认识论镜喻哲学的"再现"到文化研究的"表征",霍尔所做的这一改造被称为"文化转向"③。在霍尔看来,文化实践的意义空间不仅反对本质主义的唯一性,是在历时状态下不断"滑动"的,而且是一个不断"争夺"的空间。作为当代社会规模最大、最经常,也可能是影响最大的意指实践,新闻有必要被纳入其中,否则新闻实践事实上的丰富性和复杂性就不能被现有的对事实和价值采取简化理解的新闻理论所容纳,理论的苍白乏力很可能会加重实践的自以为是和自行其是,出现双输的可能。

"便溺事件"即衍生出了各种不同版本的表征(都以事实为基础)。例如,对于孩子母亲的行为,香港《壹周刊》在报道中引用目击者阿豪的话,称孩子母亲"欲掌掴",而新华社则在电话采访香港警方后表示"在他们的调查资料里,不存在付姓女子打路人耳光的情节"。可见,这两种表述都对应于某一事实,但却成了完全不同的表征。我们无法

---

① 〔美〕希拉里·普特南:《理性、真理与历史》,童世骏、李光程译,上海译文出版社 1997 年版,第 7 页。
② 〔英〕斯图亚特·霍尔:《表征:文化表象与意指实践》,徐亮、陆兴华译,商务印书馆 2006 年版,第 16 页。
③ 郝永华:《Representation:从再现到表征——论斯图尔特·霍尔的文化表征理论》,《江西师范大学学报(哲学社会科学版)》2008 年第 6 期。

网络时代新闻如何表征现实?

根据新闻专业主义原则指责其中任何一例为"假",却相当有可能根据自己的好恶指责其中的任何一例为"有偏见"。如果把两个信源的陈述罗列在一起是否就可以避免"偏见"?这就是新闻专业主义对客观性的改造——进行平衡报道。但是且不说真正不偏不倚的"平衡"非常难于做到,语词的选择和罗列顺序都暗含了孰轻孰重孰是孰非的价值感,即便记者没有暗藏私心,也很难避免另一种"平衡偏见"。《纽约时报》前驻北京办事处研究员安替曾在一篇博文中分析过《纽约时报》如何为平衡而平衡最后导致"平衡偏见"。他认为,所谓平衡意味着记者得预先知道"真相"在哪里,才能以真相为中心寻找不同观点。"如果记者对这个领域不是很了解,就会出现所谓的'平衡偏见',整个文章为平衡而平衡,很不深入甚至都不正确"①。可见,这里的"了解"也是一种价值判断,没有价值判断的新闻是无意义的,罗列一堆杂乱的事实,这不是表征,也不是社会所需要的有意向性的实践。但是新闻表征现实确实可能出现不同的路径,这是否意味着我们会迷失在各种各样的意义建构中而无所适从?

　　幸好普特南在解构事实与价值二分法的时候给出了一个相当辩证的答案,他不仅反对绝对的真理观,也驳斥了无政府主义、不可公度性这些相对主义立场。②普特南的一个重要思想就是把真理性问题与合理性问题结合在一起,"在真理概念和合理性概念之间有着极其密切的联系。粗略说来,用以判断什么是事实的唯一标准就是什么能合理地加以接受"③。如何判断什么是合理的?这显然不是要走回唯心主义的老路。从普特南在《事实与价值二分法的崩溃》中对哈贝马斯的推崇可以知道这种合理性不是"我即是法"的蛮不讲理,而是蕴含着在对话中尊重协商乃至达成共识的可能性。从新闻的角度上讲,这种合理性应该是:

---

① 安替:《如果只能读一份英文媒体》,新浪博客,http://blog.sina.com.cn/s/blog_593f15670100da5x.html。
② 王嘉、顾肃:《论普特南关于事实—价值、主观—客观的"辩证法"》,《南京社会科学》2013年第3期。
③ 〔美〕希拉里·普特南:《理性、真理与历史》,童世骏、李光程译,上海译文出版社1997年版,第2页。

(1) 记者作为主体对所进行的表征具有内在真诚。

表征应该是记者主体的诚实反映,而不是另有隐藏的目的。比如,记者使用某些词来表述一个事件,这些词必须得是他内心认可的对事件最合适的表述方式,而不是为了其他目的(比如有些词更吸引人眼球、更能制造轰动效应、更容易流行)。

(2) 人们可以就新闻表征进行有效的对话。

一则新闻的表征能被人们合理地加以接受,不是指新闻对某一特定群体"投其所好"。这类投其所好的表达,往往是爱者爱,恨者恨,碰撞即是吵架,不存在对话的可能性。而合理性则意味着可以通过对话使得新闻的意义生产被接受。比如当有网友指责媒体对"便溺事件"的报道不合理时,媒体除了检视自己的报道有无事实性差错外,还应该检视报道的表征方式是否是排他的、抗拒性的,它不能被人接受的理由是什么,这种理由是否有现实基础? 能否容纳进新闻表征中,等等。诸如此类的问题应该是真正的对话所要考虑的,理想的新闻就要在这样开放的对话过程中逐渐达致可被合理接受的状态。(补充一句,在翻阅了近 20 万字两地媒体上刊载的有关"便溺事件"的报道和文章后,印象最深的不是各样"檄文"和"说教",而是一篇内地出身的香港媒体人发表在搜狐财经上的《焦虑的香港人》。①)

从以上分析来看,或许我们把理想中的新闻理解成:新闻是对现实的合理表征。这里的现实当然仍然以新近发生的事件为核心,但又大过这个事件,否则新闻就无法对当下的复杂世界做出有意义的揭示。新闻对现实的观照是一种基于事实基础上的意义生产,它既需要充分彰显新闻从业者的主体性,又需要高度尊重新闻受众,在持续的对话和自反性下,剔除事实差错,警醒表达偏见,达到可以被社会共同体"合理接受"的状态。新闻表征理论一方面确乎是高远的理想,但另一方面也是基于网络时代对新闻业"倒逼"的现实——复杂的社会,多元的声音,过载的信息,新闻业如果不重新定位,很可能就在信息大潮中"泯然众人矣"。而缺乏可接受的现实表征,给社会带来的后果可能更

---

① 杨不欢:《焦虑的香港人》,搜狐财经,2014 年 4 月 23 日,http://business.sohu.com/s2014/jrzj299/。

为严重,群体极化、矛盾多发且容易激化、难以对话和建立共识,这些问题在当下社会或多或少都存在,已经不能算是警世危言了。新闻业在面对网络时代的挑战时,不应该只是在生存层面疲于应付,而应该怀着一种伟大的气魄在竞争中重新成为全社会不可缺少的话语。

(作者为南京大学新闻传播学院副教授)

美国华文报刊维系族群边际的困境*

彭伟步

内容摘要：美国少数族群传媒数量多，华文传媒是其中最具代表性的媒体。族群边际维系是少数族群传媒最重要的功能与任务。作为维系华人族群认同的重要手段和桥梁，华文报刊在努力传播华族文化、强化华人的族群意识的同时，面临受到移动媒体冲击、潜在瓦解族群边际的问题，从而不得不在瓦解与维系族群认同中寻找平衡。

关键词：美国移民报刊；华文报刊；族群意识；族群边际；族群认同

族群边际（ethnic boundary）是一种族群认同意识。这种认同意识是后天形成的，尤其受外界环境的影响，其中媒体是最重要的影响因素。当个人离开家庭和学校完成社会化教育之后，他的族群边际的维系与媒体的文化传播密切相关。一般来说，在一个民族国家中，主体族群很多时候不存在融入主流社会的问题，而居于少数地位的族群，为保护族群文化与利益，通过创办本族群语言的媒体来实现族群意识的维系，从而产生了令主流社会疑虑的问题，那就是这些媒体是否过于强化族群意识而抗拒融入主流社会，成为反抗主流文化的障碍。美国生活着300多万的华人，有300多家华文传媒，其中尤以华文报刊的数量最大，影响力也最大。几乎美国中等城市都办有一份华文报刊，有些报纸还形成了报业集团。这么多的华文报刊的存在，是否也存在只传播中

---

* 本文是广东省重点研究基地项目《海外华人传媒与华人文化的建构》（09JDXM86001）研究成果，也是2015年国家社科基金重大项目《提升中国政治话语体系的国际影响力研究》（152DA042）子课题《海外华人对中国政治话语的认知与传播》的阶段性成果。

华文化,强化华人的族群意识,而缺乏融入美国社会的意愿,甚至成为华人接受美国价值观的障碍?从越来越多的华人移民融入美国主流社会的情况来看,华文报刊虽有维系族群边际的功能,但事实上其也潜在地瓦解着华人的族群认同。

一、华文报刊具有建构华人族群意识的功能

外来移民在数个相对集中的社区形成移民社区,并固定下来,形成与主流文化差异极大的文化自留地,而移民报刊在社区的广泛传播,对联络移民的感情、提供生活的便利均起到主流媒体无法企及的作用。美国著名社会学家罗伯特·帕克(Robert Ezra Park)在20世纪20年代率先对移民社区进行研究,发现除了德裔非常喜欢阅读德语报刊外,还有其他一些移民对本族移民报刊的感情也很深厚,比如说,华文报刊对华人的心理慰藉,对缓解华工的思乡情绪具有重要的作用。华文报刊使用汉字这种象征性文化符号,强化了华族①自我的固定形象,加深了华族与异族的族群差异意识,并通过在中华传统节日期间举办各种文化活动,创建了华人的族群意识。

华文报刊不仅传播移民信息,也传播当地主流社会信息。它们不仅服务移民,也促进不同移民社区的文化交流。它们不仅是维系华人移民文化认同的重要工具,也是促进新移民融入主流社会的重要手段。华人报刊起着当地主流传媒不可替代的作用。比如,早期赴美的华工②,多数生活在广东珠三角的农村,他们赴美前基本没有接受过英文教育,在贫困生活的逼迫下,以卖身的方式被引入到美国从事开矿、修建铁路等劳动密集型工作,特别是19世纪50年代,旧金山和萨拉门托相继发现金矿,吸引大量华人淘金。针对华人的宗教报刊由此诞生。1854年,传教士威廉·霍德华在旧金山创办《金山日新录》,紧接着1855年基督教长老会在旧金山创办《东涯新录》,向华人传教。这些早

---

① "华族",中华民族的简称,指具有中华民族血统的人,在本文中特指国际上对华侨、华人及华裔的统称。
② "华工",指赴海外工作的华人劳工。

期的华文报刊虽然具有浓郁的宗教色彩,但是由于采用汉字,或汉字与英文双语传播信息,具有显著的华族文化特征,缓解了华工的思乡痛苦,使华工能在异国他乡认知自身与他族的差异。不识字的华工聚在一起,听一些受过教育的华工的诵读,相互传播中国的相关情况,实际上强化了华工的身份认同。

此后,美国展开对西部的开发,需要修建连贯东西部的铁路,又引入了大批华工,华人大幅增加,面向华人的报刊不断创刊,宗教报刊逐渐向商业报刊转型,如《东涯新录》(1855)、《沙架免度新录》(1856)、《旧金山唐人新闻纸》(1874)、《唐番公报》(1875)、《华人纪略》(1876)等,刊登了大量来自中国、当地的信息以及小量的文学作品,极大地促进了中华文化在美国华人当中的传播,同时反对美国带有强烈歧视性的排华法案。华文报刊开始作为维护华族权益的重要喉舌出现在世人面前,也由此成为维系华族边际的坚实堡垒。如今,华文报刊已经成为美国最具代表性的移民报刊,而且在亚裔移民当中拥有强大的影响力,如2014年年底,《世界日报》日发行量高达10万份,在四年一度的总统选举中,民主和共和两党的候选人均非常乐意接受该报专访。华文报刊传播华族文化,维护华人权益,受到华人的拥护,成为华人不可缺少的舆论工具和精神食粮,成为族群识别的重要文化象征物,由此进一步强化了华人的族群意识,成为维系族群边际的强有力工具。

从一个相对落后、文化差异悬殊、政治意识迥异的中国到达世界最发达的国家,从轮船到港或飞机落地后,一下子要适应西方文化,新移民背负的心理压力可想而知。他们在心理上迫切地想融入其中,但由于文化上的隔离等原因,或者从根本上还没有做好融入白人社会的心理准备,导致很多移民陷入了"边缘人"的尴尬境地,特别是早期赴美华人,大部分文化程度相对低下,通过"卖猪仔"的形式从事体力劳动,如矿工、洗衣工人等,再加上东西方文化的巨大差异,在心理上产生的社会距离与其他移民相比更加明显。因此,新移民更倾向于在母语传媒中寻找便捷的生活信息,发现慰藉心灵的文学作品,从而舒缓"边缘人"的文化苦闷心理。由此华文报刊成为新移民融入主流社会的过渡媒体,而其也在其中寻找到诸多生存空间。

例如,在美国《世界日报》的版面中,每天至少刊登了两版的分类广告、房地产中介、洗衣店、超市、旅游公司、搬屋公司、汽车出租公司、餐饮等均在上面刊登广告,与此同时,许多华人企业也在上面刊登招聘广告。许多初到美国的华人,通过华文报刊就可以很容易地解决各种生活问题。华文报刊广告展示了移民报刊"成功地反映了这个种族(华人)的个人生活,并对报刊所代表的公众舆论、思想和渴望起到如此重要的作用"①。既然进入白人社会要经受很多文化阵痛,遭受歧视和排斥的眼光,华人觉得还是生活在社区相对比较安全和舒心,从而导致了一个更加坚固的混凝土文化体的形成与发展,甚至促成了一个具有较大封闭性的文化孤岛。比如世界各国的唐人街,"是(美国)法律上的排斥华人、制度上的种族主义和社会偏见这三者综合的产物"②。它的存在,实际上也向异族划定了族群边际,而其中华文报刊的社群传播对于促成华人的心理共识、传承中国传统节日、填补文化落差而形成的文化真空、解决实际问题、稀释他们的文化不安全感等均提供了诸多帮助。

二、华文报刊具有潜在瓦解族群边际的特征

虽然少数族群传媒致力于维系族群边际,但是其传播内容却铸下了其具有潜在瓦解族群边际的特征。华文报刊以极具象征意义的汉字传播了华人社会的信息,有助于维系华人的族群边际,比如,每周五《星岛日报》刊登的房地产广告,以及超市促销广告均使华人不用走出唐人街,就能在美国生活下来。一些华人聚集的社区因为新移民的不断到来,购买和租用白人或其他族群的店铺或房屋,充斥着各式各样的汉字广告招牌,华人可以很方便地在各个超市、餐馆门口取读报纸,华人社区也并没有因为时间的推移而缩小,反而迫使白人和其他族群不得不搬到其他地方,使华人聚集区不断扩大。

媒体的生存与其传播信息的实用性与有效性密切相关。新移民到

---

① R. Park, *The Immigrant Press and Its Control*, New York: Harper & Brother Publishers, 1922, pp. 89, 109, 135, 150, 367-368.
② 马戎:《民族社会学——社会学的族群关系研究》,北京大学出版社2004年版,第83页。

达美国,必须熟悉美国文化,了解美国法律,因此,媒体为帮助这些新移民,时常在新闻和副刊的版面中刊登美国法律和白人习俗的文章。如《星岛日报》2013 年 8 月 11 日报道了美国加州喜瑞都市(City of Cerritos, California)警察局与华人市民面对面座谈的新闻。这种活动不仅拉近了警民关系,还使得不熟悉美国法律的华人有机会进一步了解美国法律法规。报纸鼓励华人加强与警察的互动,消除彼此的误区,对华人的就业和生活均有很大的帮助。这实际上就是帮助华人融入主流社会。

此外,除了刊登华社①的新闻外,华文报刊还大量刊登美国的新闻,这使不懂英语的华人也有机会了解美国社会,对美国文化有了更多的理解,为下一步接受文化涵化甚至同化打下了基础。帕克通过研究发现,"即便是最冷僻的外语报纸如意第绪语、波兰语等报刊,其作用主要是帮助新近来的移民懂得如何在北美生存下来,很少有报刊鼓励对于原先祖国的忠诚,美国的移民通过传播确立美国文化的标准、价值观念和习俗帮助他们的移民读者同化于美国文化,从而加速了移民与主流社会的融合"②。美国学者巴赫·弗雷德里克(Barth Frederik)认为,"移民传媒只有帮助新移民融入美国文化,在全球化的背景下,才能有生命力"③。华文报刊通过刊登主流社会的新闻与实用性的生活信息,实际上在主流社会与华社当中搭建了桥梁,促进了华人融入主流社会的速度。

华文报刊帮助华人融入主流社会,甚至接受主流社会的同化,造成相当一部分的华人走出华人社区,导致华人社区的华人数量减少,对族群边际的维系构成了威胁。帕克于 1910 年初对在芝加哥出版的 19 种日报(其中 7 种为少数族群语言报刊)进行调查,通过对华文报刊——《世界周刊》(World Journal)的研究,对华人接受美国文化的同化过程有了更深入的了解。他发现,"有效的个体之间的传播在同化过程中起到了重要作用,因为从敌对到冲突、适应乃至同化,每一个阶段都伴随着个人和群体之间的接触、交流,人际传播、群体传播贯穿其中。同

---

① "华社",指华人社会。
② 胡锦山:《罗伯特·帕克与美国城市移民同化问题研究》,《求是学刊》2008 年第 1 期。
③ Frederik Barth, *Ethnic Groups and Boundaries: The Social Organization of Culture Difference*, Oslo: Universitiesforlaget, 1969, p.149.

时,报纸作为新兴的大众媒介对移民的同化起到了推波助澜的作用。同化是一种群体现象,捍卫移民文化的报纸,特别是移民报刊在其中起到非常重要的作用"①。因此他认为,要允许移民报刊的存在,并把它视为有助于移民融入主流社会的重要工具,以解决外来移民问题。

  作为传承华族文化的重要载体,华文报刊将华人过去的经历与美国城市生活联系起来,通过新闻报道保存了过去的记忆,同时也成为华人创造未来的通路,因此,它们不自觉地成为华人美国化最重要的因素。在这些报刊刊登主流社会的相关信息中,我们由此发现另一个有趣的现象,那就是华文报刊帮助一部分华人模糊了族群身份认同。这些学习能力强、拥有一定技能的华人依靠华文报刊度过文化的适应期后,由于有一技之长,他们有能力走出唐人街,主动地接受主流社会的同化,导致华人的族群边际面临瓦解的危险。

  华文报刊不仅能起到沟通东西文化的作用,而且能成为一个改革者,推动华族对原有传统的变革。从这个角度来说,华文报刊在维系族群边际的同时,也在有意无意地进行自我否定,模糊甚至打破族群边际。美国每年接受大约 10 万来自中国的移民,华人人口不断上升,从常理的角度来说,华文报刊的总发行量、影响力应该与日俱增才符合大量移民定居美国的事实,但是实际上,华文报刊的总发行量稳中有降,并没有大幅上升,这固然有许多原因,如新移民转向网络获取信息、新移民当中有相当部分是青少年等,但是华文报刊对族群边际的反向、潜在破坏也是一个不可忽视的原因。这种现象说明华文报刊虽有较强烈的身份归属意识,但随着时间的推移,这些华文报刊在推动华族融入美国社会方面具有显著的作用,无意之间反而成为打破族群边际的重要推手。

  华文报刊虽是维系华族身份认同的最强有力的工具,然而它们积极推动华人融入主流社会,实际上也在解构华族,这种现象告诉我们,移民报刊的存在并不会阻碍移民对移入国的国家认同,也不会拒绝接受当地国的价值观。把移民报刊当作构建国民意识的障碍的观点,显然有失偏颇。

---

  ① 胡锦山:《罗伯特·帕克与美国城市移民同化问题研究》,《求是学刊》2008 年第 1 期。

三、移动媒体对华文报刊的族群边际产生冲击

移动媒体的强势发展,成为美国华人社会重要的舆论媒体和网络影视平台。这些移动媒体努力进行社群传播,专注于社区服务,为华人提供贴心服务,不仅稳固了生存基础,而且打开了局面,为华人提供了极其丰富的社区新闻和服务信息,赢得了华人的信赖。

移动媒体迅速发展,直接导致各种信息传播载体争先在移动媒体上创建传播终端,抢夺受众,把注意力放在社群传播上,为美国华人创造了一种全新的媒体接触环境,并对其族群和文化认同心理产生了吸引力。许多华人也通过社区软件互通信息,形成了自媒体,例如,许多华人个体与机构在脸书(Facebook)、推特(Twitter),甚至是微信(WeChat)上设立公众号,创建朋友圈,不再需要华文报刊这个传播渠道,这对华文报刊造成极大的冲击。《世界日报》《星岛日报》这些传统、老牌华文报纸的销量在2014年下滑明显,仅维持在10万份左右,与过去每日20万份的销量不可同日而语。销量的下滑,意味着其在华社的影响力与关注度均有所减弱。

便捷的移动终端为华人提供了应景式和体验式的信息服务和各种法律咨询和社区互助,或与华人社团建立合作关系,或与各种华人慈善组织加强合作,亲自介入到社区服务中去,从而成为华人不可或缺的生活好帮手。华文报刊的一些传播功能被转移到移动终端。急速发展的移动媒体致力于社群传播,成为美国华人反映诉求和传递心声,甚至表达个人情感的社区平台。它们在报道华人社区新闻、提供服务信息以及营造社区认同感等方面具有华文报刊无法企及的优势。它们以一种无缝对接的随身服务形式,以垂直和小众化传播方式服务华人,实现了媒体的服务和传播的精准发力,使媒体的指向性、针对性和服务性均非常明确,吸引了当地华商甚至主流社会商家的关注,创造了良好的广告环境。在某种意义上说,"华文移动媒体社群传播"正在成为美国华文传媒新的媒体业态。

移动媒体的出现,推动了美国华文媒体的改革,提高了信息资源的利用效率,促成了一个立体、多层次、跨媒体和全球化的传播网络。它

们以强大的传播力、渗透力和穿透力,为美国华人提供了生活与工作的帮助,使华文报刊不断流失读者,然而,令人忧虑的是,移动媒体却无法承担华文报刊在维系族群边际上的作用。它们更重视信息的传播,但在强化中华文化的承传与华人族群的认同方面,其作用却远不如华文报刊。华人在社交软件中的互动,并未转化成集约性的族群认同心理。社交软件无法取代华文报刊文字、版面、文风、风格等有形与无形的文化认同手段,从而无法实现对华人族群认同心理的强化与暗示。因此,从某个角度来说,华人族群边际被打破,除了当地的语言环境外,与华文报刊内部的过渡媒体的性质与外部受到移动媒体的冲击关系极大。华文报刊是一种文化的存在,是华社的文化象征符号。当华文报刊逐渐远离华人的时候,华人的族群认同将不可避免地面临瓦解的危险。

四、总　　结

世界上存在许多多民族国家,处于少数位置的族群精英总会想办法通过各种手段来维系本族群的边际,从而成为旷日持久的少数族群试图通过本族群传媒传播文化,阻碍国家与文化认同的问题。因此,我们要看到少数族群传媒的双面性。少数族群传媒在帮助少数族群融入主流社会的同时,淡化和模糊身份认同,使族群边际面临被打破的危险。帕克认为,美国价值观对外来移民具有强大的吸引力,外来移民一定会通过移民报刊的传播认识到美国价值观的普世性,并且自愿地融入美国社会,因此他站在主流媒体的发展规律的视角上看待少数族群传媒报刊的生存与发展,认为在美国主流文化的同化下,随着外来移民逐步融入美国社会,少数族群传媒报刊的生存期限很短。

从帕克的观点来看,很显然少数族群传媒报刊不可能有长远的发展前景,然而,如果我们放眼少数族群传媒报刊的历史与未来,就会发现,其仍然有生命力,"在美国,除非裔族群之外,移民们都表示,更愿意通过少数族裔媒体获取关于故土或是所在的美国社区的信息。西班牙移民对本民族的媒体最忠诚,87%的人说他们经常接触西班牙语媒体;其他四个少数群体中,也各有64%的人收听、收看或是阅读母语新闻。在网络媒体的受众中,阿拉伯语网站吸引了美国76%的本语种移民;亚裔移民中也有三分之二愿意登录自己的母语网站了解窗外事"①。希伯来语的《前进报》(Forward,1906年创办)自创办到今天已有百年历史,华文报刊《世界日报》《星岛日报》《侨报》办报历史短的有10年,长的有三十多年。那么是什么原因造成这些移民报刊仍然继续发行?华文报刊虽然是华人融入主流社会的过渡媒体,但是它在未来仍然具有维系族群边界的影响力。只要有新移民不断移入美国,那么在新生代融入美国、族群边际即将被打破的时候,新移民的到来就会使族群边际得到一定程度的修补,比如说,华文报刊因为每年逾10万中国移民赴美定居,可以弥补部分流失的华人读者,使即将破损的族群边际得到修复。

融入主流社会的华人新移民,虽然身份被漂白,变成"香蕉仔"或"ABC",但种族的外在特征并没有因为文化与心理的融入而得到根本改变,这就为他们潜在的族群意识被唤醒打下了基础,一旦他们在工作和生活中遇到被歧视、被排斥的困境时,他们的族群意识便会冒出来,促使他们重新审视自己的身份认同,他们会寻找各种表征华人身份的象征物来构建他们的共同记忆,其中最重要的介质便是华文报刊。他们会翻阅华文报刊在过去所刊登的新闻、照片来重新构建共同的历史记忆,甚至使身份认同发生逆转。

此外,华文报刊如果继续坚持维护华人权益,以传承文化为己任,它们就会得到华人的拥护,这会使得它们虽然面临很多困难,但是仍然能够在长时间内生存下来。故此,少数族群传媒能够实现族群边际维系与瓦解的平衡。从目前大量新移民涌入美国的情况来看,少数族群传媒在帮助少数族群了解和融入主流社会上做出了极大的贡献,推动了越来越多的华人走出唐人街,但是少数族群传媒天生的族群认同的维系功能,又使其强化对少数族群的文化认同,也正是此原因,其才被主流社会所猜忌,才被认为其是妨碍少数族群融入主流社会的障碍。少数族群传媒既建构少数族群的文化认同,又同时帮助少数族群融入主流社会而解构华人社会,在此过程中,少数族群传媒拥有

---

① 李焰:《少数族裔媒体:藏在美国主流媒体身后的巨人》,《华盛顿观察》(周刊),见新华网,2005年08月04日,http://news.sohu.com/20050804/n226565990.shtml。

一套独特的话语体系,提醒政治家要客观、公正地看待少数族群传媒的政治和文化功能,出台宽松和开明的监管机制,使少数族群传媒既能解决移民问题,促进社会的稳定,又能开创和维护一个多元文化社会的存在。

(作者为暨南大学新闻与传播学院教授)

信息传播科技与新工人的文化空间：
以华南地区"X 中心"为个案的考察

王洪喆

内容摘要：从工人阶级网络社会的概念框架出发，新工人群体通过信息与传播科技而形成的传播和文化网络为工人身份和意识的生成提供了新的可能性。但在这种新的网络化劳工文化形成过程中，传统物理空间的作用和位置尚未得到充分的探究。本文尝试通过考察深圳工业区的"X 工友文化家园"这一个案，探讨工人社区的本地文化生活和建基于其上的跨地域网络之间的关系。论文呈现了 X 中心的物质空间形态和结构特征、可见的物理空间所连接的不可见的跨地域工人文化网络、其中行动和传播实践的展开和效果，最后初步探讨这些网络化的文化实践为新工人意识的形成创造了哪些条件，同时又面临着哪些限制。

关键词：信息与传播科技（ICTs）；工人阶级；工人文化；空间；劳工研究

"X 信息咨询中心工友文化家园"（以下简称 X 中心）成立于 2003 年，坐落在深圳市横岗区 189 工业区的边缘。它在工人聚居区里一栋村屋的一楼，大概有 100 平方米左右的空间。X 中心是由慈善组织和基金会资助的一家工人非政府组织（NGO），是华南地区打工文化建设的重要机构,也是外来工组织加入跨国劳工团结网络的一个典型个案。① X 中心主要为 189 工业区和附近的打工者提供劳动文化和法律法规咨询等基层工人急需的服务,并设有图书室和活动室供工友免费使用。除此之外,X 中心拥有大量书报、一个乒乓球台、一台可以免费上网的计算机、一块投影仪、很多乐器以及 6—8 名工作人员——他们在中心全职工作并获得工资,其中有一半的工作人员是从年轻打工者当中直接通过培训产生的。每天来使用 X 中心服务的工友人数从几十人到几百人不等。其中部分工友会义务帮助工作人员开展活动,他们也叫"义工"。工人在平时,可以自由地进入 X 中心阅览书报、聊天、上网。同时,X 中心以小组的形式定期在工人中间开展各种活动,如电影放映、剪报组、女工组、维权组、文艺组,还有一份由工人自己编辑出版的《工友天地》季刊。可以说,X 中心已经成为 189 工业区的一个独特的"文化空间",它深深地"镶嵌"在横岗的流动工人社区当中。

我们的问题就从这里开始。工人与城市之间的关系究竟是什么样的?在古典社会学的经典表述中,工业化伴随着城市化,人们从"共同体(community)"中脱域(disembeded)出来,进入"社会(society)",农民成为现代工人,成为可以自由流动的劳动力商品。这一资本主义工业化进程必然携带着一个文化改造的过程,把个体从旧有的网络中的生存锻造成为城市中原子化存在的孤独"陌生人"。现代的文化工业、城市空间、劳动体制、教育方式、工资制度都在共同作用于这一改造的发生。在当下的中国,这个过程正在真切地进行中。

以上是一个传统理论中的关于工人阶级的故事,然而信息社会的到来似乎给工人阶级形成的过程赋予了新的可能性。源于改革开放后的经济转型,特别是 1992 年后伴随着快速城市化、工业化和全球化的改革,工人阶级原有的基本社会服务都已被商业化和私有化。由此,人们不得不自力更生,依赖个体的社会网络去寻找有关就业、住房、教育和医疗保障的信息。国家和单位的退出带来了一个日益扩大的和生计相关的信息真空;与此同时,对于工人的闲暇生活和娱乐需求而言,印

---

① 黄岩:《外来工组织与跨国劳工团结网络——以华南地区为例》,《开放时代》2006 年第 6 期。

刷和广电媒介的退出也留下了一个同样重要的空白。因此,有赖于廉价的数字技术、中低端信息通信技术的出现,工人必须对宏观社会变迁做出一种集体的、能动的回应。

对于中低端信息传播技术的快速扩散和工人对这些技术五花八门的创新应用而言,邱林川反对传统的技术决定论和媒介效果研究①,他试图采用一个更能动(agentic)的模型来提供更合理的、历史性的解释②。信息社会的架构潜在地穿越了物理空间和各种想象性的边界,为形成新的团结和认同形式准备了基础。在"工人阶级网络社会(working-class network society)"的概念框架中,工人群体的文化形构是一个核心过程③。在这样的构想中,工人阶级的文化并不仅仅是工人阶级生活的再现或者现存工人阶级价值在时空上的反映。相反,它铺就了一条在信息社会里通往全新"认同的力量"④的道路。中国新的流动打工者毫无疑问都包含在这一进程中,体现了基于"信息中层"(information have-less)⑤的"网络劳工"(network labor)⑥在南中国区域的迅速崛起。数字化网络技术,特别是像手机这样廉价的工人阶级信息传播技术(ICTs),已经进入形构中国工人阶级的文化空间。然而尽管如此,工人毕竟不能仅仅依靠虚拟空间和网络化链接完成身份感和文化的生成,归根结底,工人的日常生活和劳动力都必须始终处于物质性的再生产当中,这就使得我们必须更进一步地去考察这些跨地域的网络化工人文化和组织,如何在工业区和工人社区中生产出具体的、物质化的文化空间和日常组织,进而在新的网络化团结和传统的在地性劳工文化形成之间建立起理论和实证经验的链接。

本文正是想通过对X中心这一个案的考察,来回答上述问题。具

---

① 例如,工人因易于被手机广告影响而购买手机。
② Qiu, J. L. (2009). *Working-Class network society: communication technology and the information have-less in urban China*. Cambridge, MA: MIT Press.
③ Ibid, p.289.
④ Castells, M. (1997). *The power of identity*. Oxford, UK: Blackwell.
⑤ Cartier, C., Castells, M., & Qiu, J. L. (2005). The information have-less: Inequaltiy, mobility and translocal networks in Chinese cities. *Studies in Comparative International Development*, 40(2), 9-34.
⑥ Qiu, J. L. (2010). Network labor and non-elite knowledge workers in China. *Work, Organization, Labor and Globalization*, 4(2), 80-95.

体来看,笔者想问的是,X中心的物质空间形态和结构特征是什么样的? 可见的物理空间又链接了哪些不可见的行动者网络、穿越了哪些边界? 在其中的行动和传播又是如何展开的,其结果如何? 这些文化表达和实践为新工人阶级的形成创造了哪些条件,同时又面临着哪些限制?

本文的实证资料,来源于2011年以来多次的访问和参与式观察。各种介入性的行动的传播研究也同时展开。首先,笔者以义工的身份参与了"新闻剪报兴趣组"的活动,同时也参与了X中心日常组织的工人聚会,如郊游、晚会等。笔者在五一劳动节的晚会话剧节目中扮演了一个角色,深度参与了创作、排练和演出的全过程。其他聚餐和日常讨论之外,还有对于X中心工作人员的生活史访谈。笔者想通过多种形式的介入,使得研究本身就成为观察对象的一部分,以期望得到一些更具有介入性和拓展性的个案数据。

一、空间、文化、与劳动

从列斐伏尔(Henri Lefebvre)[1]和福柯(Michel Foucault)[2]具有开创性的著作开始,被视作文化、政治和经济实践的空间开始成为现代性研究的核心[3]。处于巨变中的20世纪中国成为空间研究的巨大理论操练场,由此产生了一系列研究成果:如包亚明对于上海酒吧的空间生产与文化想象的研究[4],罗莉萨对改革开放中中国纱厂的空间与规训的

---

[1] Lefebvre, H. (1991). *The production of space*. Oxford, Cambridge, Mass., USA: Blackwell.

[2] Foucault, Michel (1980). Questions on geography. In Foucault, Michel, & Gordon, Colin (Eds.). *Power/knowledge: selected interviews and other writings, 1972-1977* (pp.63-77). New York: Pantheon Books.

[3] 空间与文化生产的代表性成果:Davis, M. (1990). *City of quartz: excavating the future in Los Angeles*. London; New York: Verso; Harvey, D. (2000). *Spaces of hope*. Berkeley, Calif.: University of California Press; Zukin, S. (1995). *The cultures of cities*. Cambridge, MA: Blackwell; Soja, E. (1989). *Postmodern geographies: the reassertion of space in critical social theory*. London; New York: Verso.

[4] 包亚明:《上海酒吧:空间消费与想象》,江苏人民出版社2001年版。

研究①,还有一些对于民国时期会馆、茶馆、书店的研究②,和对城市广场的考察③。

具体到和工人阶级文化空间有关的研究,成果相对较少。王晓明④观察到,上海建于20世纪50—60年代的各类大型文化和政治集会空间被挪作各种商业和消费空间。不仅如此,随着工厂由单位社会蜕变为单一的经济单位,原来建于工厂内部的各种俱乐部、会场、图书室也都被拆毁或改为生产空间。当然,这些空间变迁过程在全国的其他地区——如东北——表现得更为酷烈。王只是经验性地认为,逝去的空间只是关联了生产和政治,并没有关心这些空间对工人有机的城市生活的组织。于海⑤对这一上海城市空间的演变做了类似的观察,并考察了这一演变背后从毛时代到邓时代的空间生产逻辑。并且他指出,空间作为社会分层机制生产了其中主体的身份意识。因此,以俱乐部为代表的城市文化空间对于工人而言就不仅是娱乐快感或政治压抑,而是他们身份和历史的一部分。同样地,罗岗对上海工人新村的历史再现与空间分析也共享了类似的问题意识⑥。

特别值得一提的是,在把小城市海宁作为空间文本的综合考察中,王颖曜提到了作为70、80年代城市主要文化空间的工人俱乐部,在90年代后随着工会活动的衰落而破败。私人录像厅、游戏厅、舞厅、古玩店、点心店等开始占据这些空间。王还观察到,城市新建的文化馆已经不能再负载昔日工人文化宫的功能,其内部空间被私人的健身中心和中小学补习班占据。她把对于工人俱乐部和文化宫的观察置于海宁公

---

① Rofel, Lisa (1992). Rethinking modernity: space and factory discipline in China. *Cultural Anthropology*, 7(1), 93-114.
② Wang, D. (2006). Struggling for livelihood: social conflict through the teahouse in republican Chengdu. *European Journal of East Asian Studies*, 5(2), 247-273.
③ 倪伟:《空间的生产与权力敞视——透视当代中国的城市广场》,载王晓明编:《在新意识形态的笼罩下》,江苏人民出版社2000年版。
④ 王晓明:《从建筑到广告——最近十五年上海城市空间的变化》,载王晓明、蔡翔编:《热风学术》(第1辑),广西师范大学出版社2008年版。
⑤ 于海、邹华华:《上海的空间故事:从毛泽东时代到邓小平时代》,《绿叶》2009年第9期。
⑥ 罗岗:《空间的生产与空间的转移——上海工人新村与社会主义城市经验》,《华东师范大学学报(哲学社会科学版)》2007年第6期。罗岗、李芸:《十七年文艺中的上海"工人新村"》,《艺术评论》2010年第6期。

信息传播科技与新工人的文化空间:以华南地区"X中心"为个案的考察

共空间演变的总体逻辑中,这一视角对本研究有很好的借鉴意义①。

考虑到本研究与中国工人阶级直接相关,中国劳工研究领域的工作就成了重要的借鉴。在整个劳工研究的复杂谱系中,与本研究最相关的当属关于阶级形成的研究。始于汤普森(E. P. Thompson)的《英国工人阶级的形成》②,劳工研究发生了革命性的突破③,关于阶级形成和阶级主体性的研究成为重点。这一取向很快被应用到对于中国劳工史的研究中,产生了大量关于近现代劳工史的成果④。不过,霍布斯鲍姆(Eric Hobsbawm)认为汤普森把工人的历史当成了工运史或者说是工人阶级斗争史,但工人的实际生活并非如此,所以应该从他们的物质生活条件、生活与娱乐方式,以及阶级意识等方面去认识他们⑤。正如霍对汤的批评,近年来的中国劳工研究也实现了某种向日常生活政治的转向,对工人的主体性、工厂政体、权力结构、性别分析等领域都有了深入的研究⑥。

虽然,汤普森的工作为中国的劳工研究开启了一个很大的"问题空间",但同属英国文化研究开端处霍加特(Richard Hoggart)⑦等人的工作却被忽视了,更不用说伯明翰大学当代文化研究中心所做的大量关于工人阶级文化的考察。可以说,当今的中国劳工研究缺少"文化"的视角,换句话说是缺少对于媒介、信息传播、娱乐和闲暇形式与工人阶级形成之间关系的考察。马杰伟考察了珠三角打工者在工厂和宿舍

---

① Wang, Y. (2007). *The transformation of public space in small cities in contemporary China: a case study on Haining.* Unpublished master's thesis, Peking University.

② Thompson, E. P. (1963). *The making of the English working class.* New York: Vintage Books.

③ Sewell, W. (1990). How Classes are Made: Critical Reflections on E. P. Thompson's Theory of Working-class Formation. In Harvey, J. Kaye, & Keith, McClelland (Eds.). *E. P. Thompson Critical Perspectives.* Cambridge: Polity Press.

④ 比如 Perry, E. (1993). *Shanghai on strike: the politics of Chinese labor.* Stanford, Calif.: Stanford University Press.

⑤ Hobsbawm, E. (1984). *Workers: worlds of labor.* New York: Pantheon Books, 168.

⑥ 汪建华、孟泉,《新生代农民工的集体抗争模式——从生产政治到生活政治》,《开放时代》2013年第1期。

⑦ Hoggart, R. (1957). *The uses of literacy: aspects of working-class life with special references to publications and entertainments.* London: Chatto and Windus.

中的生活,还考察了工人与城市空间之间的有机关系①。上文论及邱林川对于中下阶层信息传播技术(ICTs)在中国的扩散与阶级形成之间关系的研究,他们把媒介使用带入阶级形成的分析,为传播学进入劳工研究提供了示范。这些研究不仅聚焦在南中国的新工人,在理论和方法层面上对于本研究也具有重要的借鉴意义。

从以上对劳工研究的考察中,笔者认为需要将霍加特的问题意识带回中国劳工研究,本研究就是在这方面进行的初步尝试。

二、空　间

本质上,X中心是由一家基金会赞助的工人非营利性、非政府组织。在广东,本地的非政府组织大都以商业机构的形式在地方工商管理部门注册,X中心也不例外。在空间上,中心租用的房间也是工人社区中一间普通的底层商铺,大概有100多平方米。189工业区身处深圳关外的横岗镇,是90年代早期建成的一个典型的珠三角制造业厂区,而工人社区就紧挨着工厂展开。说这里是工人社区其实并不准确,这里的住宅楼大都属于当地原来的居民,再由他们转租给从外地来打工的工人。南中国工人群体的代际特征和巨大流动性使得这些出租屋虽然居住着同构型很高的工人群体,却并没有发展成为19世纪英国曼彻斯特那种经典意义上的工人社区。

总体来说,这里的社区生活和公共空间,是以消费性的场所为基础组织起来的。而X中心的存在显得很突兀。第一次从X中心门前路过的工人,都会觉得这也是一家收费的咨询机构。因此,在中心的门脸上,特意挂出了大型的横幅来强调里面的一切都是"免费"的,"欢迎大家进来坐坐"。

第一次走进X中心,可以看到房间大概被分割成两个部分。右边是一个书报阅览室,这也是中心成立时最初的功能——为工人提供免费的书报服务,每逢周末和夜晚,这里都会"人满为患"。左边,大约与阅览室同样大的空间,则比较机动灵活。平日里,这里摆下一张乒乓球

---

① 马杰伟:《酒吧工厂——南中国城市文化研究》,江苏人民出版社2006年版。

台,供工人和工人子弟小学的孩子们运动。将乒乓球台用作桌子,这里就变成了一个小型的会议室,供中心的多个工人兴趣组召开每周例行的讨论。撤去球台,拉上白幕布,放上凳子,这里就成了小型的电影放映室。通常在周末进行一些工人影像的放映。日常的值班人员会坐在门口,办理工人日常的图书借阅和提供法律援助。

  X 中心的一个空间特点是,左右两部分是完全联通的,左边的任何活动,右边的阅览室都可以一览无余,也可以听见讨论的内容。很多任务人坐在阅览室里看书看报,被左边的活动吸引,就可以随时过来加入大家。电影放映也很有特色,笔者在 2011 年 4 月在这里进行了两场电影放映,分别是卓别林的《摩登时代》和贾樟柯的《世界》。这里的放映和观看,跟传统的影院空间颇为不同。一方面,只能在半黑暗的环境中进行,因为不能切断阅览室的光源,同时外部其他声光也就很容易进入。另一方面,观看也是流动性的,在整个电影的放映过程中,观众的流动一直在继续。有些人看一会儿就离开,有些人中途加入,还有些人边看边玩手机。这种临时性的媒介使用状况,很像马杰伟在南中国工业区中的观察[1]。由于这种空间设置上的开放性,普通工人对于中心的使用,处在一种很"灵活"的状态中,介入的多少和何时退出完全由自己决定。

图1 X 中心的电影放映

---

[1] 马杰伟:《酒吧工厂——南中国城市文化研究》,江苏人民出版社 2006 年版。

这种灵活和开放的空间状态为工人自主选择、逐步加入 X 中心的活动创造了条件。在以各种消费的力量来驱动空间规制的工人社区中,中心创造了一个无压力的、可自由进入的"另类空间"(alternative space),为被消费空间和符号包裹的工人提供了另类选择。

不过同时,这一看似边界开放的空间也存在一些不可见的边界,比如性别偏向。源于 189 工业区的制造业布局,总体而言,周边社区的女性工人数量要多于男性。这从 X 中心周边的大多数商业街中的人流情况可以很容易地了解到。然而,X 中心的情况却恰恰相反。在笔者多次的日常访问中,男性通常是占据书报阅览区域的主体,而在各个兴趣小组所使用的讨论区中,男性的组员也是居多。X 中心有一个独立的"姐妹组"为女工提供支持和组织,但问题是姐妹组的参与人数和活动的开展也是诸多小组中最差的一个。对于这一性别限制,我们在后文会有进一步的呈现和论述。

三、符　　号

视觉符号和信息的富集,是 X 中心一个很重要的特征。过剩的"可见性"使得第一次来到中心的人处在一种"应接不暇"的状态中。

在正面外部有数块公告板,定期更新 X 中心的各种活动信息。另外有专门的新闻简报、工人维权个案、工人自己创作的诗歌,和工人自己拍摄的影像专题。在内部,墙体的任何一个部分都被有效地利用起来。有工人的涂鸦、义工的照片墙和语录、X 中心的标志和标语。以下我们就三个突出的视觉文本做具体分析。X 中心的标志,是通过发起活动,由工人自己设计并投票产生的。标志的基础是一株花草的意象,花瓣由紧握在一起的手组成,很明显地召唤着一种团结的要求。这个标志除了在实体空间中出现,还出现在 X 中心制作的各类媒介产品上,如《打工信息手册》《工伤工友手册》《工友天地》杂志等。随着这些免费的小册子在工人社区中的扩散和传播,这个标志已经成了 X 中心的一个"品牌"。

X 中心内部,正面对街道的墙上在非常醒目的位置贴了温家宝的一句话:"我们所做的一些都是为了人民生活更加幸福、更有尊严。"这是一个很有趣的行为,据工作人员讲,这句话是给地方治理部门看的。由于社会矛盾加剧,"维稳"成为政府愈加重要的政治考虑。近年来,安全部门对于民间组织和结社行为日益敏感,尤其是一切非商业性质的结社行为。在这样的背景下,NGO正是安全部门的主要治理对象。X中心从成立至今8年,一直受到当地安全部门的重点关照,特别是每逢重大节假日,X中心举行公开的文艺活动和地推宣传的时候。因此,工作人员们将国家领导人的话以最醒目的方式悬挂出来,就像一个对于合法性的提示。以最高权力中央的意识形态话语来宣誓自己的合法性,这是X中心长期开展活动中形成的符号策略。

  另一句话是鲁迅的,"世上本没有路,走的人多了也便成了路"。这句话贴在另一边的墙上,直接面向空间内部的活动者,每个走入X中心的人,会很快注意到这句话。这句话不仅仅出现在醒目的视觉空间中,也几乎成了X中心的"圣经",它经常出现在工作人员的口中,也经常出现在常参与X中心活动的工友那里。与X中心的标志相比,鲁迅的这句话就不仅仅提示了团结,也提示了某种改天换地的理想主义。现实层面上,它证实了X中心当下所做的一切在现实的结构关系背景中都是微不足道的,但改变的可能被放置在了"未来",X中心的工作者每次提到这句话的时候,都是面临工作不好开展,或者是有人质疑活动效果的时候。可以说,这句话使得X中心成了一个属于"未来"的行动者,它从"未来"通过时间旅行来到"现在",通过将"未来"带入"现在"为当下的活动赋予了力量。

  X中心在最大限度上调用视觉符号,其实还有很多种形式,比如随处可见的涂鸦,门口的各类公告和展板,历次活动的照片。总体而言,X中心的视觉方式很像是一间幼儿园。寓教于乐(entertainment education)的理念是这里很自觉的实践。在视觉风格上也是比较多地运用简笔画和各种民间艺术元素,很少有流行视觉符号。因此,在视觉符号层面上,这里也是一个同周边商业空间完全不同的另类空间。

四、网　络

从组织层面而言，X中心可以被看做是一个跨地域的NGO组织。首先，它的财政支持基本来自一家香港慈善基金会，员工的工资和日常的支出基本上由基金会承担。然而，实践上领导X中心工作的是一家香港的工人教育组织。随着20世纪80年代后香港制造业向内地的迁移，香港本土的制造业劳工数量也越来越少。这使得本地劳工组织渐渐失去了自己的阵地，纷纷跨界到珠三角开展工人运动。X中心就是这样的一个个案。

阿龙，工教网负责X中心工作的主要成员，是香港一名独立摄影师。他定期每周从香港过境到深圳龙岗，指导X中心的日常工作，参与工人文教和康乐活动，有时还经常住在这里过夜。2010年，他带领几个工人成立了工人摄影队，取名"基层色素"。在阿龙的简单指导下，这支摄影队拿着别人捐赠的旧相机，拍摄工人自己的工作、生活和工业区的景观。2009年11月，他们拍摄的作品来到北京，参加了北京工友之家主办的第二届新工人艺术节的展演，同时登上了《南方都市报》的视觉周刊版面。工人摄影队只是一个例子，X中心很多类似文化活动的创制，都与来自香港的阿龙有关，香港工人运动传统中的内容和形式，正在通过这样一种方式穿越边界，在珠三角寻找到自己的产业工人主体。此外，笔者的介入也是穿越边界的一个部分。这得益于香港中文大学新闻传播系的劳工研究项目与X中心建立起来的长期联系①。

除了香港，X中心网络中的另一个重要角色，是北京的工友之家。这家工友之家的文化"产品"，通过虚拟网络，辐射到了全国，链接了各地的工人NGO。如果说，香港的作用方式更多的是通过具体的人从物理上穿越边界，那么北京工友之家的影响则基本上是通过虚拟网络来完成。北京工友之家的文化产品包括工人原创音乐、打工诗歌、每年一次的新工人艺术节等。此类产品的音频和视频，通过虚拟的网络得到

---

① 邱林川：《"南方两周末"：工民新闻、批判媒介素养与传播赋权》，《传播与社会学刊》2015年总第34期。

了广泛的传播。

　　这种内容的流动是双向的。一方面,北京工友之家作为一个集散地,将成品发送至全国;另一方面,X中心本地的文艺实践也创造了大量的产品,通过北京工友之家和"城边村"网站①建立起来的全国网络被传播。比如由X中心义工小军(化名)创作的歌曲《男工宿舍》,已经在全国的劳工NGO网络中被广泛传播;X中心排演的民众戏剧《狼来了》,也成为全国会演中的经典节目。另外,北京工友之家的义工培训项目,也为X中心和其他的一些NGO组织直接输送了工作人员。X中心的小丽(化名)就是这样的一个例子,她最初在福建的工厂流水线上工作,在接触到中心后成为一名义工,由中心推荐到北京工友之家进行义工培训,之后回到中心成为一名全职的工作人员。

　　香港和北京,从两个不同的方向影响了X中心的工人文化实践。香港的作用更可见,更偏向基础设施和财政。北京的影响更多是通过内容和风格的创造和互动。不过,实际上,香港的劳工运动组织和北京工友之家之间也有着丰富的跨地域协作,限于本文的限制,可在未来做深入的探讨。

五、行　　动

　　行动方面,本文集中考察了一个事件,就是5月1日的国际劳动节。我们将前文提到的各个面向在这个事件中进行综合的运用,看X中心如何通过这样一个节日展开传播行动。对于工业区的工人而言,5月1日意味着一个难得的假日;对于工业区附近的商家而言,则意味着一场大型的促销活动;对于X中心,则是一次进行工人教育的难得机会。

　　首先展开的是视觉宣传工作,各种宣传展板提前一天就推出挂在了X中心门外的街上。主要的内容是关于五一劳动节来历的介绍、世界各地的劳动者的庆祝方式,以及X中心的活动安排。

　　正式的活动从下午开始,两点半开始放映影片 Made in Dagenham《达格南制造》,一部关于1968年英国女工争取男女同工同酬的罢工

---

① www.chengbiancun.com.

运动的影片。问题是,这部影片是英文语音配上中文字幕,这样的观看方式,对于受教育水平相对较低的工人来说,是很不适应的。同时,正如上文提到的空间特征,影片的放映条件使得观看效果很差,只是将影片投影到一面墙上,亮度也不是很高,在白天的自然光条件下,清晰度很差。因此,整个影片放映过程只有不多的几位工人和孩子在观看,到了影片的最后,还坐在原地观看的工人就只剩下了一名女工。

第二项活动效果相对比较好,是工人一起来写下五一劳动节的涂鸦,按上自己的手印,再签上自己的名字。按手印之前,X 中心的工作人员特意询问参加活动的工人们,"知道我们为什么要按手印吗?"很多人说知道,因为劳动就是靠我们的双手,劳动最光荣。有意思的是,接下来,在按手印的过程中,有些沿街经过的工人不知道这边是在干什么,跑过来问,这些工人还会再向其他的工人解释。通过按手印这个视觉性和参与性都极强的互动,工人们的情绪很快被调动起来,狂欢感也越来越强烈。

图 2　五一劳动节的涂鸦

最后的活动是重头戏——工人五一晚会,在 X 中心有限的空间内,搭起了舞台。节目以日常活动的小组为单位分别排演,包括工伤工友组的小合唱、女工姐妹组的小合唱、文学编辑组的诗歌朗诵、工作人员和义工组的民众话剧《狼来了》(内容关于劳资关系,结构很像《1984》),最后是全体合唱《国际歌》。这个晚会将劳动节的气氛推向了高潮。特别值得一提的是,在话剧《狼来了》①结束以后,阿龙再次进行了戏剧论坛,直接与观众进行交流,启发工人看过戏之后对劳资关系的觉悟。

总的来说,在 X 中心这里,晚会不仅仅是一个"仪式(ritual)",更成了一个工人受教育的学堂,在观看和讨论的过程中,工人的集体意识和反思能力被动员了起来。

图3 五一劳动节晚会现场

六、限　　定

通过观察和参与,笔者认为,通过多种形式的视觉和文化实践,X 中心不只为工人提供了免费的康乐活动,更帮助构造了工人的集体认同和主体意识。这种主体性不仅仅是权利和抗争意识,更包含了对于劳动价值和尊严的重塑,书写了南中国打工者作为一个整体的共同生活经验。

---

① 视频见 http://www.tudou.com/programs/view/keCMKFhxCEk/。

在这个过程中,跨境空间和虚拟网络为本地的实体空间和活动的实现提供了基础设施(infrastructures)。同时一些结构性的制约依然存在:

流动性是制约工人社区和文化形成的最根本的限制。流动性作为晚期资本主义的一个后果,并非工人主动的选择。南中国的制造业劳动体制,不稳定的劳动状况,使得工人处在高度流动性当中。这使得南中国工人社区的形成方式和状况与汤普森(E. P. Thompson)笔下英国曼彻斯特19世纪的工人社区有很大的不同。

由此,以NGO形式出现的工人文化组织也处在流动当中。制造业与土地价格之间的关联,地价上涨,工厂搬迁,资本迅速地逃逸,工人减少,最后X中心不得不追着工厂搬到别的地方去。这为持续的工人教育和服务带来了根本的障碍。

来X中心活动的女性很少,尽管她们在189工业区的劳动力比重中远远大于男性。性别压迫造成的工业规训,使得女性的加班时间更长,同时又要承担"家政劳动",这样女性几乎没有时间来参与活动。同时,家庭性别偏见也是一个问题,在我访谈中了解到,丈夫通常不会支持妻子参加劳工NGO的活动,认为这是"不务正业"。

不仅仅是女性,普遍的加班这一现状,使得闲暇的规制进入了我们的视野。正如康纳利(Christopher Connery)对于20世纪六七十年代中国的观察[1],当代南中国的劳动状况与改革开放前的工厂制度有很大的不同,那时工人有充分的闲暇,这与当下珠三角工厂中每天十几个小时的工作状况是极为不同的。首先工人需要休息,其次X中心还要与消费的部门展开对工人闲暇时间的争夺。关外制造业厂区公共基础设施很少,社会空间和日常生活基本上完全被商业部门组织起来。

总之,本文可作为"流动社区的文化、活动是否可以生成新工人的集体意识"、文化与阶级这样一个考察思路的开启。正如马克思所言,在这些历史的限定当中,我们才能指认出历史发展的真实面貌。

(作者为北京大学新闻与传播学院讲师)

---

[1] Connery, C. (2007). The World Sixties. In Connery, Christopher Leigh, & Wilson, Rob (Eds.). *The Worlding Project: Doing Cultural Studies in the Era of Globalization*. North Atlantic Books. pp. 77-107.

悲剧性事件的"家属报道"中记者的伦理抉择

——以"马航MH370失联"报道中记者与家属的互动为个案

刘 津

内容摘要：家属如何报道，是"马航MH370失联"事件中舆论热议的话题。本文通过针对15位采访家属的记者的质性深度访谈发现，1个月的报道区间内，记者与家属之间经历了从对立到合作的关系演变，而在动态的伦理抉择环境中，记者的行为选择也经历了从莽撞侵扰、谨慎试探到合作与辜负的调整过程。本文认为，悲剧性事件的家属报道中，事发初期记者往往面临较大的伦理困扰，需谨慎取舍接触方式。来自受访者的信息和利益诉求以及舆论反馈对于媒体中后期调整伦理决断发挥着重要作用。对家属的人性化报道需要相信时间的力量，通过持久接触赢得其信任。

关键词：悲剧性事件；家属报道；伦理抉择

马来西亚航空公司班机MH370失联事件，是世界航空史上绝无仅有的谜团。自2014年3月8日凌晨该机与地面失去联系，乘客音信杳无，搜索旷日持久。此事件涉及机上153名中国大陆乘客的安危，从事发第一天至5月2日家属离开，乘客家属下榻的丽都维景酒店，成为大批媒体记者在国内盯守的主战场，记者们播报飞机搜寻动态，呈现家属反应与诉求，少则持续20余日，多则蹲守近两个月，其间，记者与家属之间从陌生、莽撞的接触与排斥，到逐渐熟识、建立信任，经历了复杂的互动过程。

马航班机失联之初，中国互联网上出现了反对记者采访家属的声音，源头来自学者和媒体两个方面。其一是学者何镇飚于3月8日上午10时发布的一条被转载550多次的新浪微博："请在机场的媒体不要采访接机的亲友，谢谢。不伤害新闻当事人是媒介伦理，指的是非公众人物。媒介如果展示亲友的焦虑悲伤就是对他们的伤害。记者可以安慰他们，听他们倾诉，但请不要急于报道。不要二次伤害，公众没有了解他们悲伤的所谓'知情权'，不要侵犯个体隐私。再谢。"其二是媒体的倡议。3月8日上午11时，人民日报微博发表微倡议，"在此恳请各位记者，按捺住抓独家的心，给家属空间。此刻他们更需要安静，不要打扰。"一个多小时后，财新网微博呼吁："不要再打扰他们了，从自己做起，删除此前涉及家属图片的微博，不转发未经证实的谣言，不转发打扰家属的照片，给予他人尊重，默默祈祷奇迹的发生。"下午2时35分，人民网记者翁奇羽、覃博雅的报道中提到"记者在现场看到乘客家属如此难受，在此向各媒体发出呼吁：请不要采访家属了！"文中标题下方还配有一张记者拍摄的家属被摄像机团团包围的图片。随后，网上陆续出现了谴责记者罔顾家属情绪拍摄及采访家属的言论。

针对上述"不要采访家属"的观点，立即有媒体人提出了反驳，其中，具有代表性的是两篇在微信圈里广泛传播的文章《没有理由可以阻止记者报道灾难现场》①《"不采访受灾群众"并不合理》②，其核心观点是，家属不可能不采访，只是要防范造成二次伤害。这既是因为家属是机上乘客的第一当事人，他们的状态以及机上乘客的基本情况需要从他们那里采集，也是因为，"当事人的眼泪、家属的痛苦和灾难过程、灾难原因等一样，本身就是灾难的组成部分。遇难者家属的悲伤，是命运的无常，也是我们作为人类的共同悲伤，是我们必须面对的一部分，

---

① 石扉客：《没有理由可以阻挡记者报道灾难现场》，微信公号"仟言万语"，2014年3月8日。
② 韩福东：《"不采访受灾群众"并不合理》，微信公号"大家"，2014年3月9日。

更是追问事件原因与责任最具道义力量的拷问"①。随后,有学者和记者也跟随发声,主张兼顾家属的悲痛和公众的知情权②。若报道悲情故事则尽量减少伤害,采访时克制且体谅③。

上述观点,有的出于记者目睹现场混乱的个人判断,有的基于作者以往的报道经验或相关研究的一般性结论,对记者所应采取的伦理选择,给以不同立场的指导。然而,我们知道,每一个新闻事件所引发的现实道德困境之复杂都远远超出局外人的想象,亦无如出一辙的先例可循。新闻伦理推理本质上是对新近发生的事实的某种情境推理④,亦无众所公认的标准结论。基于此,本文认为,考察马航失联报道中记者与家属复杂的互动过程,是随之而来的诸种伦理评判与选择的出发点。在长达一个月的新闻密集报道过程中,记者与家属的关系绝不是静态的僵化的,而是时刻处在此消彼长的变动之中。将过程中双方关系的动态变化作为一个研究维度,才能更加情境化地分析影响记者伦理抉择的多重变量、记者行为的适当性及其所采纳的操作方式的合理性。

基于以上方法论认识,本文对来自北京、上海、香港、台湾的 15 位在机场和丽都饭店采访的记者做了有关家属报道的质性访谈,这些记者分别供职于央视、台湾中视电视台、《南华早报》《东方早报》、英国独立电视台、《新京报》《北京青年报》《京华时报》《北京晨报》、北京交通广播电台、《南方人物周刊》等媒体。他们中有的从事发之初到 5 月初一直驻守在丽都维景酒店,有的承担了其中某个时段的家属报道。访谈的记者年龄介于 23—42 岁之间,从业时间最长的 20 年,最短的不到一年。其中,12 个访谈借助 2 至 3 小时的面访完成,3 个访谈借助邮件和电话完成。主要围绕几个方面:记者所见到的媒体采访家属的情形、记者本人与家属接触的经历、记者对于家属接触方式的反思和经验总

---

① 石扉客:《没有理由可以阻挡记者报道灾难现场》,微信公号"仟言万语",2014 年 3 月 8 日。
② 叶铁桥新浪微博,2014 年 3 月 8 日 14 时 25 分发布。
③ 张志安新浪微博,2014 年 3 月 8 日 20 时 05 分发布。
④ 胡华涛:《中西新闻伦理推理模式的对比研究:从"斯诺登事件"的伦理纷争说起》,《国际新闻界》2014 年第 2 期。

结,记者在采访中所受到的来自环境的影响等。3月8日至4月8日是"马航失联"报道的主要时段,本文主要考察这一个月中,记者与作为被报道方的家属之间的复杂的动态关系,同时也探讨,随情境变化而来的记者伦理抉择的调整过程。

一、对立·缓和·合作:记者与家属关系的演变

1. 尴尬的接触:不愉快的开端(3月8—10日)

(1) 机场围堵

3月8日上午8时左右,马来西亚航空公司发布了从吉隆坡飞往北京的MH370客机失联的官方消息。9时,这一说法得到中国民航局空管局的证实。当日正值全国"两会"期间,各地媒体恰巧有人驻京采访,得知消息后,诸路记者立即赶赴家属接机的首都机场T3航站楼。

当时,无论是记者还是乘客家属都没有料到这将是一场旷日持久的迷局,大多数人以为当晚或次日就会尘埃落定。前往机场的记者的主要任务是,核实网上的各种传言;确定事件的准确信息,如时间、地点、机上人员、中方应急反应及派出力量;在机场守着家属,观察家属的各种状况,通过家属了解机上乘客的情况。

事实上,因为当天是周六,相当部分的记者是临时被派往机场的,加之一些记者原本是来京采访"两会",之前并无灾难和事故报道经验,飞机失联又是前所未有的情况,一些记者的采访并没有明确的设想。在机场,记者能做的主要是寻找来接机的人,询问关于机上乘客的简单信息。

上午10点以后,马航方面开始将家属安排在丽都酒店。对记者来说,并不容易从机场众多接机者中分辨出谁是失联航班的家属,一旦识别出接机的人,众多媒体蜂拥而上,出现了混乱场面。一位当日在机场蹲守了十几个小时的记者说:

> 9点40分我到达机场,那里全是记者,半岛电视台、CNN、BBC、路透社、每日电讯、法新社等外媒的记者也到了。我见到的最夸张的场面是,在国际到达的地方,有个员工接受了至少100多

名记者的群访,他是来接老板夫人的,一米八的大个子。围着他的记者有的拉他,有的拍摄,有的拿话筒,他脾气态度一直很好,没有对媒体恶语相向。

我后来发现了一个接机的人,他来接6个人。当时,他手上拿了张纸条按照上面的号码拨电话,我跟另一个记者上去与他搭话。一开始他愿意说,但当别的记者拿出相机过来时,他就被激怒了,不愿再说。

其实,那天问家属,家属的信息也非常少。家属能看到的只是屏幕上的延误信息和马来西亚官网上的失踪消息,他们也很迷惘。

现场的一些媒体未能适当地拿捏尺度,行为过了火。一位记者描述了他看到的场面:

> 我11点多到机场,看到一些零星的家属在接机的位置被媒体包围,有的甚至把话筒和镜头抵到对方脸上,提问的方式也比较带有刺激性,比如,有的媒体会问"你是否知道飞机是怎样失联的"这种很傻的问题。家属被包围的时候是情绪最崩溃的时候,对他们来说,这是一个突然的晴天霹雳的消息。任何人都会接受不了。包围之下的家属会撕裂地哭泣,一些家属一面担心家人的安危,一面又受到记者的包围和刺激,他们不会回答问题,情绪爆发哭泣。在这种情况下,马航的人会把人拉开,但媒体记者又会跟随上去。家属情形也各自不同,其中一部分相对冷静的人会接受采访,大哭的多是女人和老人。

这种状况,大概延续到了下午1点多。一位下午1点10分赶到机场的记者看到,尚有三十多家媒体聚集在国际到达大厅。

> 我并没有亲见媒体暴力场面,但我有意与其他媒体记者谈论这个问题。他们说,当时确实有些自责和后悔的做法。下午,网上就出现了批评记者围攻家属的声音。

当天,一些记者在机场逗留至晚间,一方面等待最新消息,一方面期待能够采访到新的接机者。媒体普遍信息匮乏而焦虑,甚至出现了误将其他记者当做家属采访的滑稽场面。事实上,记者在机场获得的信息很有限,有的蹲守记者当日没有写稿,有的记者说,他所属的媒体主要借助在微博、微信上检索乘客名字、掌握乘客最后的片言只语再加上记者的观察事实来整合报道。

(2)丽都潜伏

8日,另一波记者赶往家属下榻的丽都酒店。在这里,马航有意将家属与媒体隔离开来,理由是保护家属隐私,安抚家属情绪。

最初的家属区是在丽都维景酒店2楼一个能容纳100多人的小会议室(9日晚换至同层的宴会厅),虽然不允许记者进入,但还是有相当数量的记者混了进去。其中中国媒体居多。一位没有进去的台湾地区记者分析认为,这是因为,大陆记者习惯于在不开放的环境中突破,所以对潜伏的选择几乎是一种下意识的习惯。进入家属区的记者主要的目的有二:一是了解家属状况并采访家属,二是获取马航方面向家属披露的信息。拿着摄像机和相机的记者因身份明显被挡在门外,一部分外媒和港台记者没有进入。这时候,家属区外集中了大量媒体,十分拥塞。一位中午中十二点半到达家属区的摄影记者描述:

> 当时是当天家属到达的最高潮,进入小会议室的两三米宽的走廊全是记者。有些记者将镜头、麦克风凑上去直接问:你是家属吗?问具体情况。有的家属从里面出来,摄影记者就会一路跟随。

8日不是家属到达的高峰,家属数量只有几十人,而媒体记者的数量则是其若干倍,形成了"群狼环伺"的态势。家属区的门口某种程度上成了一道道德的边界。违规进入,就意味着"暗访",其合理性必须经得起论证。守在门外,则必然损失部分信息。该不该进入家属区,记者们的意见也存在分歧。

一位外国电视台记者反对"潜入",他解释,做人的底线和供职媒体的规定都告诉他,这样做不合适:

> 当时微博微信里有人说记者打扰了家属,不要采访家属,我看到后,觉得他们说的也有道理。有的记者混入家属区采访,我觉得,这最起码超越了我的底线。混入家属区拍摄,是涉及人家隐私的。家属愿意说可以,不愿意说,你不能总是跟着人家。即使可以冒充家属进入家属区,我们也不会去。我们机构规定,必须在当事

人同意的前提下才能播出他的画面。我会待在公共区域,如果有的家属过来愿意讲是可以的,但偷拍家属的画面是没法用的。再者,我们公司的律师看到节目中的这类画面,会询问如何得来的,如果不符合规定,也是不能用的。

这位记者第一天没有采访到家属,他陈述:"当时看到家属的情绪,根本没法采访。家属很迷茫,六神无主。很多处于崩溃状态,在哭。男的眼神空洞,女的很绝望地哭泣。他们看到我们就会赶紧躲开。"从9日开始,他一直保持在家属区外接触家属,直到16日大批记者被邀请进入。

另一位混入家属区的中国报社记者则持有不同意见。他认为,家属区发生的一些情况,也属于公众知情的范畴,只要不以伤害为目的,采取适当的方式接触是可以接受的:

> 新闻伦理的基点是不造成伤害,平等,抱有同情心,这里面有很大的把控空间,有很多技术可以把握。混进小会议室的记者主要以观察为主,也有的会与家属搭话。有的记者则会用手机偷录偷拍。对这种现象,我的观点是:媒体存在的目的是呈现公正的信息,只要不是以伤害别人为目的就可以,虽然是隐私,但也是公共事件。

但是,以"伪家属"的虚假身份混迹家属区内本质上是一种欺骗。如何才能在不伤害家属、不触犯其隐私、不暴露身份的前提下,以相对合理的方式获取信息呢?这令一些年轻记者一筹莫展。一位从业不到一年的年轻记者陈述了她的痛苦感受:

> 我本人是个不会撒谎的人,但那些天没有办法只能隐藏身份,所以特别痛苦,就跟做贼似的。这种痛苦,一是做人这方面,没说实话,挺痛苦。另一方面来自业务方面的焦虑,不知道自己在现场该干什么,焦虑。

一位潜伏了33个小时的记者决定干脆不提问,只是待在里面观察:"我一会儿像家属一样无助,一会儿像编辑一样焦虑,一会儿又像愤青一样诅咒没人性的同行。家属已经脆弱不堪,你想要的他们亲口说出的故事,难道比他们的悲痛更重要……我决定这期间不对家属张口问任何问题,而且必须这样做。"①采用这种方式的记者不在少数,这既是一种沉默的采访,也能最大限度地减少伤害,保障自己的安全。一位记者说:

> 如果对方不是自愿讲述,我只问类似"护照办好没?""房间够不够住?"的问题,并不刻意询问他们哪个亲属在飞机上、目前家里情况怎样,这样做既是出于普通人的良善,也是出于记者应该坚持的伦理,对于每个家庭来说,失去亲人都是要命的伤痛,尽管这样的悲情故事写出来会催人泪下,但我不想给他们造成二次伤害,而对于主动跟我搭话的家属,我便坦诚相告自己是记者。

另一位刚工作一年的记者说,网上批评记者的言论增加了他的困扰,总是带有很深的负疚感,也没有找到很好的方法接触家属。

相当多数混入家属区的记者都受到了浓重的悲痛气氛的感染,体会到了记者职业的残酷性和负罪感。有的记者对采访行为本身的合理性产生了质疑:"在被众多失望、焦虑、痛苦、怀疑、愤怒、期盼等各种情绪包围的过程中,我为自己不能帮助家属感到无奈,作为一个媒体人,却不能通过自己的报道帮助家属找到更多线索,我感到内疚……我第一次对自己从事的职业产生了困惑,不知道这个职业是真的帮助了别人,还是突然增加了别人的痛苦?"②有的记者情绪几乎失控,无法在家属区内继续工作:

> 当我进入家属区里,看到所有家属神情的哀伤和茫然若失。有个老太太给机上人打电话,电话是通的,燃起一丝希望。但我听到有人说,"肯定都没了"。这时候,我就开始哭。我哭了十多分钟,连慈济的志愿者都注意到我了。还有记者误以为我是家属要采访。这种家属的情绪感染是非常强烈的。我特别难过,就从家属区出来了。

如何解决虚假身份带来的自责和焦虑?一些记者采用了私下告知

---

① 孔德婧:《我仅在丽都坚持了33个小时》,《新青年》2014年第3期。
② 杨青:《失联航班媒体战,我们输掉了什么》,《新青年》2014年第3期。

谈话对象自己真实身份的做法。比如,用微信或短信告诉对方自己是记者。还有的没有向对方披露,但是为保护其隐私,在报道中不提及对方名字及身份,只粗略讲述。但有些已经告知对方真实身份的记者,依然感到了良心的拷问:

> 儿子在与飞机上的一位大爷聊天的过程中,我录下了他说的话,并把他的声音用在了我的专题里。尽管他当时知道我是记者,但这件事还是让我很痛苦。

有比较老练的记者选择用伤害最小的方式拍摄。因为不愿在里面目睹悲伤,他的潜伏只持续了一天,此后都在家属区门外拍摄。

> 第一天抵达丽都的家属,心情都写脸上了,我守在门外,都能听到哭声。这个时候我想任何人对媒体都是抗拒的。第二天,等待了一晚的家属依然没有得到任何飞机的消息,此时他们陷入非理性状态,许多家属难掩情绪,不时和马航负责人发生言语冲突,家属之间也会因为观点相左发生吵闹。

> 说实话,我实在很难拍摄他们的状态。但作为一个摄影记者,我又得完成我的工作。所以在家属区的时候,我尽量用手机拍摄和录像。我尽量选择背面、侧面、把人拍小点,让情绪更加不直接。对于这种悲剧式的突发新闻,尽量避免二次伤害,是媒体记者应该遵循的一条基本准则。所以我会尽量让人物主体变小,与他们保持距离,让直白的惨烈减缓些,这是保护家属,同时也是保护读者阅读感受的一种方式。

也有个别经验老到的记者在潜伏状态下灵活运用采访技巧,富有成效地与家属搭讪:

> 我跟一些家属短暂地搭讪。比如,有一位姓冯的老人,他的江苏口音与我老家山东的很接近,于是我就用地方话沟通,这样会少一些隔膜。我问,飞机上是您什么人?他说是他儿子。我问,你儿子是打工还是出去旅游?他说,我儿子在新加坡打工,前一天晚上还和我通电话。和他一起来的多少人?为什么那天会回家?家里的基本状况是怎样的?我们大概聊了十多分钟,老人是普通的老

百姓,对媒体不设防,有问必答。事实上,家属是有倾诉欲望的,用亲切的方式可以减少对立。第一天,我只知道他的姓,第二天我就知道了他的全名和他儿子的名字。他知道我是记者。

由于这次马航报道中记者的构成相当年轻,绝大多数是"90后",所以,能做到这个程度的记者并不多见。

暗访是一种危险状态,不断有记者被发现、驱逐,有的记者手机被摔。有记者亲眼看到两个家属因为记者坚持拍摄而对其动手。还有记者描述了他所目睹的同行暴露身份后的窘境:

> 我看到家属用方言骂马航的发言人,马航的人怕挨打,家属代表去平复家属情绪,这时候,就有记者站起来拍照。于是,就有家属恶骂,记者立刻道歉,一句话不说。有记者拍完照之后,有人去抢东西摔,有人骂和推记者,当时记者就道歉,沉默离开。

家属对记者的态度有强硬也有和缓,有的记者虽然被发现,但家属默许其在场。也有家属目睹记者被打后表示出同情。随着潜伏时间的延续,暗访在一定程度上变成了"明访",不少家属知道里面有记者,当"疑似"记者出现时,他们会询问对方的身份,再决定是否与之交谈。

3月10日,鉴于家属采访的难度和网络舆论对记者采访家属行为的质疑,北京一家报社经团队集体商议,决定放弃对家属故事的挖掘,将报道重点集中在搜寻飞机的进程。该媒体隐身混入家属区的记者写成的稿件也因采用了暗访而未予刊登。

(3) 家属为何抗拒?

对一些之前有过采访灾难、事故经历的记者来说,这一次的家属采访格外难于开展。这一方面是因为记者在家属区内身份模糊,处境微妙,既要自保,又要尽可能完成观察和对话,另一方面,互联网上关于采访家属行为的争议给记者增添了顾虑。一位记者说:

> 以前接触火灾、车祸的死者家属采访时是很正常的接触。对方悲伤的时候不会接触,但一般会直接告诉他我是记者。这次顾虑大,可能因为来自网络的压力。不敢问,旁敲侧击。

一位记者比较汶川地震报道与这一次报道的不同,认为地震报道

中记者与灾民处境的相似使接近相对容易,而这一次则需要掌控时机与技巧:

> 汶川报道时,我们一去就是灾民。我们带去的吃的很快就发散给需要的人。我们自己也没有任何生活保障,到处找吃的。武警也没吃的。这时候,我们就经常扒小卖部,从里面找东西。接触灾民不用技术,在那里,我们都是灾民。只需要注意不要伤害。但这一次接触家属需要一些提问技巧。比如,尽量等对方有倾诉欲时说。但新记者是不知道时机如何拿捏的,也缺乏耐性。

也有记者认为,这次事件性质一直不明,乘客生死未卜,客机不知去向,这些特殊性都使它区别于以往的灾难报道:

> 以往的灾害几乎第一时间就知道事件的性质,最起码知道发生了什么。比如,汶川地震时,我5月13日到达都江堰的中学。当时学校底下埋了上百名学生,所有家属在外面站着,挖掘机彻夜挖掘。记者上去之后随时问。家属刚开始是宣泄状态,他甚至不知道你在采访、拍摄,眼神是迷离的。有一个受访者一直在走,我们跟着她,她几乎是自言自语,没意识到自己在接受采访,顾不上其他事情。
>
> 马航的家属不知道发生了什么,不知道自己该说什么,心情很复杂。从来没遇到过这样难对付的家属。

关于家属拒斥记者的原因,现场记者的分析包括以下几个方面:

首先,个别记者的不适当采访方式,触犯了家属,也给家属带来了不安全感。这些不适当方式包括:不顾对方意愿的围堵、强拍、尾随追问、闪光灯侵扰、不恰当的提问、出言不逊及着装言语不拘小节等。

一位记者说,发布会上很多摄影记者闪光灯狂闪是令他最反感的,现在的相机完全可以不带闪光灯拍摄。还有记者说,着装应该以深色为主,有些记者穿着艳丽的衣服去了,给人一种视觉上的不悦。另一位记者讲述了她所目睹的记者提问伤人的例子:

> 家属文万成是最早出来面对媒体的,他把所有的个人信息都公布了。有记者问他:"您凭什么相信您儿子还活着。"后来这个

问题被不同的记者问了4次。后来,文万成被问急了。这会让家属很受伤。还有记者问:"我听说马航这次给你们家属提供的条件很简陋。"这明显是有倾向性的问题。

第二,家属希望媒体能照顾他们的隐私和尊严,不赞同媒体拍摄和展现他们的痛苦。

在一些家属看来,家庭情况、亲人故事涉及隐私。有些家属担心,媒体报道会向不知情的家人、邻里和朋友泄露秘密。他们不希望回家后,太多的知情人打扰他们的生活,不愿意被怜悯。对此,有记者分析,事实上,家属保护隐私的需求,完全可以通过一些技术方式满足,比如,虚焦、变声、远距离拍摄、不让家属出现在图像中或使用化名等。但中国人有一种隐瞒不幸信息的习惯,尤其是不让老人知道,记者必须尊重这种现实。

一些家属认为,记者不应该传播家属的痛苦,而是应该促进问题的解决。此外,有的记者在尚未赢得家属信任之时,贸然刺探其家庭故事,也引起了家属的防范。

到底在事件的哪个阶段采访人的故事比较合适?到底应该侧重于家属的诉求,还是家庭故事?对这些问题,许多记者心中无数。这就导致习惯性的一上来就问人物故事的套路占了上风。有记者事后反省:

> 8日下午4点,飞机上乘客名单陆续公布。有同行说四川有美术协会副会长在飞机上,一位宋庄画家在飞机上。我就跟网易同行去宋庄探访,目的是需要一个故事。后来反思这种想法,觉得挺可怕的,那天所有的都市报都需要一个故事,悲情的故事,充满宿命论的故事。领导也交代说,多发故事,多发细节。

以往,在灾难报道中,寻找和报道感人且富有代表性的普通人物故事,已成为国内媒体擅长的惯用手法。这类报道既吸引读者,体现人文关怀,又可以规避事件报道的风险。然而,马航失联事件因为事态不明,家属持续处于彷徨焦虑状态。一些家属直至一个月之后,才向熟识的记者吐露家事,一开始并不是深挖故事的最佳时机。

第三,有些家属反感记者潜伏家属区,还有的因为发现自己遭到偷拍而愤怒不已。

一位记者在9日上午进入家属区之后,立刻感到家属情绪敏感排斥,她谈到一次尴尬的交流:

> 我在朋友圈看到北大博士王永刚在飞机上的消息。在家属区里,听到旁边有人说"永刚",我就问那女孩,请问你是不是永刚的同学?她说,是。我坦白告诉她,我是记者。女孩一听"记者",眼神马上带有敌意,很排斥。她说,"我很难过",就走了。

一位记者描述了同事在家属区被驱逐的场景①:

> 人群中,一位女士突然高举手机,大声告诉大家说,发现他们的照片出现在网上,"屋里有记者!"谁是记者!请你出去好吗!我们不想你报道……紧接着,几位家属凭着照片的拍摄角度,又揪出了一名记者,这位记者的"下场"显然不会好过刚才那位,在众家属的"裹挟"下,灰头土脸地被"请"出了家属区。

第四,家属欠缺媒介素养,不了解记者工作的特性,将"记者"简单等同于"狗仔队"。

一位记者观察,绝大多数家属搞不清楚媒体分类、定位和记者工种,所以,更不懂如何面对媒体。一位都市报记者说:

> 大部分家属不懂媒体,加之国内媒体受限很多,更会增加误会。他们看不起我们这类都市报,他们不懂得,正是所有的媒体合力才会形成对他们有利的舆论。家属中还经常传播一些妖魔化媒体的谣言,彼此传染着抗拒媒体的情绪。

此外,有些家属对记者的拒绝,是出于愤怒情绪的转移。还有些回避记者是怕被误以为"爱出风头"。家属区高峰期人数达到四五百,人群聚集之后的情绪感染,也加剧了关于媒体的负面情绪的传递。

2. 谨慎的试探:逐渐松动的关系(3月11—16日)

3月8—10日,家属区完全拒绝记者进入。但11日开始,情况出现了松动。这一天,家属就马航方面承诺发放的3万慰问金的性质和

---

① 孔德婧:《我仅在丽都坚持了33个小时》,《新青年》2014年第3期。

用途与马方交涉,他们意识到,必须有记者在场见证,才能使马方对家属的陈述有效,也可避免马方向媒体和家属提供不同版本的说辞。在这种情况下,家属邀请央视、新华社记者进入家属区。之后,凤凰卫视、南华早报、北京电视台、湖南卫视、浙江卫视等媒体获准进入。14日,家属第一次邀请全体媒体入场。16日,部分媒体获准参加发布会。其他媒体只要不拍照摄像,也被默许进入。

这一阶段,先后有路透社、CNN、华尔街日报等媒体披露客机在失联后继续飞行数小时,并曾在途中折返,最后消失于印度洋上空的消息,推翻了马航先前的说法。马方信息发布前后矛盾,迷雾重重。家属心情如过山车一般,希望与绝望交替。家属邀请媒体进入家属区旁听沟通会,既是希望记者如实报道双方沟通的分歧和进展,表达家属的诉求,也是希望媒体的报道引起更高程度的社会关注,迫使马方的信息发布更加公开透明。

在这一阶段,一方面,家属从最初的强烈悲痛和彷徨中清醒过来,情绪趋于平稳理性,另一方面,媒体在家属心目中的价值提升,一些家属开始明白,媒体的存在不只是打扰,而是推动搜救行动进展的重要力量。

这一时期,记者对家属的报道维度拓宽,除了家属的状态和只言片语的亲人故事之外,家属对于最新消息的反应、家属与马方的关系、家属的需求、家属的心理状态更多地进入记者的报道视野。

同时,随着家属对记者的戒备减轻,一些在初期只是观察和倾听的记者,开始试探性接触。

不少记者提及如何在众多家属中选择合适的受访者。有的记者习惯于去采访那些已经接受过采访的人或独处的人。有的记者则总结,有三种人是可以尝试的:一种是老年人,因为他们会有倾诉欲,这个时候最需要关心;一种当事人非直系亲属,如舅舅、表哥、叔叔之类,他们的悲伤程度低于直系亲属;还有整体上比较冷静的人。一位身为母亲的记者倾向于采访孩子在飞机上的妈妈:

> 因为我自己是母亲。我的个人感受是,直系亲属和非直系亲属不同。只有这些人,是只想要人的,没有任何其他念头。

一位记者总结出跟不同类型的人打交道的技巧：

> 对于淳朴的老百姓，可以用淳朴的方式：递烟、纸巾、送一杯水或抱一抱，都能表达情感的安慰。对知识分子，用理性的方式沟通就行，比如，在沟通会上，关于一个英文单词的意义，我可以把我知道的最准确的解释告知他，对他有帮助，就能有交流。年轻人的方式是喝酒。年轻人哭的时候不用安慰，你要告诉他：兄弟你要扛住，家人还需要你。对女性，女记者跟她们交流更有优势。

多数记者不再冒失行事、纠缠家属或急于提问，而是更多用眼神、表情、肢体动作和行为获得对方的好感。许多记者开始认识到，给对方提供帮助更有利于建立信任。充当一个倾听者，满足家属的宣泄需求非常重要。一位记者说：

> 我是慢慢接触家属的，有一次我去接水的时候，就给一个小伙子接了一杯。后来他开始告诉我他的事，他姑姑在飞机上。他说，你不知道我姑姑对我们这个家族的影响力，我姑姑是家族的领袖，把家人从农村带出来在北京扎根。我能看出他对姑姑的感情，一提他姑姑眼泪就出来了。他家20多口子在丽都酒店。

一位记者说起她从观察到征得家属同意接受采访的过程：

> 我注意到一个30多岁的男子，一直表现得很理性。我基本上不会去主动提问家属，只是在他们愿意交流或需要帮助时才沟通。他曾看到我从家属区被赶出去，知道我的身份。有一天我看到CNN记者在跟他聊，便跟他交流。一开始他不愿意，怕家里老人知道。后来我告诉他，我们可以对声音进行处理，也不会披露名字，他就同意谈了。后来我们慢慢建立了比较好的关系。我们的宗旨就是尊重家属，他们愿意说什么我们就听什么，给予他们精神上的支持。

一位记者特别注意到与家属交谈时如何控制好情绪。"最好的表情就是'没有表情'，这个时候没有人乐得出来，但是也不要搞得太悲伤，这样会给受访者以压力，情绪渲染，对方该说不下去了。动容的地方,可以抿一下嘴唇,点一点头,表示赞同。"①

这一时期,记者采访受到的抵触少了,但在家属区的行动仍然受限,只被允许坐在后排,所获信息量并不大。越来越多的记者意识到,在丽都酒店的采访将是一场持久战。等待家属敞开心扉需要时间和耐心。

3. 接纳与合作:家属承认需要媒体(3月17日以后)

3月17日至24日之间,搜寻工作仍在进展,但实质性信息进入荒漠期。这期间,马航方面只有两名中国代表与家属协调,家属方感到被轻视。一些家属认识到,必须组织起来发出群体的声音,向马方提出对等的要求。

17日马航的发布会结束后,个别家属发起成立家属委员会。委员会核心成员七八人,主要负责收集家属的问题和要求,代表家属与外界沟通协商。由于马航之前的信息发布错漏屡出,家属普遍怀疑其信息披露的透明度。家属当时的主要诉求是寻求真相:到底飞机在哪里,亲人在哪里。他们都不相信飞机已经没了。

家属委员会成立,标志着记者与家属关系的一个重要转折。委员会以组织形态与马方接触,也主动与媒体合作,借助报道传播其不满与诉求,赢得公众支持,倒逼真相。这一时期,专门组建了家属委员会与记者的微信群,沟通会时间、家属的祈福和抗议活动都会提前告知记者。一些记者认为,到了这个时候,双方的接触才算"真正"开始。

这一时期,媒体与家属的关系依然错综复杂。一方面,尽管家属委员会示好,但愿意向媒体敞开的始终只是一部分家属。即使是这部分家属,也只是希望媒体报道他们的要求,不愿透露太多个人信息。另一方面,24日晚马方宣告飞机终结于南印度洋的消息后,家属的情绪再次受到刺激,又发生了与媒体的冲撞。当晚,家属集中观看马方宣布消息的电视直播,众媒体记者被隔离在家属区门外。有记者看到:

家属得知噩耗后情绪激动,有人从宴会厅(家属区)走出时,

---

① 满羿:《关于家属的采访:媒体需要温度》,《新青年》2014年第3期。

门外等候的众多镜头开着闪光灯高频率、近距离拍摄,此举触怒家属,有的就近夺过机器狠狠摔向地面,有的拿背包砸向记者,边动手边歇斯底里地嘶吼"我让你再拍!""还拍,有什么好拍的!""你们还有人性吗?"警察和保安一直在旁劝说"差不多行了啊"。

但事态的转变,很快让家属们意识到了媒体的价值。多数家属不接受马方缺乏证据的结论,于之后数日采取了不同程度的抗议活动,这使得家属对记者的需要进入了高潮期。有记者看到,有的家属敢于在公开场合表示"我们就是要接受记者的采访",还有的家属对着镜头喊口号。家属们意识到,只有持续活跃在公众视线之内,他们的呼声和要求才会得到舆论的响应。

然而,这时候,对记者来说,重复和枯燥的内容已很难维持公众的兴趣。一位记者讲述了他是如何坦率地告诉家属讲故事对于媒体报道的重要性:

> 我告诉他们,这种突发的大新闻,你想让媒体关注你多久?一周两周三周?得有故事,没故事我没法报道这件事。我就给他们看美国家属事发后很快就接受采访的视频,视频中,家属将记者请到家里,打开衣柜,闻闻亲人的味道。我告诉他们,咱们的家属没有认识到如何与媒体配合来推进事情的解决。你们要认识到这一点。后来,家属委员会英语好的人频频接受采访。

26日,家属区正式向国内所有媒体敞开。对一些家属来说,此时接受记者采访,可能是他们能为亲人做的唯一有用的事。家属程利平在4月13日接受央视《面对面》采访时说:"我心里憋了一个多月了,这个没有一个发泄点,接受一下采访能说一下我心里的东西,我会舒服一点,感觉也能为我老公做点事情。"记者问:你指的为老公做什么?她说:"就是呼吁全世界的人,能多给我们一点消息。感觉这样对寻找我老公的下落可能会有帮助。"

但一边是家属对媒体的欢迎程度上升,一边是媒体报道的走低,两者并不合拍。从26日起,国内一些媒体开始撤退,一方面因为新信息递减,一方面因为政策性因素。而此时,一些记者与家属实际上已彼此熟识信任,记者已经获得了深挖人性化故事的更好条件。一位记者提到,在参加4月8日的祈福会时,她明显感觉到家属愿意倾诉了,但随着事件本身的热度退去,一两个人的故事已经不足以成就报道的价值。

囿于来自传媒机构的指令,一些记者只能出于个人对家属的关切自发坚持驻守,不为发稿,只为见证事件全程,充当倾听者和关怀者。一位记者描述了她此时的心情:

> 我采访的时候也只能流眼泪,我只能倾听,无以安慰。每天心情非常沉重,你每次都不忍心,但又很无奈。我只是希望,如果她说出自己的故事,能好受点,我也算是个志愿者,也算做了些什么。我每天都去,坐在那里听。

面对家属,记者为自己的无力感到愧疚。一位记者说:

> 跟家属沟通本身就是很内疚的体验,在他们不需要时我们频繁打扰,在他们需要时,我又退下来了。

4月8日之后,只有少数外媒仍在坚持采访,虽有斩获,如有家属邀请记者到家中采访,但整体而言,马航事件已经不再是新闻热点。

二、莽撞·克制·无力:记者的伦理困境与抉择

"马航失联"是一场特殊的突发事件,无先例可循,许多记者在一开始抱着"速战速决"的预期,在缺乏经验和心理准备的境况下投入报道,随即陷入职业责任、媒体利益、公众反应、个人良知和家属诉求几方利益撕扯的伦理困境之中。本文作者根据质性访谈的资料进行情境定义,发现卷入这个伦理困境中的因素相当庞杂。

1. 涉及记者伦理抉择的诸因素

在家属报道的过程中,决定和影响记者报道行为和方式的因素包括以下几个方面(如图1):

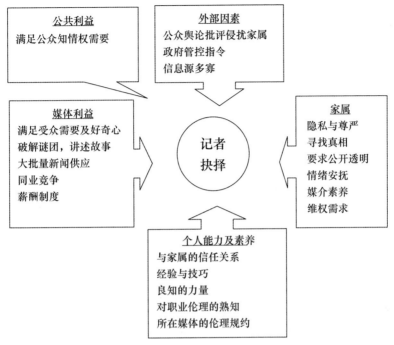

图 1　影响记者报道伦理抉择的多种因素

（1）服务公共利益的职责：也就是满足公众的知情需要。具体而言，记者需要满足公众对以下内容的需求：飞机去哪里了？机上都是什么人？这些人生命的终止带来了什么后果？乘客家属的状态是怎样的，他们有什么需要，他们应当接受怎样的心理疏导？他们的家庭生活将如何重建？他们将得到怎样的补偿？这是一起什么性质的事件？问题究竟出在哪里？谁应该对此负责？

（2）媒体的利益和组织制度约束：媒体组织要求记者尽可能挖出所有受众欲知的信息，在大事件发生时获得最大限度的公众关注和收益。为实现此目标，记者的报道在很大程度上受到薪酬体系的驱动，而国内绝大多数记者的月薪酬又与其发稿量紧密相连。媒体自身的目标也直接导致了记者同行的激烈竞争关系，一些记者的不择手段与其受到的来自媒体单位的发稿压力有关。

（3）记者本人的良知与道德意识：对人类共同体中其他遭遇不幸

者的恻隐之心和悲悯是记者的本能感情。在冒犯他人时受到良知的责问也是人之常情。对职业道德、行业及所供职媒体组织伦理规约的知识更是影响记者的自觉选择。

(4) 记者的阅历及操作水平：记者本人社会阅历及知识的积累、从业经验的丰富程度及是否具备特殊情况下与家属沟通的技巧，制约着记者突破和接触受访者的能力，也影响记者的行为选择。

(5) 家属需求：家属有隐私和尊严需求，即不希望家人失联的消息在不可控的范围内传播，不希望承受过多怜悯，希望有能力维护心灵的安宁和不受打扰地面对现实；有情绪平复的需求，即需要思索各种可能性及其后果，并逐渐在心理上接受和应对；有情感倾诉和抚慰的需求，即对自己信任的人倾吐苦闷和痛苦，以排解心理的急剧冲突；有对真相的需求，即有关飞机的去向、亲人的生死、事故的性质、调查的进展、后续安排的信息；有维权诉求，即要求被充分地告知信息，得到合理的补偿的要求。

(6) 家属的媒介素养：也就是家属对媒体工作特点和作用的认识，包括：家属是否意识到媒体工作的主要目标在于满足公众的知情需要、凝聚社会的协助合力、促进调查的顺利推进、质疑事件的疑点和问题、完善事件所暴露出的制度问题或管理隐患、展现对生命的尊重、反映受害者方面的状态和诉求；家属是否了解记者的工作方式及特点等。

(7) 家属与具体记者的关系：家属对记者本人的接纳度、好感及信任度，直接决定他是否选择披露信息和披露多少。

(8) 外部压力：包括政府的媒体管制指令、信息源的丰富程度和来自公众的评价。在本次事件中，驻京记者的消息源一直处在匮乏状态，除了马方的信息发布和一些航空方面的专家之外，记者能够倚重的消息源主要是家属。而来自公众的声音则主要是关于记者是否应该采访家属的争论。

这八个方面的影响因素中，满足公共利益和媒体利益是记者长期以来在几乎任何报道中都想极力实现的，也是在马航事件报道整个进展中几乎没有变化的影响因素。而主要的变动因素是家属状况与诉求、外部因素和记者本人的能力及素养三个大方面。我们也会看到，在马航事件的报道进程中，这三个方面的变化，是记者伦理处境变化的主导因素。

2. 不同时期记者的伦理处境及选择

依据上述构成记者处境的诸多变量，本文可以对一个月中记者在不同报道时期的境遇和选择给以如下分析：

（1）从盲动到谨慎（3月8日至10日）

事发之初，多数记者都被临时派赴机场和丽都酒店。习惯性的职业意识和新闻报道的路数，决定了他们对如何满足公共利益和所在媒体的盈利需求都有相对明确的意识，所以，记者们表现出强烈的寻找真相、挖掘事实、呈现灾难的冲动，一些记者在机场驻守十多个小时，对接机人穷追不舍，甚至情急之下相互采访，都从一个侧面反映了记者竭尽所能寻找事实的职业意识。

但另一方面，记者对家属可能出现的心绪彷徨和焦虑估计不足。且不说此次投入家属报道的记者中，入行不久的年轻记者占绝大多数，即使有经验的记者，过去接触过的不幸事件也多是事发后性质很快确定的车祸、犯罪、自然灾害等。而这次事件中的家属，对亲人的处境和事件的情况都无以把握，各种传言搅扰心绪，既无法确定当下，也无法决定将来，处于极度焦虑之中，尤其不堪打扰。事实上，美国德特新闻与伤害研究中心（Dart Center for Journalism & Trauma）关于报道悲剧事件记者的指南（Tragedies & Journalists: a guide for more effective coverage）中有一条提醒："当采访失踪者的家人时尤其要小心，试着澄清说，你试图写下他们消失前的人生故事，别去写讣告。"这一指导性意见指示出，失踪者的家属，是各种家属中情况最复杂和难于接近的类别，必须慎重选择交流方式。

8日当天互联网上已经出现了个别媒体有关不打扰家属的呼吁，但在事件初期新闻价值处于高位且消息源匮乏之时，竞争的烈度使绝大多数媒体欲罢不能，一些记者表示，来自本单位的发稿量要求使其不可能放弃家属报道，空手而归。尽管在灾难报道早期，短暂地放弃对家属的侵扰的做法为有些媒体所采纳，如1999年10月，英国发生帕丁顿火车相撞事故后。记者在报道时全都自觉地集中在街道的一侧，不去打扰等待在另一侧的死难者亲人①。但在上百家国内外媒体蜂拥采访之时,个别记者做出这样的抉择的确需要巨大的勇气。

我们可以看到,在公共服务职责、媒体利益、家属诉求、舆论质疑和良心拷问等因素的交叉之中(如图2),多数记者选择将职业价值置于家属诉求之上,在机场和丽都酒店,一些记者出于对职业价值的偏执贯彻,采取了只忠于职业要求而罔顾家属感受的莽撞行动,导致了对家属的严重伤害,引发了家属的强烈抵触。

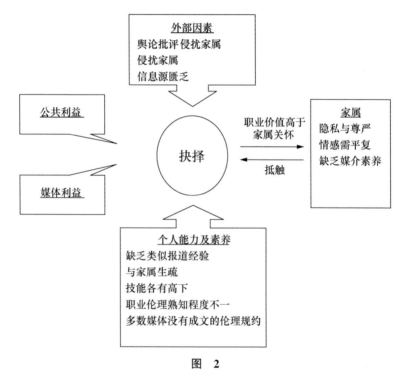

图 2

8日至10日,记者陷入的另一个伦理困境是,应不应该假冒家属身份潜入家属区暗访。对这一行为的正反方道德讨论如下表所示:

---

① 〔英〕卡伦·桑德斯:《道德与新闻》,洪伟等译,复旦大学出版社2007年版,第132页。

家属区暗访是否合理	
合理性	家属区里召开马航与家属间的沟通会,对这个沟通会的报道具有公共价值,既能及时传递马方与事件相关的信息披露、家属与马方的交涉,又能及时观察和知悉家属的反应与要求。
不合理性	采用假冒的家属身份混入禁入区域,本身是违规和欺骗,手段不正当;不符合通常行业内认同的暗访前提条件;违背一些媒体的内部规约;在家属不知情时观察、偷听和偷拍,并在未征得其同意的情况下公开,是对家属隐私和尊严的侵犯,也是容易激怒对方的侵扰。
变通方式	向被访者告知身份。披露对方信息时隐去姓名、身份信息。偷拍不以伤害对方为目的。改在规定边界外(家属区门外)拍摄。

在本研究访谈的记者中,来自台湾、香港地区和英国媒体的3位记者初期没有进入家属区。其中,台湾地区的记者解释,由于惯于在自由环境下采访,不太具备在这种限制下突破的能力。香港特区和英国记者解释,因为所供职媒体明确规定暗访的界限,所以没有进入。而进入家属区的国内记者中,年轻记者普遍感受到良心的拷问和自责,采访所获有限。这些记者中,有些选择以变通方式释放压力和寻找内心的安宁,有些难以承受内心煎熬而停止暗访,直到后来被家属邀请进入,另有个别记者撤出了报道团队。少数经验丰富的记者能够灵活运用采访技巧,兼顾对家属的关怀和信息的获取。

这一时期,每一次看到或听说同行的不智行为招致家属的否定性反馈,都会促使记者更加清醒地认识到家属群体的实际心理和精神状态,从而将自己的采访行为向更加理智和慎重的方向调整。对家属了解愈深,在伦理权重中,家属需求因素所占份额愈大。甚至有个别媒体做出了不再采访家属个人故事的决定。

(2) 克制的试探(3月11日至16日)

3月11日开始,媒体陆续应家属之邀进入家属区,记者的采访处境逐渐得到改善。

如图3所示,这一时期,外部关于记者是否应该采访家属的争论中同时呈现着正反两方意见。这一争论直接给驻扎丽都的记者带来了压力,也引发了他们对自己工作的反思:一方面,他们越来越意识到减少对家属的伤害在新闻操作中的重要性;另一方面,他们也在思索中坚定了对记者报道家属必要性的看法。本研究在访谈中,专门就记者是否应该采访家属的问题询问了每一位受访者,其中,仅有一位记者明确表示,不采访家属的建议具有一定的合理性。所有受访记者在认同"采访中应尽最大可能减少对家属的伤害"这一观点的同时,又都认为采访家属是非常必要的,具体原因综合如下:

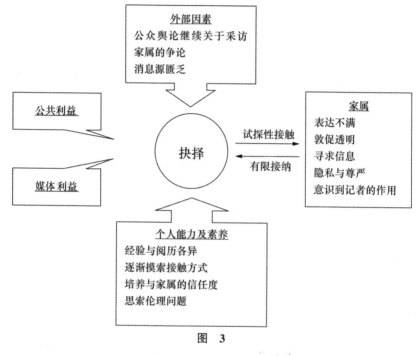

图 3

- 在重大新闻事件中,采访新闻当事人,哪怕只是观察,都是第一位的,不采访当事人是不职业的。冰冷的"不采访"本身不关注人的命运和感情,恰恰是缺乏人性的表现。
- 关注家属要把握好时机,在飞机没有找到之前,应该聚焦于事件的进展和家属的诉求,不要过多寻求家属的个人故事。
- 记录家属是记录事件的一部分,可以远距离记录,但不应回避。
- 家属一开始是抗拒的,但逐渐开始需要媒体。家属千差万别,总有家属是友善的,愿意敞开的。

- 不报道家属的痛苦和煎熬,就缺乏了打动人心的部分,也不利于整合提供帮助的社会资源。

这一时期,记者在价值选择上趋向于兼顾新闻职业要求和人道主义的关怀。在行动原则上,既主动寻求事实,又兼及家属意愿。在报道技术上,更多采取观察、倾听、抚慰、试探,少说多听,在能力范围内提供适当帮助的方式。在报道侧重点上,也向家属的不满情绪、心理疏导、要求真相和透明的行动和言论方面转移。

(3) 合作与辜负(3月17日以后)

3月17日之后,家属对飞机下落的期待愈发强烈,对马方在调查和信息发布方面的不满加剧,于是主动成立代表性组织与媒体合作,试图借助舆论声势倒逼真相。

这一时期,家属寻求真相的诉求与媒体的职业诉求走向了统一。尤其是24日马方公布飞机终结消息之后,家属用抗议和游行活动表达了愤怒,更加促使其深刻认识到了媒体对于实现自身利益的价值。

如图4所示,家属与记者经过近一个月的接触,彼此已经熟识和信任,越来越多地表现出接纳的姿态。然而,与之冲突的因素再次出现:3月底,部分媒体接到了收缩报道规模的政策性指令。同时,随着搜索发现的停滞,马航事件本身的新闻价值迅速递减,已难以维持公众兴趣。此时,公共利益、外部制约与家属诉求之间再次出现矛盾,家属希求通过媒体放大其给航空公司和调查方施加压力的声音,但他们所期待的媒体报道量大大高于受众的真正需求。为了使报道活动持续,有些家属自愿放弃部分隐私,与记者分享个人故事,为报道提供更多富有价值的信息。家属的主动合作,在一定程度上延长了报道的时间,但也很有限。这种时候,出于同情家属的心情而向家属的需求倾斜,还是依照对受众实际信息需求量的判断和外部约束进行报道,成了另一个伦理选择问题。记者再次陷入矛盾的旋涡之中。一方面,情感的天平越来越向家属倾斜,主观上希望更多给予家属以帮助和安慰。另一方面,经过理性选择,记者还是再次倒向了公众兴趣与媒体利益的一边,逐步收缩了报道战线。这一抉择令一些记者愧疚不已,他们发现,在整个事件的报道过程中,他们能够给予家属的实质性帮助其实非常有限。

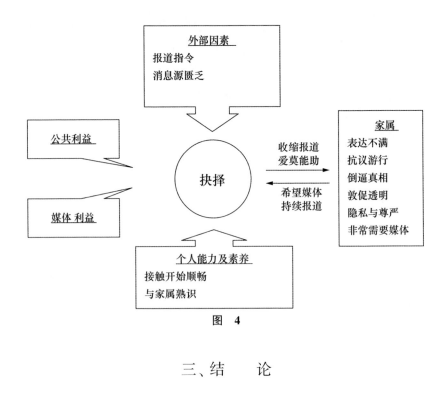

图 4

三、结　论

通过上述对马航失联报道一个月间记者伦理抉择的梳理，本文认为，悲剧性事件中，记者接触家属面临的伦理处境和应对原则如下：

1. 对家属的接触和报道过程中，记者的伦理抉择处于不断调整变动之中，这取决于初期的伦理抉择所得到的反馈和用以定义伦理情境的因素。其中，对记者的伦理抉择发挥关键作用的四方面变量是：(1) 记者本人的操作经验和水准；(2) 家属的情绪状态和隐私保护需求及利益诉求；(3) 包括外部报道指令和舆论反响在内的环境因素；(4) 家属和记者的个人关系。

2. 悲剧性事件的初期，是公众知情需求和家属的状态形成鲜明对比甚至对立的阶段，此时，公众知情需求最强，媒体报道冲动最烈，而家属情感上最脆弱无助，这种矛盾导致了媒体采访行为容易受到家属排斥、外界诟病，也给记者本人带来焦虑和自责。初期的接触需要小心翼翼，也可以在短时间内暂时放弃对家属的接触，但记者因其技术操作水平的不同和所在媒体的绩效考核要求，总是倾向于选择兼顾多方利益的操作方案，而不是绝对的取舍。

记者在初期和事件转折期等敏感时期，需秉持最小伤害原则，对家属的情绪状态有清醒的意识和体恤，适宜借助观察、身体语言等静默方式谨慎接触，注意精神抚慰和帮助先行。在采访操作中避免诱访、强访和暗访，选择愿意说话的家属，向家属明确解释报道的公共价值以赢得理解。在敏感时期，涉及家属的报道应更多侧重家属的反应和诉求，不适宜过早深挖家庭和人物故事。

3. 采访是记者与被访者双方需求的共振。在悲剧性事件报道的中后期，随着记者经验的积累、记者与家属的熟识和信任感的增强、家属对媒体作用的理解增进，记者与家属的接触逐步走向融洽和顺畅，此时媒体的报道需求和家属的需求获得更多共振，逐步进入到家属报道的黄金时期。记者可以着手深入挖掘灾难中具有代表性的人物故事。

4. 对悲剧事件中所涉及的受害者及其家庭的报道，记者要相信时间的力量，用时间去增进关系，赢得信任。媒体对这类报道也要有持久战的意识，不能指望在一夕之间获得猛料。

时间是消除一切隔阂的力量。这就是为什么，对于受害者和家属的报道，越来越倾向于在中后期展开，甚至以长期追踪的形式呈现。目前一年回访、十年回访等报道形式越来越见于国内媒体，这说明，我们的灾难报道中人性化的部分正在走向成熟。

（作者为中国青年政治学院新闻学院副教授）

传播学视角下的公共文化服务研究:综述与前瞻

胡 鹏

内容摘要:2002年以来,加强公共文化服务体系建设这一议题开始进入国家的决策层面。按照公益性、基本性、均等性和便利性的原则要求,各地各有关部门不断加大公共文化建设的投入,公共文化服务体系建设取得显著成效,公共文化服务研究也引起了学术界的广泛关注。十年来,有关这一问题的研究主要是围绕基本概念与问题、绩效与满意度、定价和供需分析、公民权利和发展趋势等方面展开的。关于公共文化服务问题的研究,在传播学分析框架下,仍有可以进一步拓展的空间:一是基于公共治理和文化需求的研究,二是基于公民文化权利的研究,三是基于满意度和绩效的分析,四是基于哈贝马斯公共领域的建构。

关键词:传播学;公共文化服务;综述;前瞻

一、引 言

关于公共文化服务的研究轨迹,我们可以从两个主要的方面进行剖析:一是其如何从一个政治概念上升为研究热点的演化轨迹;二是如何进一步拓展公共文化服务研究的学术价值和理论深度。研究这一课题,始终绕不开公共文化服务这一概念的政治阐释。让我们简单回顾一下公共文化服务在中国官方文件中的演进历史。

"公共文化服务"第一次出现在官方文件中,始于2002年11月,其被列为全面建设小康社会的任务之一出现于中共十六大报告中。① 时隔三年之后,建立公共文化服务的方向终于明晰起来,官方文件出现了"逐步形成覆盖全社会的比较完备的公共文化服务体系"的表述。② 在国家"十二五"规划中,更史无前例地以一章的篇幅重点阐述了公共文化服务的内容;③在十七届六中全会的决定中,则把公共文化服务提升到"推进社会和谐发展"的高度。④在随后几年的中央高层会议中,公共文化服务体系的目标、原则和重点任务分别以意见、决议的形式被官方确定下来。⑤ 在明确了构建现代公共文化服务体系的方向后,决策层也开始注意到中国公共文化服务总体水平仍然较低的现实,决定将"构建现代公共文化服务体系"作为全面深化改革的重要任务之一⑥,从统筹推进公共文化服务均衡发展、增强公共文化服务发展动力、加强公共文化产品和服务供给、推进公共文化服务与科技融合发展、创新公共文化管理体制和运行机制、加大公共文化服务保障力度等方面,对促进基本公共文化服务"标准化、均等化",构建现代公共文化服务体系提出具体要求。⑦

---

① 2002年11月,中共十六大报告《全面建设小康社会,开创中国特色社会主义事业新局面》指出,国家支持和保障文化公益事业,并鼓励它们增强自身发展活力。
② 2005年10月,在中共第十六届五中全会上通过的《中共中央关于制定国民经济和社会发展第十一个五年规划的建议》中,首次出现了"加大政府对文化事业的投入,逐步形成覆盖全社会的比较完备的公共文化服务体系"的表述。
③ 2006年9月,中央发布《国家"十一五"时期文化发展规划纲要》,以一章的篇幅重点阐述公共文化服务的内容,涉及服务网络、服务方式、组织体制、运行机制、维护基本文化权益及加强农村文化建设。
④ 十七届六中全会通过《关于构建社会主义和谐社会若干重大问题的决定》,对建设文化设施、完善服务网络、鼓励社会力量捐助、实施惠民工程提出要求。
⑤ 2007年6月,中共中央政治局召开公共文化服务体系建设的专题会议,提出"结构合理、发展均衡、运行有效、惠及全民"的公共文化服务体系工作原则。同年8月,中办、国办联合下发《关于加强公共文化服务体系建设的若干意见》,明确了公共文化服务的目标、原则和重点任务。2012年11月的中共十八大报告提出实现到二〇二〇年公共文化服务体系基本建成的目标。
⑥ 2015年1月,中共中央办公厅、国务院办公厅印发的《关于加快构建现代公共文化服务体系的意见》把构建现代公共文化服务体系提升到保障和改善民生、促进文化事业繁荣发展、弘扬社会主义核心价值观、建设社会主义文化强国的重要高度。
⑦ 2015年5月,国务院办公厅转发文化部等部门《关于做好政府向社会力量购买公共文化服务工作意见》的通知,提出要"积极有序推进政府向社会力量购买公共文化服务工作",明确购买主体和购买内容,制定指导性目录,完善购买机制,提供资金保障,加强绩效评价。

二、文献统计

前文已经阐述,中国决策层高度重视公共文化服务建设,各地公共文化服务体系建设取得显著成效,呈现出整体推进、重点突破、全面提升的良好发展态势。在理论界,2003年以后,涉及"公共文化服务"的文章篇数从个位数(2003年3篇,2004年4篇),到十位数(2005年54篇),到百位数(2007年296篇),再到千位数(2014年1108篇)。图1显示了"公共文化服务"这个议题在学术界如何呈现逐年火爆的趋势。

本文依据我国公共文化服务的发展历程与研究现状,收集整理2005—2014年在中国知网上发表的涉及公共文化服务的较高水平的学术论文,按照发表年份、研究内容、关键词频率统计、发表时间、发表机构等项目进行归类,统计各类所占比例和特征。

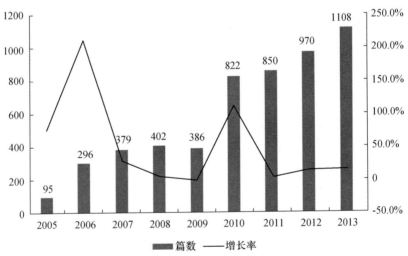

图1 2005—2014年中国知网关于"公共文化服务"研究文章的趋势线

1. 关键词频统计

我们利用关键词"公共文化服务",在中国知网的"期刊"数据库里进行搜索,得出有效论文485篇;在"硕士论文"数据库里进行搜索,得出有效论文303篇;在"博士论文"数据库里进行搜索,得出有效论文10篇。[①]

我们对485篇研究公共文化服务的"期刊"文章,按照发表时间选取前150篇,按照被引频率选取前150篇;对303篇研究公共文化服务的"硕士论文"文章,按照发表时间选取前150篇;对10篇研究公共文化服务的"博士论文"文章,全部进行选取。

对于以上选取结果,我们进行论文关键词提取。表1显示:除了"公共文化服务"和"公共文化服务体系"等常规关键词之外,已经发表的论文主要集中在均等化、农村、图书馆、文化权利等几个方面。

表1 关键词频率统计

关键词 (频率)	期刊前 150篇 (按发表时间)	期刊前 150篇 (按被引频率)	硕士论文 前150篇 (按发表时间)	博士 论文10篇 (全部论文)
	公共文化服务(45)	公共文化服务体系(44)	公共文化服务(73)	公共文化服务(8)
	公共文化服务体系(20)	公共文化服务(43)	公共文化服务体系(28)	公共文化服务体系(2)
	公共文化(12)	公共文化(22)	公共文化(17)	农村(1)
	服务体系(8)	农村公共文化服务(11)	均等化(13)	建设(1)
	均等化(8)	服务体系(9)	对策(11)	文化权利(1)
	问题(7)	图书馆(9)	基本公共文化服务(9)	服务型政府(1)
	图书馆(7)	农村(8)	服务体系(7)	文化政策(1)
	公共图书馆(7)	公共图书馆(8)	农村(6)	公共文化(1)
	基本公共文化服务(6)	文化权利(7)	公共图书馆(6)	政府公共文化服务职能(1)
	农村公共文化服务(5)	建设(6)	农村公共文化服务(6)	政府公共文化服务职能创新(1)

2. 期刊和学位论文统计

(1)期刊

对485篇发表在期刊上的研究公共文化服务的文章,按照被引频率选取前150篇。对这150篇文章按照发表机构、期刊来源和发表时

[①] "有效论文"是指该论文与公共文化服务重点研究方向具有一致性或相关性。

间进行统计。图 2、图 3 和图 4 分别显示：① 兰州大学关于公共文化服务的文章质量被引次数最高；② 公共文化服务研究图书馆建设的文章比较受关注，主要刊发于图书馆情报类杂志；③ 2008 年和 2009 年刊发高质量的公共文化服务稿件比较多；④ 文献分布图显示公共文化服务领域中的热点问题互相引用的频次极高，研究有一定的重叠性。

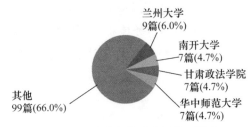

图 2　论文发表机构分布统计（期刊）

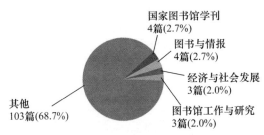

图 3　论文期刊来源统计（期刊）

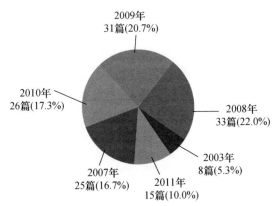

图 4　论文发表时间统计（期刊）

(2) 硕士论文

我们对 303 篇研究公共文化服务的硕士论文,按照发表时间逆序选取前 150 篇。对这 150 篇文章按照发表机构和近三年发表数目进行统计。图 5 和图 6 显示:① 华中师范大学对公共文化服务方面的研究最为关注,以 17 篇高居所有高校榜首;② 2012—2014 年,公共文化服务作为硕士论文的研究方向已经呈现热点态势,在 2013 年达到顶峰 64 篇。从这个层面上可以预测,随着国家加快构建关于公共文化服务体系的步伐加快,未来以该领域作为硕士论文的研究者会继续增多。

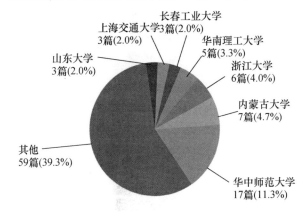

图 5　硕士论文发表机构统计

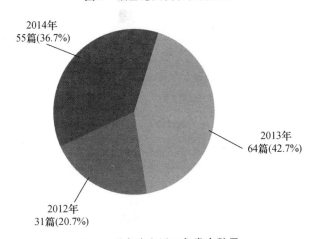

图 6　硕士论文近三年发表数目

(3) 博士论文

目前中国知网收录的研究公共文化服务的博士论文只有 10 篇，按照发表机构和发表数目进行统计。图 7 和图 8 显示：① 研究公共文化服务的博士文章来源高校比较分散，既有综合性院校，也有研究机构；② 2008—2014 年，以公共文化服务领域研究作为博士论文的维持在每年 1 篇的水平，在 2010 年达到顶峰 3 篇，2014 也有 2 篇涉及。

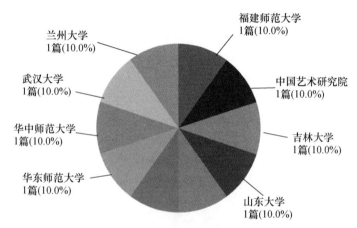

图 7　博士论文发表机构统计 (8 篇)

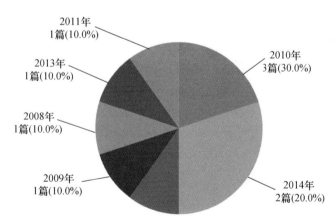

图 8　博士论文发表篇数统计 (按年份)

三、文献综述

本部分将从基本概念与问题、绩效与满意度、定价和供需分析、公民权利和发展趋势等角度进行文献的梳理和研究。

1. 基本概念与问题的研究

公共文化产品（Public Cultural Goods）作为公共产品的一个重要组成部分，可以根据其"公共性"的高低分为三类：纯公共文化产品、准公共文化产品和私人文化产品。① 与此类似，公共文化服务的概念也有广义与狭义之分。王鹤云认为，广义的概念是由公共文化机构使用公共权力与公共资源，为满足公民基本文化需求而提供公共文化产品的行为及制度的总体。狭义的概念则是由政府或非营利组织为保障和实现公民基本文化权益，免费或低价向社会公众提供公共非竞争性、非排他性的公共文化产品和服务的行为。目前我们国家所认定的基本文化权益包括六项，即读书看报、进行公共文化鉴赏、参与公共文化活动、收看电视、收听广播等基本文化权益。②

目前，中国公共文化服务总体水平仍然较低，与现代公共文化服务体系的要求还有较大差距。很多学者都对中国公共文化服务体系现存的问题进行了系统的分析。于思瑶（2012）指出，公共文化服务体系主要问题集中在供给机制不完善、整体创新能力不强、相关制度和配套政策不够完善、缺乏科学的文化需求绩效评估机制、缺少高素质的管理人才等方面。③ 王婷（2014）则把管理干部思想观念落后、公共文化资源配置不平衡和文化服务从业人员缺乏，作为城市公共文化服务发展过程中存在的首要问题。之所以出现这些问题，归根结底是由于文化与服务认识的不到位、政府职能重点与引导出现部分偏差、规则制定与行

---

① 卢春龙：《我国农民对农村公共文化服务的满意度调查——来自全国九个省市的发现》，《中国政法大学学报》2014年第2期。
② 王鹤云：《我国公共文化服务政策研究》，中国艺术研究院博士学位论文，2014年。
③ 于思瑶：《公共文化服务体系研究综述》，《对外经贸》2012年第6期。

为监督的缺位和公共文化服务民间力量的缺失。① 王国忠认为导致公共文化服务体系建设出现问题的原因有三个方面：一是思想认识不到位对文化建设重视不够，二是管理体制不顺制约了公共文化建设的有效开展，三是文化投入严重不足。②

2. 绩效与满意度的研究

向勇等(2008)给出了公共文化服务绩效评估的初步模型，提出了依法考评公共文化服务绩效的政策建议，指出了公共文化服务绩效评估立法的必要性、基础原则与基本内容。③ 通过相关理论研究构建了公共服务评价指标体系，李上给出了基于熵权的 TOPSIS 评价方法，为公共服务标准化的后续研究提供了理论基础。④ 吴建军等采用 Simar & Wilson(1998)提出的 Bootstrap-DEA 方法对江苏省公共文化服务体系的生产效率进行评价，在综合考虑经济、地理、社会等环境因素后，采用两阶段半参数估计来解释效率变化的来源。⑤ 朱剑锋运用 DEA 方法中 C2R 模型和超效率模型同时对公共文化服务政府供给绩效进行绩效评价。⑥

对于国内公共文化服务绩效评估的批评主要集中在两个方面。张亮亮认为我国公共文化服务的绩效评估尚处于萌芽阶段，体制机制不完善。只有少数南方发达省市就某些文化建设项目开展了绩效评估，或者对某个小区的公共文化服务进行绩效评估，都是较小范围、较单一

---

① 王婷：《公共文化服务发展问题研究——以山西省运城市为例》，西北民族大学硕士学位论文，2014 年。
② 王国忠：《基层公共文化服务体系建设研究——以内蒙古杭锦后旗为例》，内蒙古师范大学硕士学位论文，2013 年。
③ 向勇、喻文益：《公共文化服务绩效评估的模型研究与政策建议》，《现代经济探讨》2008 年第 1 期。
④ 李上：《公共服务标准化体系及评价模型研究》，中国矿业大学(北京)博士学位论文，2010 年。
⑤ 吴建军、周锦、顾江：《公共文化服务体系效率评价及影响因素研究——以江苏省为例》，《东岳论丛》2013 年第 1 期。
⑥ 朱剑锋：《基于 DEA 方法的公共文化服务绩效评价实证研究》，武汉大学博士学位论文，2014 年。

的评估,没有形成规范的机制措施。① 石颖认为国内公共文化服务绩效评估没有相应的法律制度作为保障支持,缺乏来自社会公众的评估以及自身评估,评估程序没有规范化,随意性大,过程缺乏监督,导致评估结果缺乏科学性,与实际情况偏离太大。②

公共文化服务的满意度模型研究已经有了初步的进展。余君萍引入满意度测评模型,拓展了传统公共文化服务的评估方法,并结合模糊综合评估法,使两种测评方法优势互补,从而构建出更加科学合理的农村公共文化服务绩效评估方法。③ 马虹结合 AHP(层次分析法)对甘肃省公共文化服务状况做了比较深入的研究和探讨,构建公共文化服务层次结构评价指标体系,并进行 AHP 模型权重测算。④

3. 定价和供需分析的研究

公共文化服务不可避免地要涉及公共产品定价问题。王健给出公共产品两种定价模型:成本分摊定价和两部定价。⑤ 杨静讨论了公共服务产品定价的三种策略:替代物品定价策略、分级定价策略和渗透价格策略。⑥ 但红燕等根据文化产品的特性,研究了我国文化产品三种定价策略:差别定价、组合定价和促销定价。⑦ 唐月民等提出公共文化产品定价决策的三个重要影响因素:文化市场需求状况,文化产品的成本以及政府价格管制。⑧ 丁莹认为公共文化服务存在需求表达主体意

---

① 张亮亮:《我国公共文化服务绩效评估机制研究》,长春工业大学硕士学位论文,2012年。
② 石颖:《中国公共文化服务机构支出效率研究》,中国艺术研究院硕士学位论文,2013年。
③ 余君萍:《公共治理视野下我国农村公共文化服务绩效评估研究》,兰州大学硕士学位论文,2010年。
④ 马虹:《基于 AHP 的公共文化服务绩效评价研究——以甘肃省为例》,兰州大学硕士学位论文,2013年。
⑤ 王健:《公用事业政府定价研究——以城市供水价格为例》,苏州大学硕士学位论文,2005年。
⑥ 杨静:《公共服务产品的价格形成机制及定价策略》,《科技创业月刊》2006年第5期。
⑦ 但红燕、蒋强:《我国文化产品定价机制研究》,《价格理论与实践》2011年第11期。
⑧ 唐月民、张庆盈:《文化企业定价影响因素及不同市场结构下的价格决定》,《山东理工大学学报(社会科学版)》2008年第11期。

识不强、需求表达渠道不畅通、政府回应力不强等诸多问题。① 马社敏指出构建一个和谐良性的公共文化服务体系必须由政府、市场和社会力量之间共同完成,只有这样才能形成一种强化与互动和激励与共容的和谐关系。②

4. 公民权利和发展趋势的研究

公共文化服务标志着国家赋予和保护公民基本文化权利的宪政文明,也体现着政府公共服务职责的行政文明。曹爱军认为,公共文化服务是"一种全民的文化自省、文化自觉的过程"。③ 因此,公共文化服务不仅是保障公民基本文化权益的有效途径,也是建设服务型政府的必然要求。④

董晓东给出公共文化服务发展问题的对策:一是放松管制,打破垄断,吸引第三方机构进入公共服务领域;二是制定专项政策法规保障公共文化服务的发展;三是着眼于公共文化服务的人才培养;四是不断提升公共文化服务的效率。⑤

将新媒体应用于公共文化服务工作已经成为我国公共文化服务工作的客观需要。政府应该不断拓展新媒体文化产业,加强公共文化新媒体应用模范试点建设,完善公共文化新媒体应用的政策法规。⑥

蒋淑媛从标准化、均等化、社会化和数字化四个维度,提出建设现代公共文化服务体系的三个应对措施:一是转变思想观念,促使多种类型文化公共领域的形成;二是以文化需求为导向,增强公共文化服务的适用性;三是创新体制机制,提升现代公共文化服务的治理能力。⑦

---

① 丁莹:《农村公共文化服务需求表达机制完善研究》,华东理工大学硕士学位论文,2013 年。
② 马社敏:《公共文化服务中的政府与市场》,华中师范大学硕士学位论文,2013 年。
③ 曹爱军:《公共文化服务:理论蕴涵与价值取向》,《湖北社会科学》2009 年第 6 期。
④ 王鹤云:《我国公共文化服务政策研究》,中国艺术研究院博士学位论文,2014 年。
⑤ 董晓东:《上海市公共文化服务现状、问题及对策研究》,华东师范大学硕士学位论文,2010 年。
⑥ 王海强:《兰州市城市公共文化服务中新媒体应用匮乏问题对策研究》,兰州大学硕士学位论文,2013 年。
⑦ 蒋淑媛:《北京现代公共文化服务体系构建研究》,《北京社会科学》2015 年第 1 期。

四、前瞻课题

前述文献的研究成果代表了公共文化服务研究的主要方向,但在已有研究之外仍有广阔的拓展空间。下文基于传播学的视角,给出公共文化服务政策研究的基本框架,就值得进一步探讨的问题进行具体分析。

1. 传播的主体:基于公共治理和文化需求的研究

邬家峰把公共文化服务体系建设看成是一种新型的文化治理方式。随着中国社会由传统国家向现代民族国家的转变,文化治理模式也随之改变。[①] 文化治理无疑是文化管理体制的一次根本性变革,合作取代管理成为文化管理部门的基本执政思路。[②]

新公共服务理论认为,公共管理者在其管理公共组织和执行公共政策时应该集中于承担为公民服务的职责。[③] 服务型政府所体现的是以公民为中心,以公谋公,法治的责任,将管制纳入服务的视角。[④] 因此,在公共文化服务主体的研究中,既要考虑政府的主体地位和主导作用,也要考虑企业、非政府组织和社区的参与度和辅助功能;既要考虑公共文化服务均等化带来的文化治理模式的嬗变,又要思考主体作用与受众需求的对应关系。如何立足当前公共文化服务体系建设实际,进一步发挥公共文化服务体系建设中的传播主体性作用(党委领导、政府管理、部门协同),是未来研究过程中的一个应有之义。

2. 传播的客体:基于公民文化权利的研究

"文化权利是人权的一个组成部分,它们是一致的、不可分割的和

[①] 邬家峰:《公共文化服务体系建设研究——兼议湖北黄石的公共文化服务体系示范区建设》,华中师范大学硕士学位论文,2012年。
[②] 郝新凤:《关于公共文化服务体系建设的思考》,《学习论坛》2006年第8期。
[③] Avid. H. Rosenbloom, Robert. S. Kravchuk, "Public Administration: Understanding Management", *Politics. and Law*, Public Sector, 2006, pp. 1-2.
[④] Deshazo J. R., "The Effect of Supply and Dem and Shocks on the Non-Market Valuation of Local Public Goods", *Environment and Development Economics*, 1999, 4(4), pp. 471-492.

相互依存的……每个人都应当能够参加其选择的文化生活和从事自己所特有的文化活动"①。文化权利在1948年联合国大会通过的《世界人权宣言》中就有规定:"人人有权自由参加社会的文化生活……""每个人作为社会的一员……有权享受他的个人尊严和人格的自由发展所必需的经济、社会和文化方面各种权利的实现……"②后来又在联大1966年通过的《经济、社会和文化权利国际公约》中进一步丰富和发展。③建设公共文化服务体系,是满足公民的基本文化需求、保障公民文化权利的基本要求与基本途径。公共文化服务标志着国家赋予和保护公民基本文化权利的宪政文明,也体现着政府公共服务职责的行政文明。研究公共文化服务的受众(传播的客体),就不能不考虑保障公民基本文化权利的四个层面:一是享受文化成果的权利;二是参与文化活动的权利;三是开展文化创造的权利;四是文化创造的成果利益受保护的权利。如何针对公民对文化权利的认识和诉求,进一步促进城乡基本公共文化服务均等化,保障弱势群体的文化权利,提供优质的文化服务,是研究公民文化权利的一个重要课题。

3. 传播的效果:基于满意度和绩效的分析

传播的效果分析主要集中于传播活动在多大程度上实现了传播者的意图或目的。考虑到公共文化服务评价的复杂性与长期性,如何制定公共文化服务考核指标,如何对实施效果、服务效能进行监督和评估,都不是一个简单的数量分析。《关于加快构建现代公共文化服务体系的意见》中给出了模糊的评判标准:一是建立公共文化机构绩效考评制度,二是研究制定公众满意度指标,三是探索建立公共文化服务第三方评价机制。以中国目前的国情来看,以"第三方评价机制"作为考核评价政府公共文化服务政绩的方式不切实际,反而群众评价和反

---

① 参见2001年11月2日联合国教育、科学及文化组织大会第三十一届会议通过的《世界文化多样性宣言》第5条。
② 参见1948年12月10日联合国大会通过第217A(Ⅱ)号决议并颁布的《世界人权宣言》第22条、第27条。
③ 文化权利的主要国际法渊源分布于《世界人权宣言》第27条、《经济、社会和文化权利国际公约》第15条、《公民权利和政治权利国际公约》第27条、《种族与种族偏见问题宣言》第5条、《世界文化多样性宣言》第5条等重要的国际人权法律文件中。

馈更有说服力和情理性,毕竟政府的执政考量一直把"群众满意不满意答应不答应"看成是衡量政府工作业绩的唯一标准。具体到理论层面,可以聚焦到满意度和绩效两个部分:

一方面,尝试将顾客满意度理论应用于公共文化服务领域。国内对于结构方程模型在公共文化服务行业的运用比较少,这无疑是一个重大的研究缺失。在借鉴 ACSI、ECSI 等顾客满意度指数模型的基础上,结合各地区公共文化服务的实际特点,通过对受众满意度的原因变量、结果变量以及相互关系的深入探讨,确定受众满意度指数结构方程模型中的潜变量和显变量,构建公共文化服务领域的服务接受者满意度指数模型。

另一方面,利用数据包络法分析影响公共文化服务绩效的原因。数据包络分析(Data Envelopment Analysis,DEA)是以效率概念为基础发展起来的一种新的效率评价方法,可以通过对投入、产出数据进行综合分析,得出每个决策单元的综合效率的数量指标。[①]朱玉春等采用数据包络分析方法对全国 28 个省(自治区、直辖市)的农村公共服务效率进行了实证研究,通过非参数方法测算了农村公共服务综合技术效率、纯技术效率、规模效率及其变异系数。[②] 未来公共文化服务的投入产出效率研究可以在采集大量统计样本数据的基础上,对文化站、文化中心、文化室等公共文化服务设施进行实证分析绩效评价,剖析公共文化服务输入和输出指标之间的相互影响关系,分析影响公共文化服务绩效的主要因素。

4. 传播的环境:基于哈贝马斯公共领域的建构

"公共领域"这一概念被汉娜·阿伦特看成人之所以为人的本质属性——人只有在行动的公共领域中才超越于动物性生存的意义。阿伦特把"公共领域"形象地比喻为"一张置于人群中的桌子","处于共同拥有它的人群之中,就像一张桌子放在那些坐在它周围的人群之中。这一

[①] 张方杰、王浚浦:《基于 DEA 模型的家族企业上市公司业绩分析》,《山东工商学院学报》2004 年第 10 期。

[②] 朱玉春、唐娟莉、刘春梅:《基于 DEA 方法的中国农村公共服务效率评价》,《软科学》2010 年第 3 期。

世界就像一件中间物品,在将人们联系起来的同时,又将其分隔开来"①。

后来,这一概念又被德国学者哈贝马斯进一步进行拓展:"公共领域最好被描述为一个关于内容、观点,也就是意见的交往网络;在那里,交往之流被以一种特定方式加以过滤和综合,从而成为根据特定议题集束而成的公共意见或舆论"②。哈贝马斯曾概括了"公共领域"的基本特征:"在阅读日报或周刊、月刊评论的私人当中,形成一个松散但开放和弹性的交往网络。通过私人社团和常常是学术协会、阅读小组、共济会、宗教社团这种机构的核心,他们自发聚集在一起。剧院、博物馆、音乐厅,以及咖啡馆、茶室、沙龙等对娱乐和对话提供了一种公共空间"③。公共领域的功能是"以公众舆论为媒介对国家和社会的需要加以调节","确保公共批判对统治做出合理的解释"④。

借鉴哈贝马斯的观点,未来公共文化服务的研究可以基于开放性、聚集性来探讨文化公共领域的建构。一个可以思考的问题是:当政府权力的"魔棒"远离公共领域和市民社会,非官方色彩的组织行为如何激发各类社会主体参与到公共领域中来——根据社会公众文化需求,提升文化服务的多样性和吸引力——平等地参与各种文化活动,享受到各种文化服务。

五、结语:构建公共文化服务的传播学分析框架

公共文化服务研究涉及公共管理、经济学、法学、社会学、传播学等多个学科,这一特性决定了单靠某一学科理论无法对公共文化服务问题进行科学而透彻的研究。因此,通过跨学科的视角来审视研究对象,是一种研究方法的创新。

---

① 〔德〕汉娜·阿伦特:《人的条件》,竺乾威等译,上海人民出版社1999年版,第40页。
② 〔德〕哈贝马斯:《在事实与规范之间:关于法律和民主治国的商谈理论》,童世骏译,三联书店2011年版,第444—445页。
③ 展江:《哈贝马斯的"公共领域"理论与传媒》,http://media.people.com.cn/GB/22100/41466/41467/3028032.html。
④ 〔德〕哈贝马斯:《公共领域的结构转型》,曹卫东等译,上海学林出版社1990年版,第35页,第202页。

我们可以尝试用传播学的视角对公共文化服务的过程进行审视。图9显示：一方面，要把公共文化服务的过程当作一个完整的传播过程，对其传播活动过程中的五个要素：主体、内容、渠道、受众和效果分别具体分析；另一方面，要建构公共文化服务的传播模式理论框架，剖析如何在社会文化环境、社会舆论环境的媒介生态环境场下，利用好图书馆、博物馆、文化站等渠道，让公众需要与政府供给相结合，使得文化服务主体和文化服务受众相适应。

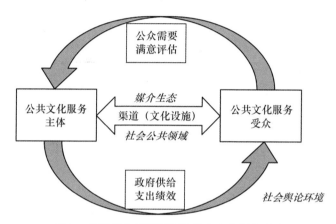

图9　传播学分析框架下的公共文化服务研究

基于传播学理论框架对公共管理问题进行研究，既是一个非常有益的探索，也是一个重要的理论创新，将解决长期以来公共文化服务研究中视角单一的问题。

（作者为北京大学新闻与传播学院博士研究生）

国际传播

- "中国梦"理论话语体系建构图
  ——对中国学者的"中国梦"研究综述和批评
- 侗族大歌的国际传播与中国国家形象建构
- 日本人眼中的中国媒体及其对中国国家形象的影响
- 中国地域文化对外传播的特例
  ——广府文化海外传播的现象与本质

"中国梦"理论话语体系建构图
——对中国学者的"中国梦"研究综述和批评

贾文山　赵立敏

内容摘要：习近平提出的"中国梦"是一个正在发展的理论和实践体系。近几年，中国学者围绕"中国梦"从哲学、历史、话语构建、媒介传播等角度进行了理论阐释。本文梳理了当代中国梦的诞生背景、内涵和国内学者对中国梦的理论建构地图，并在此基础上提出研究改进的建议，认为当前"中国梦"研究需坚持民族话语与世界话语的结合，坚持从分散到整合的研究，坚持从对集体层面延伸向对个人层面的研究，坚持从虚到实的跟进研究等。

关键词：中国梦；理论构建；话语权；媒介传播

党的十八大以来，习近平多次阐述中国梦，提出"实现中华民族伟大复兴的中国梦，就是要实现国家富强、民族振兴、人民幸福"。刘奇葆提出要为实现中国梦提供有力的理论支持，"要把研究中国特色社会主义与研究中国梦统一起来，深入阐释中国梦的重大意义、精神实质和实践要求，讲清楚中国梦在国家、民族、个人三个层面的关系"[1]，"中国梦"在国内外引起了热烈反响，也成为学界热议的话题。

---

[1] 刘奇葆：《为实现中国梦提供有力理论支持》，《求是杂志》2013年第11期。

一、"中国梦"提出的背景

早在习近平于 2012 年 11 月正式提出"中国梦"之前,"中国梦"的概念和想象就已经存在于学界与民间的话语中了。2005 年 5 月,郑必坚在美国布鲁斯金学会上就提出"中国的和平崛起所做的只是中国梦"①。2006 年,吴建民认为"中国和平崛起的过程中一定会有中国梦",他在接下来的三年时间里发起并召开了三届主题为"中国梦与和谐世界"的研讨会②。同样在 2006 年,J. 里夫金的著作《欧洲梦》在中国翻译出版,该书提出了"欧洲梦",并系统地比较了美国梦和欧洲梦的优劣③。在里夫金的启发下,赵汀阳进一步提出了中国的现代化之梦④。乐黛云认为中国梦的核心是要建立"一个既不同于西方也不同于中国古代的现代化的新中国,一个具有'新中国精神的新中国'"⑤。2008 年,北京奥运会的主题为"同一个世界,同一个梦想",提出世界人民共同追求人类和平、分享美好未来的愿望。2009 年 3 月,白岩松在美国耶鲁大学进行了题为"我的故事以及背后的中国梦"的演讲。2010 年刘明福出版《中国梦:后美国时代的大国思维与战略定位》一书,提出 21 世纪的中国要"冲刺世界第一,决赛冠军国家,创造中国时代,建设无霸世界"⑥,刘明福的中国梦概念引起了路透社、BBC、纽约时报等境外媒体的热烈关注,被誉为"美国总统奥巴马不得不看的一本书"。2011 年 8 月美国人艾伦的《中国梦:全球最大的中产阶级的崛起及影响》一书在中国翻译出版,艾伦提出该书写作的主要目的之一便是为了启发中国人大胆地去梦想与思考,希望通过"中国梦"来激发

---

① 郑必坚:《对中国和平崛起新道路与中美关系的十点看法》,《中国报道》2001 年第 9 期。
② 丁伟:《吴建明向世界讲清楚"中国梦"》,《中国企业家》2006 年第 3 期。
③ 〔美〕杰里米·里夫金:《欧洲梦:21 世纪人类发展的新梦想》,杨治宜译,重庆出版社 2006 年版,第 23 页。
④ 赵汀阳:《天下体系:世界制度哲学导论》,江苏教育出版社 2005 年版,第 5 页。
⑤ 乐黛云:《美国梦·欧洲梦·中国梦》,《社会科学》2007 年第 9 期。
⑥ 刘明福:《中国梦:后美国时代的大国思维与战略定位》,中国友谊出版公司 2010 年版,第 8 页。

"中国梦"理论话语体系建构图

中国民族的想象力与创造力。① 2012年4月,欧美同学会中国留学生联谊会在人民大会堂举行了"我的中国梦"海外高层次人才回国创新创业座谈会。同年10月,托马斯·弗里德曼在《纽约时报》上刊发《中国需要自己的梦想》一文。这些前期的"中国梦"话语,为2012年11月习近平正式提出"中国梦"打下了基础,"中国梦"的提出并不只是国家领导人一时的理念而已,它拥有深厚的社会基础和渊源。

"中国梦"的正式提出除了由之前学界和民间话语的酝酿和促动外,更有其深厚的国内和国际背景。就国内而言,"中国梦"的提出不仅反映了新一代领导集体的战略构想,也反映了普通民众的共同心声。它是在全球化和多元化时代面对各种价值和思想碰撞时寻求最大思想共识的需要②,也是当代中国人民文化自觉的需要③,是制度自信、道路自信、理论自信和文化自信的表达。就国际而言,随着资本主义世界经济体系弱化,中国在世界的地位和作用越来越重要,国际上针对中国也产生了多种不同的声音,对此,中国需要向世界讲好中国故事,进行一种民族身份的自我表述,构建自身的话语体系④,"中国梦"的提出其实就是中国这一民族共同体集体叙事的一部分。近代以来,世界话语体系基本上都是构建在西方中心论的基础之上,来自东方和发展中国家的话语体系很少。在针对发展中国家的社会发展理论中,现代化理论、依附理论和世界体系理论这三大理论都没有逃离西方的发展模式,由西方所构建的世界话语体系和秩序使东方及其他第三世界国家成为西方地图上想象的他者⑤。第二次世界大战后,随着越来越多的现代民族——国家的诞生,西方的话语霸权受到了极大挑战,多元文化和民族文化被新兴国家强调。面对世界体系中各方力量的此消彼长,再结合中国在世界经济和政治体系中的地位和作用越来越重要,尤其是在推动

---

① 〔美〕艾伦:《中国梦:全球最大的中产阶级的崛起及影响》,孙雪、李敏等译,文汇出版社2011年版,第1页。
② 张福记:《试论"中国梦"提出的现实依据》,《理论学刊》2014年第8期。
③ 赵海燕、邓如辛:《"中国梦"的文化自觉:"以人化文"和"以文化人"共轭》,《社会科学战线》2013年第12期。
④ 孙祥飞:《"中国梦"的本土阐释与异域想象——以中国形象的跨文化建构为视角》,《郑州大学学报》2015年第1期。
⑤ 〔美〕萨义德:《东方学》,王宇根译,三联书店2007年版。

"中国梦"理论话语体系建构图

新一轮全球化的过程中变得举足轻重,对此,中国有必要向世界重新阐释中国,向世界提出属于中国特色的话语体系,现代"中国梦"的诞生可以说正是这一目标的具体实践。

二、"中国梦"的内涵辨析

关于"中国梦"的内涵,存在多种解读。一种普遍的观点认为"中国梦"主要就是中国的现代化之梦①。此外也有学者把民族、国家和个人三者结合起来阐述"中国梦",认为中国梦就是民族复兴梦、国家富强梦和个人幸福梦②。还有学者把中国梦分为"国梦"和"家梦"或者"国家梦"和"个人梦",这一理解可以追溯到中国传统的家国体系,国梦是属"公"的部分,家梦则属"私"的部分,但它们不同于西方的"公共"与"私人"对立分离的观念,而是被视为一对命运的共同体,两者之间相互渗透、相互统一。有学者则认为中国梦包括实现民族复兴的"强国梦"和共同实现人生理想的"大同梦"③。另有学者认为中国梦包括三种意涵:淘金梦、个人和集体梦、民族和国家梦④。此外也有人从多维的角度阐述中国梦,认为中国梦包括"政治大国梦、经济强国梦、文化兴国梦、天下大同梦、美丽中国梦"⑤,是"经济、社会、政治、文化、生态'五位一体'的梦"⑥。乐黛云强调中国梦作为一种理念或价值体系的重要性,认为中国梦的核心是要建立一个具有"新中国精神"的新中国,这意味着"必须以中国的方式想象一个社会理念、一种生活理念、一套价值观,而且还需要想象一种中国关于世界的理念"⑦。

---

① 李君如:《中国梦的意义、内涵及辩证逻辑》,《毛泽东邓小平理论研究》2013 年第 7 期。
② 辛鸣:《"中国梦":内涵与路径》,《理论参考》2013 年第 4 期。
③ 吴海江、杜彦君:《国际比较视野下的美国梦、欧洲梦和中国梦》,《思想理论教育》2013 年第 6 期。
④ 修刚:《实现中国梦的文化基源》,《外交评论》2006 年第 2 期。
⑤ 洪向华:《民族复兴中国梦》,红旗出版社 2013 年版,第 230、237 页。
⑥ 汪玉奇:《中国梦:昨天·今天·明天》,社会科学文献出版社 2013 年版,第 38 页。
⑦ 乐黛云:《美国梦·欧洲梦·中国梦》,《社会科学》2007 年第 9 期。

"中国梦"理论话语体系建构图

三、"中国梦"的理论地图建构

"中国梦"不是一个口号,而应该是一个丰满的理论体系和行动愿景。为了对"中国梦"进行理论奠基,不同的学者从不同层面去阐释中国梦:例如从哲学上为中国梦提供合法性根基和逻辑论证;从历史上说明中国梦的渊源和延续性;从文化上为中国梦提供现实的基因支撑;从话语建构上向世界说明中国梦;从传播上研究中国梦的表达和解读;从文学、影视和艺术的角度实现"中国梦"由"概念"到"形象"的转化。中国梦从理论构建到行动实现是一个全方位的、整体性的系统工程。

1. 中国梦的哲学奠基

从哲学的角度来看,为了寻找中国梦的合法性根基和逻辑基础,很多学者自然想到了传统儒家哲学。有学者认为儒家理论的"群己观"构成了中国梦的哲学意蕴,"传统儒家认为个人与群体之间是一种相互依存、和谐共进的关系"[1],而这一哲学命题可以为"中国梦"的国家、民族和个人的统一提供合法性论证,同时也与西方个人主义与集体主义的相互对立思想形成鲜明对照。此外,儒家的中庸思想、民本思想和道家的自然论都为中国梦提供了丰富的文化基因。与西方的哲学强调抽象概念不同,中国传统哲学强调实践理性,是一种内省的哲学。西方的哲学强调同一性,而中国的哲学强调交往实践与和谐共处[2]。中国的和谐观深深植根于中国传统的实践哲学之中,如《中庸》所云:"中也者,天下之大本也;和也者,天下之达道也。致中和,天地位焉,万物育焉。"[3],它所追求的是一种费孝通所描述的"各美其美,美人之美,美美与共,天下大同"的境界,而"和谐"正是中国梦的深层内涵。

中国梦的哲学内涵还源于近现代以来的另一哲学体系,即马克思主义哲学观。有学者分别从马克思主义的认识论、方法论和目的论出

---

[1] 吴倩:《"中国梦"的文化基因与民族特质——论儒家群己观对于"中国梦"的理论意义》2014年第11期。
[2] 王义桅、韩雪晴:《国际关系理论的中国梦》,《世界经济与政治》2013年第8期。
[3] 张居正:《四书直解》,九州出版社2010年版,第22页。

"中国梦"理论话语体系建构图

发来阐释中国梦,认为中国梦的提出是时代的要求,是为了解决生产力与生产关系、经济基础与上层建筑之间的根本矛盾,为了保障人民群众根本利益进而实现马克思所憧憬的"人类的解放和人的全面发展"[①]。还有学者指出中国梦的实现过程就是马克思主义中国化的过程[②],有学者根据马克思的意识形态理论提出"中国梦"其实就是一种集体意识、社会意识的表达[③],是中国共产党倡导的主流意识形态大众化再造与再融合[④]。

还有学者试图把中国传统哲学和马克思主义哲学结合起来,提出当代中国的实践哲学理论,实践哲学被认为既是马克思主义哲学创新和发展的成果,又是传统哲学的现代转型和理论提升。而中国梦正是当代中国实践哲学的表达[⑤]。

其实,中国特色社会主义之路是中国人民在长期探索中对三种理论资源的融合与创新基础上发展起来的,这三大理论分别是:西方自由主义市场经济思想、马克思主义哲学观和把儒家与中国现代化联系起来的新儒家思想。这三大思想经过中国式改造后熔铸成为中国特色社会主义理论。"中国梦"即是这一特色社会主义理论的当代表述,与之前的中国领导人所提出的话语不一样。如果说邓小平理论主要是为中国经济建设提供理论支持,"三个代表重要思想"主要是重新定义中国共产党的执政基础,那么在中国参与、影响甚至主导全球化的新时期,中国梦的功能就是要形成全面实现中华民族复兴并形成具有世界性的理论体系,为构建人类责任共同体、安全共同体和命运共同体提供指导和鞭策。

2. 中国梦的历史奠基

从历史的角度来看,为了进一步说明中国梦的渊源和延续性,很多学者阐释了中国梦的演变、形成的历史过程。一种普遍的观点认为近

---

① 许素菊、谷君峰:《论中国梦的哲学基础》,《学术论坛》2014年第10期。
② 张泽一:《"中国梦"的价值维度和价值实现》,《甘肃社会科学》2013年第4期。
③ 冯宪光:《"中国梦"的文化和文学意义》,《当代文坛》2013年第6期。
④ 毛跃:《论中国梦的价值意蕴和实践基础》,《浙江学刊》2013年第6期。
⑤ 杜明娥:《中国梦和当代中国实践哲学》,《江西社会科学》2013年第8期。

"中国梦"理论话语体系建构图

代中国梦起源于鸦片战争时期,中国近代以来的民族复兴梦有着深刻的时代烙印和阶级内涵①。有学者曾将近代以来中华民族的筑梦过程分为"洋务派的自强求富梦""农民阶级的天国梦""维新派的改良梦""资产阶级革命派的共和梦",这些近代梦区别于习近平提出的"中国梦",意在形成一种对比:它们只是乌托邦式的,无法实现,只有共产党的"中国梦"才真正具有各种现实的保障和实现的可能性②。还有学者将中国梦的历史分为两个一百年:"第一个一百年是圆民族独立和解放之梦;第二个一百年是圆国家繁荣富强和人民共同富裕之梦"。③ 另有学者将中国人的追梦历史分为四个阶段:"(1)向西方学习以摆脱半殖民地半封建困境的'中国梦';(2)走'俄国人道路'以实现社会主义革命的'中国梦';(3)以曲折探索为特征的推进社会主义现代化建设的'中国梦';(4)实现改革开放以开创中国特色社会主义事业的'中国梦'"④。还有不少学者将中国梦的由来追溯至中国古代文明⑤,联想到老子的"无为梦",孔子的"大同梦"。在中国古代社会,中国人民和执政者一直存在一个"盛世梦"情结,"官尽其职,民尽其力,路不拾遗,夜不闭户"的叙事想象已成为当时人们衡量政府治理和官员作为的理想标准。还有学者指出古代"中国梦"表现为"大统梦""小康梦""治世梦",鸦片战争以后的梦叫"强国梦",而改革开放以后则强调个人幸福梦⑥。总之,历史的推衍被用来说明现代"中国梦"建立在古代"盛世梦"和近代"复兴梦"的根基之上,习近平提出的"中国梦"既是对它们的继承又是对它们的超越。

3. 中国梦的话语权建构

从话语权建构的角度来看,中国梦承担着向世界说明中国的使命,

---

① 梁丽萍:《百年沧桑"中国梦"》,《中国党政干部论坛》2013年第2期。
② 辛向阳:《中国梦的历史演进及启示》,《重庆社会科学》2013年第5期。
③ 李君如:《中国梦的意义、内涵及辩证逻辑》,《毛泽东邓小平理论研究》2013第7期。
④ 郑又贤:《"中国梦"的发展是继承与超越的统一》,《福建师范大学学报》2013年第6期。
⑤ 王树荫、温静:《中国梦的由来、意义与实践路径》,《中国高等教育》2013年第10期。
⑥ 《易中天重写中华史:没有颠覆性观点写作没意义》,中国新闻网,http://www.chinanews.com/cul/2013/05-19/4832516.shtml,2013年5月19日。

不仅如此,中国梦在一定程度上也向世界提供了一种全球治理和发展的新模式,是一种世界性的话语体系。赵汀阳认为:"如果中国的知识体系不能参与世界知识体系的构建,而因此产生新的世界普遍知识体系,不能成为知识生产大国,那么,即使有了巨大的经济规模,即使是个物质生产大国,还将仍然是个小国。"①曾有学者区别"美国梦"是一种建立在个人主义基础之上的梦,它所追求的是自身利益的最大实现。而"欧洲梦"尽管倡导更好的生活质量,但它是建立在欧洲现代化已经完成的基础之上,而不考虑发展的问题。相较之下,"中国梦"却是"一种后发的、成长的、彰显包容性精神与社会主义理念的新文明模式","更有资格成为人类发展的新梦想"②。还有学者指出"中国梦"已经不单纯是一个民族身份的认同符号,它还超越了民族国家的范围,在世界中变成了一个中国争夺话语权力、进行自我想象、表达利益诉求的平台③。话语权是一国软实力的象征,"中国梦"的提出无疑创造了凝聚共识的新话语,是中国愿景的世界表达,是全球聚焦的发展话题,是中国进行议题设置的主动探索,凸显了中国对价值引领的主导权④,"中国梦"话语和实践体系的构建被认为是中国重新进入世界体系中心、争取更多更大主动权的过程⑤。当今西方的发展在经历了二次世界大战、金融危机、债务危机之后已经显示出西方文明模式的不足,"主导世界五百年的西方知识体系很可能难以为继,'普世'理论将面临被还原为理论的'普世性'甚至还原为地方性理论的危险",而这一切为世界呼唤"中国梦"、为世界转型提供"'源于中国而属于世界'的理论动力和精神产品"提供了可能⑥。还有学者指出要利用"中国梦"科学地构建中国话语体系,实现三个转化:(1) 把中国各方面取得的成就转化

---

① 赵汀阳:《天下体系:世界制度哲学导论》,江苏教育出版社 2005 年版,第 10 页。
② 吴海江、杜彦君:《国际比较视野下的美国梦、欧洲梦和中国梦》,《思想理论教育》2013 年第 6 期。
③ 孙祥飞:《"中国梦"的本土阐释与异域想象——以中国形象的跨文化建构为视角》,《郑州大学学报》2015 年第 1 期。
④ 骆郁廷、史姗姗:《话语权视域下的中国梦》,《湖北大学学报》2014 年第 7 期。
⑤ 王红伟:《国际体系视阈下的"中国梦":历史反思与现实考虑》,《探索》2013 年第 5 期。
⑥ 王义桅、韩雪晴:《国际关系理论的中国梦》,《世界经济与政治》2013 年第 8 期。

"中国梦"理论话语体系建构图

为我们的影响力和优势地位;(2) 把传统文化的积极因素转化为我们的话语优势;(3) 把"中国梦"理念转化为对外交往政策的主张①。

4. 中国梦的媒介传播

从传播学角度来看,"中国梦"的表达、解读和认同也成为学者关注的焦点。"中国梦"的传播包括对内传播和对外传播。有学者研究了大众传媒传播"中国梦"的工具性作用,大众传媒肩负着提升"中国梦"的辐射力,阐释"中国梦"的内涵并进行舆论引导的使命②。从跨文化传播角度来看,"中国梦"是一种民族身份的集体言说,"中国梦"的本土阐释和海外传播是构建中国形象的重要策略③,具体到国内媒体的对外传播,就是要讲好"中国故事",解读好"中国梦想"④。还有学者意识到本土阐释与异域空间阐释之间的误差问题,即"我塑"与"他塑"不一致的问题。例如孟建、孙祥飞基于新浪微博16万余条原创博文的数据分析,发现与"中国梦"相关的高频词包括:"国家""人民""民族""梦想""复兴""幸福""发展""建设""创新"等,而异域公众对"中国梦"的表达主要集中在"固守过去的辉煌""变革""整体经济实力""廉价的商品""傲慢的霸主"等表述⑤。还有学者研究"中国梦"的世界反响,指出目前国外对"中国梦"存在三种基本看法:(1)"中国梦"是对"美国梦"的复制;(2)"中国梦"是美国乃至世界的"噩梦";(3)"中国梦"是和平发展之梦。针对国外对"中国梦"的"他塑",回应世界眼中的"中国梦"于是具有了现实的紧迫性⑥。由于周边国家与中国存在地缘性利益冲突和互惠的关系,所以他们对"中国梦"的解读也

---

① 柴尚金:《中国梦与中国精神》,《红旗文稿》2013 年第 10 期。
② 曹勇、晨曦:《大众传媒视域下"中国梦"的塑造和传播》,《现代传播》2014 年第 6 期。
③ 孙祥飞:《"中国梦"的本土阐释与异域想象——以中国形象的跨文化建构为视角》,《郑州大学学报》2015 年第 1 期。
④ 覃彤、庄严:《"中国梦"与地方媒体对外传播路径建构的探索:基于省级电视台国际传播实践的视角》,《现代传播》2014 年第 5 期。
⑤ 孟建、孙祥飞:《中国梦的话语阐释和民间想象——基于新浪微博 16 万余条原创博文的数据分析》,《新闻与传播研究》2013 年第 11 期。
⑥ 孙佩:《"中国梦"的世界反响及其实现路径初探》,《南京政治学院学报》2014 年第 1 期。

更加复杂,"具体来说,中亚国家对'中国梦'的阐释以正面为主,西亚国家舆论相对中立,东北亚、东南亚和南亚国家则存在不同程度的'中国威胁论'声音,尤其对'强军梦'提出质疑"①。由此得出,"中国梦"的对外传播任重而道远。

四、关于"中国梦"研究的不足与改进

目前国内关于中国梦的研究成果汇集起来看上去很丰硕,但是这些研究基本上还是分散的,不同的学者总是从各自擅长的层面谈论中国梦,有待跟进研究,构建一个整合的理论系统。具体讲,关于中国梦的研究应从如下方面改进:

1. 应坚持民族性话语与世界性话语的融通

中国梦不仅是一套民族话语,还是一套跨国和跨文化的世界性话语,它的意义不仅在于能够指导中华民族的伟大复兴,激发中国人民追求幸福生活的梦想,还在于它能够为重构世界秩序、规则以及为新型的世界发展模式提供理论支持。关于中国梦的研究应从这两条路径开展,并最终实现这两条路径的整合。具体来讲,可采用以下研究策略:(1)国内有关研究部门的研究团队可以和世界不同区域的著名研究机构如大学和智库就向当地或他地的"中国梦"传播问题进行合作研究、发表共同研究成果;(2)注重进行"中国梦"和发展中国家梦想的比较和关联研究;(3)注重进行对发达国家的梦想如"欧洲梦"和"美国梦"的批判性解构研究;(4)注重由跨国跨文化研究团队执行的建构中国梦的世界性、区域性和地方性三个层次理论体系的研究②。这些研究策略的有效执行不仅有益于国际知识界对"中国梦"的认知,更有益于"中国梦"的对外传播。

---

① 吴瑛:《从周边国家舆情看"中国梦"的国际传播》,《国际问题研究》2013年第6期。
② Jia, Wenshan and Xin, Zhong, "Rebranding the World with a New Dream: A Rhetorical Analysis of Chinese President Xi Jinping's Zhongguomeng Discourse", *International Journal of Communication*, Special Issue on BRICS, Under review.

"中国梦"理论话语体系建构图

2. 有待进一步整合形成系统理论体系

由于国内学者从不同的角度论证中国梦,形成了一种百花齐放的局面,有利于中国梦思想的生发和丰富。但是接下来的阶段,中国梦必须由分散研究阶段进入整合研究阶段,形成一个既有共识又具开放性的理论体系。目前关于中国梦的内涵阐释各异,哲学论证多样。从历史演化来看,中国梦也是不断变化的。人们对中国梦的解读不仅呈现国内媒体和国外媒体的差异,甚至在国内还呈现不同人有不同的中国梦解读。这种多样化的解读尽管使中国梦的研究变得富有生机,避免了陷入模式化的窠臼之中,但是这种自由甚至随意的阐发也造成了对"中国梦"难以形成一个清晰、统一的共识,因为认同的模糊而导致它无法发挥本身所具有的凝聚力,这样导致的结果是"中国梦"的理论性多样,行动力乏弱。从这个层面来说,中国梦有待进一步形成整合性的理论体系。因此,国内学者需要进行国内国际的协同研究。

3. 还要从集体层面转入个人层面的研究

从目前关于中国梦的研究来看,中国梦作为官方的话语体系已经基本上在政府和学界引起了高度重视,也基本上建立起了一套初具规模的理论体系,但是普通大众对中国梦的接受程度如何?这仍然是值得进一步探讨和论证的。美国梦之所以能够被美国大众所公认,除了美国梦拥有深厚的哲学根基和历史传统外,美国梦还曾经是一个人人都可以实现的梦,富兰克林、洛克菲勒、福特等都是美国梦实现的代表人物。有学者提出美国梦就是一个关于个人的致富梦,它是一个不断实现的过程,而不仅仅是一个梦想。尽管中国梦被学者认为是一个国家、民族和个人统一的梦,但事实上从目前的研究和舆论来看,中国梦在集体梦层面上被国内知识界和媒体过多强调,例如谈及"中国梦"时往往谈的是国家富强梦和民族复兴梦,个人梦强调不够,个人梦经常被认为是国家梦和民族梦实现的结果。有没有个人实现过"中国梦"?"中国梦"对个人来讲是不是只是一个有待实现的梦想,还是一个不断被实现的梦想?这些问题研究者和媒体仍然关注不够。总之,中国梦还有待在个人层面被还原成一个生动、具体的梦,一个属于个人的梦,

"中国梦"理论话语体系建构图

阐述个人梦和国家民族梦的关系。唯有如此,中国梦才能从抽象的层面转化为具体的层面,才能在不同群体之间、个人层面激发出民族的想象力和创造力。

4. "中国梦"理论有待跟进和超前研究

以习近平为总书记的党中央和国务院正围绕着"中国梦"理论奋发有为地制定和实施种种国内国际战略。同时,在这些战略实施中又在不断丰富和发展"中国梦"理论体系。例如,今年上半年习近平提出一系列实体化概念如"四个全面"和"三个共同体"(安全共同体、生命共同体和责任共同体)等,我们认为这些较为具体的概念对中国梦理论体系的实施、充实、丰富和发展具有重大意义。因此,相关学界有必要对"中国梦"跟进研究。同时,相关学界还应对中国梦的理论和实践作理论上的超前研究,即为完善中国梦理论积极创造新理念、新体系,为中国梦理论体系的实施作前瞻性和预测性研究。最后,希望今后多作中国梦实证和案例研究。

五、结　　论

通过对中国学者关于"中国梦"的研究进行梳理,本文试图呈现出关于"中国梦"理论话语体系的建构地图。然后,我们对相关文献存在的问题作出分析,就如何完善这一宏大研究课题提出如下建议:(1) 未来研究应注重民族性话语与世界性话语的融通;(2) 有待进一步整合形成系统的理论体系;(3) 要注重中国梦个人层面的研究;(4) "中国梦"理论有待跟进和超前研究。最后,还应注重实证和案例研究。我们相信,运用跨学科、跨国和跨文化视角和方法的团队协同研究,中国梦理论体系必将有效地指导中华民族的复兴和世界责任共同体、安全共同体和生命共同体的建设。

(作者贾文山为中国人民大学新闻学院特聘教授,美国加州杰普曼大学终身教授;赵立敏为中国人民大学新闻学院博士研究生)

"中国梦"理论话语体系建构图

侗族大歌的国际传播与
中国国家形象建构*

张 斌 张 昆

内容摘要:侗族大歌所蕴含的自然、和谐、团结、勤劳、进取等文化精神是中华民族精神的重要体现,做好侗族大歌的国际传播,能够有效地促进中国良好国家形象的建构;当前侗族大歌国际传播中存在"去生活化"本真性缺失,以及资金和国际传播人才缺乏等问题;要做好侗族大歌的国际传播,推进中国国家形象建设工作,需要解决好信息的"本真性"问题,提高传播主体的自觉意识,谙熟国际传播规则,注重传播中的反馈。

关键词:侗族大歌;国际传播;国家形象

国家形象是国家"软实力"的重要组成部分,在一定程度上体现了一个国家的综合国力和国际影响力。作为中华民族多元一体格局有机组成的重要一员,侗族优秀的传统文化是中华民族精神的重要体现;侗族大歌作为侗族文化的杰出代表,以其自身独特的音乐价值和精神文化内涵,成为中国国家形象建构的重要素材。在全球化语境下,如何充分发掘侗族大歌蕴含的文化精神,做好侗族大歌的国际传播,既是侗族大歌自身发展的必然选择,也是中国国家形象建构的必需。

---

* 本文系国家社科基金重大招标项目"跨文化传播中的中国国家形象建构研究"(11&ZD024)、湖南省哲学社会科学基金项目"传媒发展与湘黔桂毗邻边区少数民族乡村政治文明建设研究"(13YBB175)系列成果之一。

一、侗族大歌的国际传播对中国国家形象建构的意义

1. 国家形象的多维性与多民族国家的构成

"国家形象"是当前的热门话题。美国学者马丁等人认为国家形象是"关于某一具体国家的描述性、推断性、信息性的信念的总和"[①]。科特勒等人则指出,"国家形象是个人对某一个国家的亲身经历、领悟、观点、回忆和印象的总和,它包括个人对这一国家的情感和审美"[②]。国外学者的观点突出强调了"国家形象"的基础是个人对国家的洞察与体验。国内学者普遍认为"国家形象"是一个国家综合实力和全面影响力的具体表现。杨伟芬认为国家形象是"国际社会公众对一国相对稳定的总体评价"[③]。李寿源认为国家形象是"一个主权国家和民族在世界舞台上所展示的形状相貌及国际环境中的舆论反映"[④]。管文虎和张昆则从国内外双重视角积极思考了国家形象构成的综合特性。管文虎认为"国家形象是一个综合体,它是国家的外部公众和内部公众对国家本身、国家行为、国家的各项活动及其成果所给予的总的评价和认定"[⑤]。无论是从国际关系视角将国家形象界定为国际社会对一个国家的综合印象,还是从内外双重视角积极思考国家形象中"自我形象"与"他我形象"的关系与区别,都具有其合理性。

在研究和探索中,"国家形象"的多维属性逐渐为学者们认识和重视。这种多维属性既包括构成国家形象内容要素的多维性,也包括对国家形象认识视角的多维性。张昆认为,"国家形象是一个由多种要

[①] 参见 Martin I. M. and Eroglu S, "Measuring a Multi-dimensional Construct: Country Image", *Journal of Business Research*, Vol. 28, 1993, p. 193。

[②] P. Kotler, "Marketing places", quoted from Ingeborg Astrid Kleppe, "Country Images in Marketing Strategies: Conceptual Issues and Experiential Asian illustrations", *Journal of Brand Management*, Vol. 10, 2002, p. 4.

[③] 杨伟芬主编:《渗透与互动——广播电视与国际关系》,北京广播学院出版社 2000 年版,第 25 页。

[④] 李寿源主编:《国际关系与中国外交——大众传播的独特风景线》,北京广播学院出版社 1999 年版,第 305 页。

[⑤] 管文虎主编:《国家形象论》,成都科技大学出版社 2000 年版,第 23 页。

素组成的综合体,是一个完整有序的整体结构"①。范红则从"多维塑造"的视角提出了"国家形象的塑造应该全面体现国家独具的价值观、民族特性和民族精神、自然地理环境特征、政治地位和经济实力、文化历史资源、国民素质等"②。

中国是包含五十多个少数民族的统一国家,侗族是多民族大家庭的重要成员。侗族独特的民族文化是灿烂中华文化不可或缺的组成部分,是中国整体国家形象展示的一个重要方面。在全球化的背景下,"首先要认识自己的文化,理解所接触到的多种文化,才有条件在这个正在形成中的多元文化的世界里确立自己的位置,经过自主的适应,和其他文化一起,取长补短,建立一个有共同认可的基本秩序和一套与各文化能和平共处、各抒所长、联手发展的共处条件"③。所以认识侗族的历史传统,传播侗族的文化,对于展示完整的中国文化、中国形象具有重要的意义。

习近平总书记在国家博物馆参观《复兴之路》陈列时提出,"到中国共产党成立100年时全面建成小康社会的目标一定能实现,到新中国成立100年时建成富强民主文明和谐的社会主义现代化国家的目标一定能实现,中华民族伟大复兴的梦想一定能实现"④。这既是我们的建设目标,也是对我们所期许的国家形象的高度概括。

2. 侗族大歌折射的中国国家形象

侗族大歌是在侗族地区流行的一种多声部、无指挥、无伴奏、自然合声的民族民间音乐合唱形式。作为侗族"三大宝"⑤之一,"侗族大歌不仅仅是一种音乐艺术形式,对于侗族人民文化及其精神的传承和凝聚都起着重大的作用,是侗族文化的直接体现"⑥。从表现形式看,侗

---

① 张昆、徐琼:《国家形象刍议》,《国际新闻界》2007年第3期。
② 范红:《国家形象的多维塑造与传播策略》,《清华大学学报(哲学社会科学版)》2013年第2期。
③ 费孝通:《对文化的历史性和社会性的思考》,《思想战线》2004年第2期。
④ 习近平:《承前启后 继往开来 继续朝着中华民族伟大复兴目标奋勇前进》,新华网,http://news.xinhuanet.com/politics/2012-11/29/c_113852724.htm,2012年11月29日。
⑤ 侗族的"三大宝"指的是侗寨鼓楼、侗族大歌和侗寨风雨桥。
⑥ 张中笑等:《侗族大歌研究五十年》,贵州民族出版社2003年版,第2页。

族大歌包括鼓楼大歌、声音大歌、叙事大歌、礼俗大歌、儿童大歌和侗戏大歌等,采用一领众和,分高低音、多声部合唱的形式,多以集体为主。作为"中华民族多元一体格局"的重要组成部分,侗族大歌的形成与其他民族的交流融合是分不开的。

首先是独特的复调音乐艺术。杨毅在《侗族大歌的独特艺术魅力》中将侗族大歌独特的音乐美概括为以下几个方面:一是曼妙多姿的演唱方式,二是多样和谐的旋律声调,三是纯真甜美的情感表达,四是充盈而喻象的词曲篇章。[①] 侗族大歌独特的音乐美在传播中逐渐为世人知晓,被誉为"民族瑰宝""天籁之音"和"原生态多声部民歌活化石"。法国前文化部部长米歇尔称赞侗族大歌是"清泉闪光的音乐,在世界上也罕见"。这种多声部民歌的传播、展演,震耳惊世,改变了国际上认为中国没有复调音乐的观点。

其次是"天人合一"的和谐思想。侗家人大多依山傍水而居,在青山绿水掩映下,歌声与自然和谐地融为一体。"和谐美"是侗族大歌所表现出来的最主要、最突出的思想特征,是侗族大歌的精髓。侗族大歌的和谐美集中地反映了侗族人与自然的和谐、人与人的和谐、人与社会的和谐以及自我身心的和谐。龙初凡认为:侗族大歌的和谐精神文化内涵主要包括:"一是展示了天人合一、和谐共存的理念;二是揭示了人类和谐是最高目标;三是表达了侗族文化的凝聚力。"[②] 侗族大歌包含的和谐思想也是其民族真实生活的体现,明代邝露在《赤雅》中就记载过"侗亦僚类,不喜杀,善音乐,弹胡琴、吹六管,长歌闭目,顿首摇足,为混沌舞"。这种思想和儒家推崇的礼乐治国是一脉相承的。

再次是热情好客与民主团结精神。侗族有好客习俗。来客人了,会在寨门口以歌相接和礼送;侗寨中心活动区——鼓楼演唱的鼓楼大歌中有很大一部分是与欢迎客人相联系的。一家来客,万家帮忙,客人来时,各家都会拿出精美的食物组成"合拢宴"来热情招待客人;宴席上,主人和客人会手挽手一起来唱敬酒大歌,友好融洽的氛围给人世外桃源之感。侗族大歌的"演唱方式别具一格且极为罕见:她阵容庞大,

---

① 杨毅:《侗族大歌的独特艺术魅力》,《贵州社会科学》2014年第8期。
② 龙初凡:《和谐:侗族大歌昭示的精神文化内涵》,《凯里学院学报》2008年第2期。

人员众多,却无伴奏无指挥,多声部合唱而错落有致、相互照应、和谐统一,仿如百鸟齐鸣、山泉击石、沁人心脾"。"侗族人民对这种演唱方式的选择和推崇,凸显出了他们在日常生活中追求心心相印、内部团结、齐心协力的生活理念和文化精神"①。侗族大歌演唱中虽有领唱,但无指挥和伴奏,充分体现了一种民主精神;同时,那么多人合唱要实现和谐统一,没有团结的精神是很难做到的。

最后是乐观向上与积极进取精神。侗族大多居住在湘黔桂毗邻的山区地带,历史上生存环境较为恶劣,但在与自然环境的斗争中,勤劳的侗族人民并没有抱怨与放弃,而是时刻保持乐观的精神,积极探索与自然环境和谐相处之道。侗民常说:"饭养身,歌养心",他们把"歌"当作精神食粮,视歌为宝,世代爱歌、学歌、唱歌,以歌为乐。在美丽的歌声中,侗族人民的积极进取精神也得到充分的展现。侗族大歌中的"声音大歌"②就是对自然声音的模仿与探索,在这种积极进取探索中,侗族发现了与自然和谐相处的密码,侗族传统的农业生计——稻田养鱼、鱼吃害虫、鱼粪肥田就是这种和谐相处积极进取精神的体现。

3. 侗族大歌国际传播对于国家形象建构的意义

国际传播是跨越民族国家界限的国际信息交流与分享,既包括国际上的大众传播,也包括政府和团体间的组织传播,以及国际上的人际传播。传播过程一般是由传播者、受传者、信息、媒介和反馈构成。③国际传播具有两种不同的信息流向:由外向内的传播往往是将国际社会的重大事件和动态传达给本国民众,而由内向外的传播则是把有关本国政治、经济、军事、文化等方面的一系列信息传达给国际社会。中国是发展中国家,在不断"成长"的过程中会伴随着不可预见的不堪、痛苦和矛盾,这些都将不可避免地呈现给世界。由于中国的政治制度、文化传统等都与目前占据世界格局中心地位的西方国家明显不同,中

---

① 杨毅:《侗族大歌的独特艺术魅力》,《贵州社会科学》2014 年第 8 期。
② 民间关于侗族大歌的分类各地不同,一般可按其风格、旋律、内容、演唱方式分为四类,即嘎所(嘎获)、嘎嘛、嘎想、嘎吉。其中嘎所是最精华的部分,又称"声音大歌",这种歌强调旋律的迭宕,声音的优美。
③ 郭庆光:《传播学教程》,中国人民大学出版社 1999 年版,第 58 页。

国国家形象中的一些负面因素往往会被那些西方国家放大、误读,乃至歪曲。

侗族大歌作为侗族优秀传统文化的典型代表,从独特的视角体现了中华民族精神,其科学有效的国际传播,对于消解国际社会对中国的误读和歪曲、对于建构负责任有担当的中国大国形象具有积极的意义。

近代中国,由于封建专制与闭关锁国政策的影响,当西方国家的坚船利炮打开中国大门时,西方他者眼光中,中国是小脚女人与东亚病夫,是弱国弱民的形象。百年屈辱、百年抗争,新中国的建立开启了新形象,而改革开放更是带来了中国的崛起和腾飞。面对中国的发展,绝大多数国际公众能够保持客观公正的态度,为新中国的发展叫好;尤其是那些发展中国家,本着和平共处五项原则与中国建立了友好合作关系,在互利互惠中谋求共同发展。但是西方一些国家仍然保留着历史思维与刻板印象,误读中国悠久灿烂的文化为愚昧落后,在他们眼中,中国的少数民族地区往往是贫穷落后的代名词,是动荡不安定所在地;更有一些国家从意识形态和狭隘的民族利益出发,别有用心地抛出"中国威胁论"和"中国崩溃论"。

侗族大歌所蕴含的优秀文化特质,既是侗族人民劳动实践的结晶,更是中华民族优秀品质的鲜明体现;做好侗族大歌的国际传播能够有效消除国际公众对中国的误读和歪曲。侗族大歌"在走向世界的过程中很好地展示了我国东方文化的古老和魅力。1986年10月,侗族大歌首次出国赴法国巴黎参加秋季艺术节活动,一经亮相,技惊四座,被认为是'清泉般闪光的音乐,掠过古梦边缘的旋律'。2009年9月,保护非物质文化遗产政府间委员会将侗族大歌列入联合国《人类非物质文化遗产代表作名录》,委员会评委一致认为,侗族大歌是'一个民族的声音,一种人类的文化'"[1]。

侗族人热情好客,崇尚民主团结,一寨有事,众寨相助。笔者在侗族地区采风时发现,侗寨有大型的活动,往往是附近村寨,甚至百里外的村寨都会来积极参与;大家跳着芦笙舞、唱着大歌,在群体性的演唱

---

[1] 张斌、张昆:《全球传播视野下少数民族乡村政治生活》,《现代传播》2012年第11期。

活动中,拉近了距离,化解了矛盾与纠纷,增进了了解与沟通。就是发生了大的矛盾和纠纷,侗族人也会通过"侗款制"来民主协商解决。侗族地区,自古就有"夜不闭户,路不拾遗"之风,很少出现打架、骂人、斗殴、偷盗等不良行为,这与侗族民歌的传唱、协调人心、优化环境无不相关。侗族大歌这种潜移默化的教化效果,充分体现了我国民族区域自治制度下各民族平等相处、团结发展和共同繁荣的精神,能够有力地驳斥西方国家对我国民族政策的污蔑与歪曲。

当今世界,面对"西方中心主义"给人类带来的困厄,物欲的膨胀对人的生存状况的威胁,环境恶化给人类带来的压力,人类将何去何从?人类的终极命运备受关注。汤因比认为"中国模式"与"希腊模式"是理解人类文明的关键,在与池田大作谈及世界统一的问题时,他把世界的希望寄托于中国,认为"恐怕可以说正是中国肩负着不止给半个世界而且给整个世界带来政治统一与和平的命运"[1]。

侗族大歌在民族交融中深受儒家文化的影响,是中华民族优秀传统文化的重要组成部分。侗族大歌中追求"天人合一"的和谐思想与乐观向上积极进取精神,既是中国当今社会建设实践的真实写照,也是我们心系全球、谋求全人类共同和谐发展的理想追求。因此,做好侗族大歌的国际传播工作,既可以消除西方一些国家对我们的误读与歪曲,更能够体现我们的责任意识与担当精神。

二、侗族大歌国际传播的问题与机遇

侗族集中居住在湘黔桂毗邻边区,历史上很长一段时间,中央政府对其实行的是"羁縻"政策,使得侗族大歌在一种相对缓和的环境下能够得到良好的发展;但同时,由于传播条件的制约、社会封闭等原因,侗族大歌只能是养在深闺人未识,汉字历史文献中只有零星的一些记载。侗族大歌走向全国是新中国成立以后实行平等的民族区域自治政策的结果,而侗族大歌走向世界更是改革开放以后的事情。

---

[1] 〔英〕汤因比、〔日〕池田大作:《展望二十一世纪》,国际文化出版社1997年版,第289页。

1. 侗族大歌对外传播取得的历史成绩

新中国建立后,由于实行了平等的民族区域自治政策,各民族的主体意识得到极大提高,民族交流日益频繁。1953年,侗族女歌手吴培信等赴北京参加全国首届民间音乐舞蹈会演,并在怀仁堂为国家领导人演唱侗族大歌。这是侗族大歌第一次走出侗乡,中国音协的专家给予了"幕落音犹在,回味有余音"的高度赞誉。

1953年年末,郭可谞在《人民音乐》发表了《侗族民间音乐的简单介绍》,对侗族大歌做了粗略的介绍;1958年肖家驹等主编的《侗族大歌》出版,第一次以书面形式向国内外介绍侗族民间合唱"嘎老",开启了侗族大歌有意识的传播。

1955年,黎平民间合唱团演唱的侗族大歌被中央人民广播电台录制成唱片,在全国发行,开启了大众媒介介入侗族大歌传播的新篇章。

侗族大歌在民族交流中走向全国,为国人瞩目。但侗族大歌以自觉的主体走向世界还是改革开放以后的事情。

1986年,侗族大歌赴法国巴黎参加金秋艺术节。艺术节执行主席约瑟芬·马格尔维特给予大歌以高度的评价:"在东方一个仅有百余万人的少数民族,能够创造和流传这样纯正的艺术、这样闪光的民间合唱,这在世界上实为少见。"以后,侗族大歌艺术团又先后出访意大利、匈牙利、奥地利等国进行表演。从此,侗族大歌便以它神秘和迷人的风采大步地走出侗乡,走向世界。

随着侗族大歌走向世界的步伐加快,它独特的文化内涵和社会价值也受到关注。2005年侗族大歌进入国家级第一批非物质文化遗产代表作名录,2009年,保护非物质文化遗产政府间委员会将侗族大歌列入联合国《人类非物质文化遗产代表作名录》,这些成绩的取得为侗族大歌的国际传播奠定了坚实的基础。

2. 侗族大歌国际传播中存在的主要问题

首先是"去生活化"——侗族大歌本真性保存问题。"个性化和不可复制性是原生态民歌的生命力所在"①。侗族大歌是侗族人民在劳动和生活实践中巧师自然、感悟生活的独创,是来自生活、运用于生活的一种生活艺术。侗乡听歌是一种生命活动,是体验一种生活,甚至它本身也成为一种生活,构成为生命历史之一段。不可否认,侗族大歌的舞台表演、图书杂志和音像出版、大众传媒尤其是网络传播,使其广泛地为世人知晓。但是,我们也不该回避侗族大歌在传播中出现的一个不容忽视的事实——"去生活化"。侗族大歌的"去生活化","指侗歌逸出了特定的地域,离开了它原来生存的人文环境,也抛却了原来作为侗族民众日常生活组成部分的角色,不再是他们集体的生活方式或内容"②。申茂平指出,"传统的大歌正在舞台的诱惑中,剥离出侗家日常生活,成为一种个人谋生的手段、旅游开发的资源和他者眼中的民间艺术"③。

  第二是资金设备、传承人与国际传播人才的缺失问题。随着侗族大歌走向全国走向世界,它的文化价值和社会经济价值逐渐被认识,政府也相应地加大了投入。但是由于历史和地理原因,侗族大歌所在的民族地区经济发展还相对落后,除了一些政府和企业作为旅游开发所扶持的局部村寨外,广大侗族村寨大歌所传承的设备简陋,甚至于无。侗族大歌自身的传承都存在问题,更不要谈论其对外传播了。对外传播中的大众传播和组织传播需要高科技的设备,需要巨大的投入,一般还很难看到即时的显性回报。设备技术不足严重地制约着侗族大歌的对外传播。

  就大歌的传承来看,中国经济的迅速发展也促进了民族地区的教育发展,村民识字水平有了巨大的提高,这些为侗族大歌的传承和传播创造了非常有利的条件。但是市场是把双刃剑,随着村寨人们外出务工,与外界的交流增加,年轻人对侗族大歌的学习兴趣严重下降;在调查中发现,侗族村寨现在能够传唱大歌的基本上是50岁以上的老年人。传承人的缺失是侗族大歌陷入濒临失传境地的最主要问题。

---

① 查子明:《中国原生态民歌生存发展之我见》,《音乐探索》2006年第1期。
② 滕志朋、刘长荣:《侗族民歌的网络传播》,《民族文学研究》2009年第2期。
③ 申茂平:《侗族大歌赖以产生的生态环境及其嬗变与保护》,《贵州民族研究》2006年第4期。

国际传播面对的是不同国家、不同民族、不同文化背景的传播对象，因为这些因素的影响，其不同的历史背景和文化传统，对于信息的接收会存在或多或少的差异。既要对侗民族音乐文化内涵有深刻的了解和把握，又要知晓国际传播规则，更要熟悉接受对象的文化心理，这一系列矛盾是目前制约侗族大歌国际传播发展最大的瓶颈。

3. 新时期侗族大歌国际传播的机遇

其一，日益增强的"文化自觉"意识提高了传播的积极性和主动性。全球化时代，文化的重要意义日益凸显。吉登斯指出："我们必须要从文化角度来关注全球化的到来"①。亨廷顿认为，文化认同将取代意识形态的划分作为全球政治的重构标准。而约瑟夫·奈则提出"文化软实力"概念，强调了民族国家文化软实力建设的重要意义。在文化"软实力"日益显著的今天，文化传播所带来的影响尤为深刻。与传统的政治、经济和军事等传播相比，文化传播是一种持久的、潜移默化的渗透。文化传播的发展为侗族大歌的国际传播营造了积极的外部环境。而伴随着中国改革开放的进程，侗族大歌的重要意义也日益为世界认识；这种积极的认识反过来促进了侗族对自身文化的高度自觉，提高了他们对外文化传播的积极性和主动性。

其二，中国政府的相关文化政策为传播提供了保障和支持。21世纪以来，中国经济持续发展，综合国力显著增强，党和政府对国家形象和民族文化软实力越来越重视。国家"十一五""十二五"文化发展规划纲要中，加大了对少数民族文化事业发展的支持力度。2011年颁布实施的《中华人民共和国非物质文化遗产法》也规定："国家扶持民族地区、边远地区、贫困地区的非物质文化遗产保护、保存工作。"中共十八大以来，提出文化软实力显著增强，把文化软实力摆在更为重要的位置。这一切都使得少数民族的优秀文化能够得到及时的抢救与保护，继承与发扬，也推动了少数民族优秀的文化更好地走向世界。

其三，媒介技术发展为传播提供了新的平台。侗族大歌以前的养

---

① 〔英〕安东尼·吉登斯：《失控的世界——全球化如何重塑我们的生活》，周红云译，江西人民出版社2001年版，第15页。

在深闺人未识既有其所处社会相对封闭的原因,也与其口耳相传的局限性有关。新中国成立后,伴随着广播电视与出版物的传播,侗族大歌逐渐为世人知晓,但传播的范围还是有限。今天,随着互联网信息技术、数字技术、移动通信技术的飞速发展,出现了以手机、微博、微信、QQ等为代表的一系列新媒体形式。技术革新与新媒体的出现,拓宽了侗族大歌的传播途径,并且为其国际传播提供了非常便利的新平台。

三、侗族大歌国际传播的策略探讨

1. 回归生活"本真",提高文化自觉

首先,回归生活,确保传播信息的"本真"。侗族大歌之所以能够在国际上被接受并广泛传播,是因为其本身所蕴含的独特的文化特质与音乐审美特质。在走向世界的过程中,侗族大歌舞台化和艺术化比较严重,逐渐脱离了其民族生活的本质和本真;失去了生活实践的土壤,侗族大歌的活力也在逐渐地消退。一方面是侗族大歌轰轰烈烈地申遗保护、走向世界;一方面却是濒临灭绝、在原生地的村寨没几个年轻人会演唱。皮之不存,毛将焉附?因此,要真正发挥侗族大歌在国家形象建构中的重要作用,首先需要做好信息原产地的保护工作。在侗族村寨要努力恢复大歌生产的环境条件,做好侗族大歌的可持续发展;另外,在侗族大歌走向世界和舞台化过程中,也要注意其"本真性"的保存。

其次,从国家战略层面来提高传播主体的民族文化自觉意识。侗族人民是侗族大歌国际传播的主体,首先必须提高其对侗族大歌的文化自觉意识。费孝通说过,"生活在一定文化中的人对其文化要有自知之明,明白它的来历,形成的过程,所具有的特色和它的发展趋势,自知之明是为了加强对文化转型的自主能力,取得适应新环境、新时代文化选择的自主地位"[①]。侗族大歌的内容和表现形式都展示了侗族人民爱好和平、勤劳勇敢、团结进取等中华民族的伟大精神。如大歌代表

---

① 费孝通:《文化自觉的思想来源与现实意义》,《文史哲》2003年第3期。

作品《蝉之歌》的大意是"静静听我模仿蝉儿鸣,希望大家来和声,我们声音虽不比蝉的声音好,生活却让我充满激情,歌唱我们的青春,歌唱我们的爱情"①。这首歌唱出了侗族人与自然的和谐、对生活的热爱以及对青春、爱情的向往和追求。只有对大歌文化的深厚底蕴有清晰而深刻的认识,才能增强主体的自信心和自觉性。

2. 树立科学的国际传播观,实施有效的信息编码

一种文化能否延续下去,不仅取决于文化本身的内在张力,还取决于它如何被传播。中国过去的对外传播是在对外宣传的框架下建构起来的,存在着"传媒系统与政治语境的高度一致、对外报道中浓厚的'宣传味'、对外宣传报道缺乏'针对性'、宣传报道内容与方法的'内外无别'、对外宣传报道的'传播者本位'、对外宣传和传播体系中资源配置缺乏优化"②等问题和不足。在与国际接轨的过程中,侗族大歌的国际传播需要改变传统的一些"宣传"做法,回归"传播信息"的本质。因此,侗族大歌的国际传播首先需要坚持真实、客观和全面的原则,要强调文化的普适性,以促进沟通和理解为传播目的;其次,传播总是在特定的环境下发生的,受特定的政治、经济和文化的影响,传播者总是带着一定的价值目的的,因此,侗族大歌的国际传播还需要坚持国家民族利益原则。

在全球化、信息化的今天,传播已经由以传者为中心转变为以受众为中心,受众是我们传播价值实现的核心。斯图加特·霍尔在《电视话语中的编码与解码》中提到,信息意义的表达需要经过三个阶段:编码阶段、形成阶段和解码阶段。受众面对所传播的信息内容,不会一味按照传者所要表达的意义被动地接受,他们会结合自己已有的认知体系、价值观念、思想结构和生活体验等,进行相应的解读。正所谓"一千个读者就有一千个哈姆莱特",同样的一则信息,会有不同的解读,甚至是完全相反的结果。

对于侗族大歌的国际传播也是这个道理,面对不同的传播对象,就

---

① 《侗族大歌》,搜狗百科:http://baike.sogou.com/v4585587.htm,2015年11月20日。
② 张昆:《国家形象传播》,复旦大学出版社2005年版,第62—82页。

要进行不同的受众定位。我们要充分了解和重视自己的传播对象。向什么国家进行传播，就要充分了解该国受众的文化接受心理；面对不同文化背景、欣赏层面、接受方式的受众，就要有选择地使用该国可以接受的文化标识，进行有效的信息编码工作。只有把侗族大歌转化为其他国家乐于接受的文化形式，并对传播的内容进行相应的阐释，才能进行有效的传播，达到相应的传播效果。

3. 科学利用多种渠道，扩大传播影响力

历史上，侗族大歌主要靠口耳相传，以歌班传承为主。现代科技的飞速发展使得侗族大歌的传播手段和渠道日益丰富。今天，要做好侗族大歌的国际传播，需要对各种传播媒介的特点和优势有充分的了解，要善于将各种传播方式有机结合起来。传统的传唱式的人际传播具有面对面的亲和力优势；活动式的组织传播能够借助组织的优势，有序有针对性地开展；而通过大众传媒的传播，能够获得迅速广泛的传播效果。新媒体的出现，改变了原有的传播环境和传播模式，产生了新的信息传播模式、新的大众接受心理、行为状态和习惯。了解新媒体特性并利用新媒体对于侗族大歌更好地走向世界非常重要。

具体来说，侗族大歌的国际传播渠道选择可以从以下几方面进行：一是"请进来"方式。这种方式具有浓厚的人际传播和组织传播特征，主要包括国际观光旅游和各种相关的学术研讨会。在"请"国外客人来侗族地区观光侗族大歌时，需要充分利用好导游的"国际名片"效应，通过他们的介绍，有效地传播侗族大歌深厚的文化内涵。学术研讨会虽然传播范围小，但传播对象都是不同国家的文化精英，具有多级传播理论中"舆论领袖"的引领示范作用。二是"走出去"方式。主要包括侗族大歌的"国际演出"和通过大众传媒有针对性的对外传播。侗族大歌赴法国巴黎金秋艺术节等出国演出，曾取得过非常好的传播效果。而利用以央视国际频道为主的对外传播媒介来做好侗族大歌的国际传播，促进中国良好国家形象建设，应该是侗族大歌国际传播的主要方式。当前，中国国家和政府已经高度重视国际传播影响力，加大了对外传播建设的力度，目前，央视已经拥有中文、英文、法语、俄语、阿拉伯语和西班牙语等六个国际频道，覆盖全球大部分国家和地区。此外，我们还要高度重视新媒体技术力量,通过网络的开放平台,利用网络覆盖全球、资源共享的优势,通过门户网站建设和友情链接,开设专门的微博、博客、视频浏览、歌曲下载等方式加强侗族大歌的对外传播。

4. 立足传统,注重反馈,创新中更好地走向世界

对于传统文化,需要"取其精华,去其糟粕",侗族大歌国际传播要更好地走向世界,需要立足传统,注重反馈,不断创新。由于传播对象的差异性,侗族大歌的国际传播更需要加强对"反馈信息"的收集,要了解不同国家不同民族的不同需要,要根据反馈信息来不断调整我们的传播方式和途径。

我们还要做好传统基础上的"创新"工作。中国传统文化中,"歌乐舞"是不分家的。一直以来,侗族大歌都是以群体合唱的形式进行表演,动作极少,有动作也是单调的、死板的、观赏性不强,不利于充分展现歌曲自身的魅力和增强舞台的表现力。因此,是否在传统单纯合唱形式中加入舞蹈的创新?侗族地区怀化学院音乐舞蹈系根据大歌的内涵所创编的舞蹈"格罗打打"在日本"爱知世博会"上成功的演出可以给我们很好的启迪。

侗族大歌的国际传播既是其自身发展的需要,也是其作为中华民族文化有机组成对国家社会发展的勇敢担当。要做好侗族大歌的国际传播,需要提高自觉意识,需要树立科学的国际传播观,需要在注重反馈的基础上进行创新,只有这样,侗族大歌才能得到越来越多的国家和民族的认可,才能在被认可中潜移默化地推动中国良好国家形象的建设。

(作者张斌为"湖南省民间非物质文化研究基地"及"怀化学院乡村政治传播研究所"副教授;张昆为华中科技大学新闻与信息传播学院教授)

日本人眼中的中国媒体及其对中国国家形象的影响

王秀丽　梁云祥

内容摘要：大众媒体作为对外传播的重要渠道，对中国国家形象的塑造起着举足轻重的作用。近年来，随着中国对文化软实力和国家形象的关注，中国媒体的对外传播能力也日益受到重视。本文通过网络调查和深度访谈的方法，深入探讨了日本民众眼中的中国媒体及其对中国国家形象的影响。研究发现，日本民众主要通过日本本国媒体了解中国，对中国媒体的接触和使用都非常少。同时，日本民众普遍认为中国媒体的报道不够客观、准确，因而也不信任中国媒体。日本民众对中国媒体的接触和评价显著影响他们对中国国家形象的认知。更多接触中国媒体、对中国媒体评价更为正面的日本民众，对中国的和平崛起越有信心，对中国的态度更为积极、正面。

关键词：中国媒体；日本媒体；国家形象；网络调查；深度访谈

大众媒体作为对外传播的重要渠道，对中国国家形象的塑造起着举足轻重的作用。近年来，随着中国对文化软实力和国家形象的关注，中国媒体的对外传播能力也日益受到重视。包括新华社、《人民日报》、中央电视台、中央人民广播电台、中国国际广播电台等在内的主流中国媒体都在积极拓展其对外传播能力，以更好地向世界传播中国文化、观点和视角，提升其国际影响力。那么中国媒体在对日本的文化传播和信息交流中有着怎样的作用？日本民众又是如何看待中国媒体的报道？中国媒体对中日关系及其中国形象的塑造有着怎样的影响？

在本文中，我们将结合问卷调查的数据对这些问题进行探讨，并进而分析媒体报道与国家形象之间的相互关系。同时，通过对日本记者的深度访谈数据，我们对日本媒体上有关中国报道的选题标准及其背后的动因也进行了分析。

一、媒体与国家形象

大众媒体作为重要的信息来源，其信息报道的准确与否、真实与否、客观与否以及报道的形式、选题和数量，在很大程度上会影响人们对事物的认识、判断以及行为。传播学中有关议程设置和框架理论的研究都针对这一媒介效果进行了探讨。

马尔科姆·麦库姆斯（Maxwell McCombs）和唐纳德·肖（Donald Shaw）两位学者最早提出议程设置理论，指出媒体对某一事件的报道量的多少和版面的安排会影响受众对这一事件重要性的认识，进而影响人们的舆论导向和行为。① 韦恩·旺达（Wayne Wanta）等学者发表的一项研究发现，媒体对与美国相关的国际冲突、恐怖主义、犯罪、毒品等国际新闻报道量的增加，确实引发了美国人对这些议题的更多担忧。② 而斯图尔特·索洛卡（Stuart N. Soroka）的一项研究也发现，在美国和英国，公众对外交事件的关注在很大程度上都是源于大众媒体的报道。③

框架理论进一步指出，大众媒介通过对新闻素材的"选择和凸显"，即"选择某一事件的特定方面，并在传播文本中加以凸显"，从而促成对某一问题的"独特界定、因果解释、道德评价以及处理方式"④。

---

① Maxwell McCombs and Donald L. Shaw, "The Agenda-setting Function of Mass Media", *Public Opinion Quarterly*, Vol. 36, No. 2, 1972, pp. 176-187.

② Wayne Wanta, Yu-wei Hu, "The Agenda-setting Effect of International News Coverage: An Examination of Differing News Frames", *International Journal of Public Opinion Research*, Vol. 5, No. 3, 1993, pp. 250-264.

③ Stuart N. Soroka, "Media, Public Opinion and Foreign Policy", *Press/Politics*, Vol. 8, No. 1, 2003, pp. 27-48.

④ Robert Entman, "Framing: Toward Clarification of a Fractured Paradigm", *Journal of Communication*, Vol. 43, No. 4, 1993, p. 52.

在新闻报道中,媒体常常通过设置议程和构建新闻框架来凸显某种内涵和思想,宣传和维护特定的利益或价值观,进而影响受众对人物或事件的理解和决策。保罗·布里尔(Pal Brewer)等学者通过控制实验的方法研究了媒体报道一国发生的事件时所采用的新闻框架对其国家形象的影响。实验发现,当美国媒体的新闻框架关注墨西哥政府在控制毒品方面的努力以及积极与美国合作打击毒品走私的时候,美国民众对墨西哥持较为正面的印象;而当新闻框架关注墨西哥毒品泛滥及其对美国造成的不良影响时,美国民众对墨西哥持较为负面的印象。[1] 另外,学者韦恩·旺达(Wayne Wanta)等人结合民意调查和内容分析数据,研究了媒体报道与公众对一国形象认知之间的相关性,发现美国媒体对他国的负面报道往往引发美国民众对该国的负面印象。[2]

有研究表明,当情况许可的时候,人们更喜欢依赖亲身经历和个人感受来作判断,但是当没有机会亲身经历或者很难获得一手资料的时候,人们主要还是通过大众媒体做出判断。[3] 鉴于大多数人缺少在他国的亲身经历,人们对他国的认知与评价主要是基于大众媒体的报道。这也使大众媒体对一国国家形象的塑造至关重要。

现有研究中,有很多都是分析日本媒体报道与中国国家形象的关系。刘林利的专著《日本大众媒体中的中国形象》在介绍日本大众传媒现状的基础上,梳理和归纳了日本主要报刊媒体的中国报道及其所折射的中国形象。[4] 战琦和刘妍通过对《朝日新闻》(英文版)有关中国报道的内容分析,探讨了中国在日本的媒体形象及其对中国外宣工作的启示意义。[5] 罗海龙结合国际政治理论和传播学理论,以建构主

---

[1] Paul R. Brewer, Joseph Graf, and Lars Willnat, "Priming or Framing: Media Influence on Attitudes toward Foreign Countries", *Gazette: The International Journal for Communication Studies*, Vol. 65, No. 6, 2003, pp. 493-508.

[2] Wayne Wanta, Guy Golan, and Clseolhan Lee, "Agenda Setting and International News: Media Influence on Public Perceptions of Foreign Nations", *Journalism and Mass Communication Quarterly*, Vol. 81, No. 2, 2004, pp. 364-377.

[3] Diana Mutz, "Mass Media and the Depoliticization of Personal Experience", *American Journal of Political Science*, Vol. 36, No. 2, 1992, pp. 483-508.

[4] 刘林利:《日本大众媒体中的中国形象》,中国传媒大学出版社2007年版。

[5] 战琦、刘妍:《从日本主要报纸涉华报道看国家形象的树立》,《对外传播》2008年第9期。

义视角宏观分析了日本媒体的对华报道及其所建构的中国形象。① 阮蓓倩通过对日本媒体涉华报道的个案分析，比较了中日两国间的报道差异及其对两国国家形象的影响。② 赵新利结合日本媒体对华报道的特点，分析了《中国铁道大纪行》和《激流中国》这两部日本纪录片中所展示的中国形象，指出日本媒体对中国的客观准确报道有助于日本民众了解真实的中国。③ 这些研究大多都是通过内容分析的方法分析日本媒体中展现的中国形象，较少有通过问卷调查的方式了解媒体对国家形象的影响。在本文中，我们主要将探讨日本人眼中的中国媒体及其对中国形象的影响。

二、研究方法

本文主要采用网络调查和深度访谈的方法来获得研究数据。网络调查数据使我们能够从总体上了解日本民众对中国媒体的看法，而深度访谈数据则为我们解读了这些看法背后的深层原因及其对中国国家形象的影响。

1. 问卷设计、发放与样本描述

问卷内容主要根据研究目的的设计完成，主要关注日本民众对中国的认识，了解中国的途径和渠道，对中国传媒、中日关系以及中国的评价，以及被访者的个人基本信息等。鉴于本文的研究目的，论文只是选取了其中有关日本人对中国媒体的接触、评价以及有关中国国家形象的部分加以分析。

本次调查的问卷采样和发放主要由日本的一家网络调查公司协助完成，问卷采样、发放周期约为一个月。2011年12月，调查公司在一个性别、年龄、收入、婚姻状况等具有普遍代表性的、拥有456980名日

---

① 罗海龙：《日本大众传媒对华报道的建构主义分析》，河北大学硕士学位论文，2008年。
② 阮蓓倩：《中日相互报道与两国形象研究》，南昌大学硕士学位论文，2007年。
③ 赵新利：《日本纪录片中的中国形象》，《青年记者》2009年第28期。

本人的样本库中随机发出了 35130 封调查邀请函,①有 3923 人点击了调查链接,完成收回的有效样本共计 1038 份。为控制样本质量,调查公司设置了 IP 控制、电脑物理地址识别等,避免同一账号、同一电脑、同一 IP 重复作答。

本次调查收回的 1038 份有效问卷中,有女性 311 人,约占被调查人总数的 30%,男性 727 人,约占总调查人口的 70%。这一性别比例是基于我们对日本社会男性和女性社会政治地位的差异所做出的样本配比,虽然与日本社会实际的男女性别比例差异较大,却能够更为准确地反映日本民众在社会、经济和政治等问题上的声音和立场。

本次问卷基本上涵盖了日本 18 岁以上的各个年龄段的人群,具有较强的代表性。其中,18—24 岁的学生为 70 人,占总人数的 7%;25—34 岁的青年为 212 人,占总人数的 20%;35—54 岁的中年人为 687 人,占总人数的 66%;55 岁以上的中老年人为 69 人,占总人数的 6.7%。这次调查符合我们以青年人和中年人为主的调研目的,因为中青年人较老年人在经济、政治以及国家的大政方针的制定上享有更多的发言权。

调查中,六成的被调查者具有大专、大学本科及研究生学历,除 32 人(约 3%)是初中学历外,其余都为高中或专科学校学历。四分之一的被调查者从事一般文员工作,近两成的被调查者为经理或中层管理人员,另外两成为公务员、技术人员和大学生,其余被调查者为家庭主妇、体力劳动者以及从事设计、艺术人士等。约三分之一的被调查者年收入低于 200 万日元,另外三分之一的被调查者年收入为 200 万—500 万日元,另外三分之一的被调查者年收入超过 500 万日元。

近七成的被调查者表示他们没有任何宗教信仰,近四分之一的被调查者信仰佛教,另有约 2.8% 的被调查者信仰基督教、3.4% 的被调查者信仰神道教(如此低的比例出乎我们的意料,可能的解释是神道教已经成为日本人生活的一部分,并不被认为是一种宗教)。

近七成被调查的日本民众表示,他们哪个政党都不支持;有 13% 的被调查者支持日本自民党,11% 的被调查者支持日本民主党,对日本

---

① 网络调查公司为提高样本库的代表性会尽可能地从多个网站招募会员,同时在问卷发放中也会按照年龄、区域、收入等进行筛选,按比例随机抽样,发送邮件邀请。

公民党和共产党的支持率都不足3%。调查中,有16.6%的日本民众曾经到访过中国,30.2%的日本民众有中国的朋友或熟人,还有4.8%的被访民众会讲中文。

2. 深度访谈

在问卷调查中,我们发现对日本人的中国形象认知最有影响的渠道是日本媒体,因此在问卷调查的基础上,我们选择了一些日本主要媒体的驻华记者进行访谈,试图了解日本媒体记者有关中国报道的选题标准、影响及原因等。同时,我们也访谈了两位研究中国问题的日本学者,希望了解他们所代表的了解中国的日本知识分子阶层对中国媒体及中国国家形象的看法。

访谈主要在2014年12月到2015年1月这两个月的时间内进行,所有嘉宾的访问方式都是面谈,访谈时间约为1—2个小时。接受访谈的嘉宾出于对个人隐私的保护以及对中日关系的敏感性因素的考虑,要求我们在写作中保持匿名。因而,在表1中,我们只列出了访谈嘉宾的大致情况。

表1 访谈嘉宾列表

嘉宾序号	身份	职业	是否会汉语	熟练程度	在中国生活/学习/工作的时间	访谈地点	访谈时间
A	记者	日本某电视台驻华记者	会	精通	9年	咖啡厅	1小时
B	学者	日本某大学政治学副教授	会	一般	1年	办公室	1.5小时
C	记者	日本某通讯社驻华记者	会	一般	2年	咖啡厅	1小时
D	记者	日本某报社驻华记者	会	一般	半年	咖啡厅	1小时
E	学者	日本某大学政治学教授、中国问题专家	会	精通	3年	办公室	2小时

(续表)

嘉宾序号	身份	职业	是否会汉语	熟练程度	在中国生活/学习/工作的时间	访谈地点	访谈时间
F	记者	日本某通讯社驻华记者	会	一般	2年	办公室	45分钟
G	记者	日本某报社访问学者	不会	NA	半年	办公室	1.5小时
H	记者	日本某报社驻华记者	会	一般	1年	办公室	1.5小时

三、日本人眼中的中国媒体

我们的调查发现，日本民众主要通过日本本国媒体了解中国，对中国媒体的接触和使用都非常少。同时，日本民众普遍认为中国媒体的报道不够客观、准确，因而也不信任中国媒体。

1. 日本国内媒体是日本人了解中国的主要渠道

调查中，高达95%的日本人表示他们了解中国的主要渠道是日本的国内媒体，有14%的被调查者表示他们通过日本和中国之外的其他国家的媒体来了解中国。仅有9%的日本人表示中国的媒体也是他们了解中国的渠道之一。从图1中的数据可以看出，在日本的中国人、中国商品和中餐馆也在一定程度上承担了中日交流形象大使的重任，成为日本民众了解中国的窗口。同时，我们也很遗憾地看到，中国政府近年来努力推进的以促进中国文化对外传播为重任的孔子学院在日本民众中的影响微乎其微。

在我们的访谈中，很多嘉宾坦言，绝大多数不懂中文的日本人，基本上都是借助日本的国内媒体来了解中国。因此，日本媒体如何报道中国在很大程度上直接影响日本人对中国的看法。

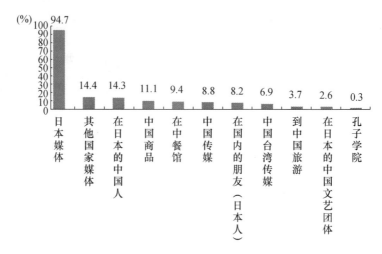

图1 日本人了解中国的主要渠道的百分比

2. 电视、网络是日本人了解中国的主要媒体形式

如图2所示,超过8成的日本民众表示他们了解中国最主要的传播渠道是电视,这与电视媒体本身在公众中的影响力密不可分。网络和报纸也是主要的信息来源,比例均超过了五成;期刊(18.9%)、图书(14%)、广播电视台(7.5%)以及电影(6.1%)的影响力都较小,广告最少,仅为2.2%。在访谈中,在中国的日本媒体记者和学者也表示随着微博、微信等社会化媒体的发展,他们更多地通过网络渠道来获取新闻素材。同时,因为缺少与中国政府官员及其他信息源交流的机会,他

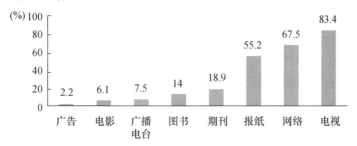

图2 日本人了解中国的主要媒体形式

们也通过中国国内的媒体如新华社、人民日报、中央电视台、财新传媒等来了解中国政府的意向。但这些日本记者也指出,他们并不信任中国媒体,通常只是通过中国媒体的报道来证实他们的某些信息。

3. 中央电视台英语新闻频道和中文国际频道是日本人接触最多的中国媒体

如图3所示,在过去一年中,日本民众偶尔接触(1—5次)的中国媒体中,频率最高的是中央电视台的英语新闻频道,为10.2%;其次为中文国际频道、《人民日报》(海外版)、中国通信社网站、新华网等,都超过了5%的比例。日本民众最经常接触(6次及以上)的中国媒体是东北日语网(1.3%)、人民网的日语频道(1.2%)和中央电视台英语新闻频道(1.1%)等。总体来说,日本民众对中国媒体的接触比较少。

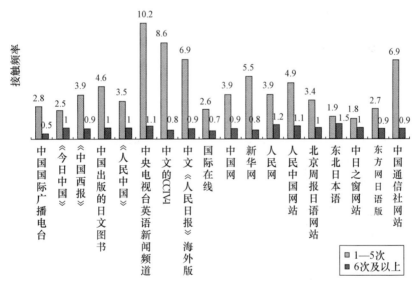

图3 日本民众对中国媒体的接触频率百分比

访谈中,除了一位日本学者说他会接到出版社朋友寄给他的《人民中国》赠刊之外,几乎所有的访谈嘉宾都表示他们几乎不接触中国的外宣媒体,如中国国际广播电台的日语频道,或者新华网、人民网的日语专题等。懂中文的日本人更愿意通过新华社、《人民日报》等中国国内媒体来了解中国。这位学者表示在中国访学期间，他最常看的中国媒体是《人民日报》，因为从《人民日报》上能够了解更多中国政府的想法，以及政府想要让国民了解的信息。除此之外，他还经常看《财经》、财新等中国媒体，以及《大公报》等一些香港媒体。除了媒体之外，和中国朋友交流是他获取信息的一个非常重要的渠道。

日本民众对中国媒体的接触不多的原因，有语言障碍、接触机会、收视习惯以及媒体自身的吸引力等诸多因素，但是媒体自身的吸引力是最为根本和核心的原因。因为在我们的预调查中，有三分之二的被访者是生活在北京的日本留学生和公司职员，他们中的绝大多数没有语言障碍，并且能够很方便地接触到各种类型的中国媒体，但是调查结果显示他们更倾向于通过网络方式选择日本国内媒体以及欧美的英文媒体，对中国媒体的接触度依然很低，基本都不足30%。在我们的调查和访谈中，日本民众普遍表示对中国媒体的信任度不高。同时，与BBC、CNN等欧美强势媒体相比，中国媒体的国际知名度和影响力相对较弱。

4. 日本民众了解中国最常用的网络渠道是日本媒体的新闻网站

互联网等新媒体的发展使信息交流的效率大大提高，也使一国民众能够使用诸如Facebook、微博、维基百科等各种网络应用了解他国信息和资讯。如图4所示，超过一半的日本民众主要依赖日本媒体的新闻网站了解中国，由此可以看出日本传统媒体的影响力。近三成的日本民众表示他们会通过维基百科查阅与中国相关的问题、事件等。除此之外，网络视频、广播网站、博客和微博等也是了解中国的网络渠道，其余的网络应用使用频率都相对较低。

5. 日本民众最信任互联网、公共媒体和路透社

图5列出了日本民众对各类媒体的信任度。可以看出，日本民众对互联网的信任度较新闻出版和电视媒体要高。互联网作为一种双向沟通并允许用户自创内容的新媒介，在一定程度上摆脱了传统媒体和利益集团对话语权的垄断，促使了信息与话语体系的多元化。正是这一点赢得了人们对互联网更多的信任。同时，日本民众对公共媒体的信任度较商业媒体和政府媒体要高。在几大国际通讯社中，日本民众

国际传播

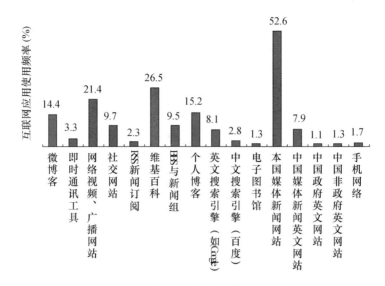

图4 日本民众了解中国的网络渠道

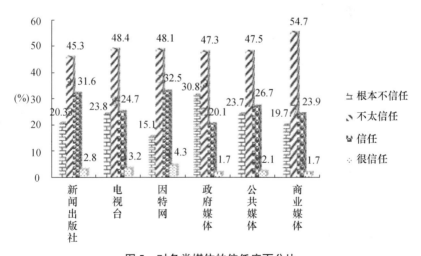

图5 对各类媒体的信任度百分比

对路透社的信任度最高,其次为日本共同社、美联社和法新社,对我国的新华社的信任度最低,仅为10.8%(参见图6)。

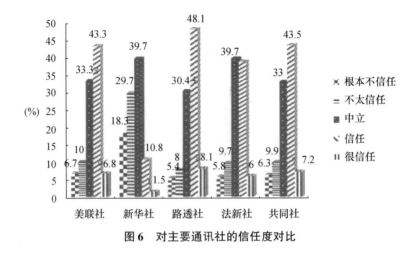

图 6 对主要通讯社的信任度对比

6. 日本人普遍认为中国媒体报道不可信、不准确

从表 2 的数据可以看出，日本民众对中国媒体的信任度极低，仅有 4% 的被调查者表示他们信任或比较信任中国媒体。日本民众对中国媒体的总体印象是报道不准确、不公正，分析视角不够全面，报道不及时，并且可读性不强。这一方面与中国的媒体制度相关，另一方面也与日本人对中国的成见相关。在我们的访谈中，有日本学者表示，虽然日本媒体的报道也并非绝对准确和客观，但是日本媒体比较自由，各个媒

表 2 日本民众的中国媒体印象

中国媒体	"同意"	"不同意"	"中立"/ "不知道"	均值 (1＝不同意, 5＝非常同意)
可信	4.0%	67.0%	29.0%	1.99
及时	10.5%	39.9%	49.6%	2.52
分析视角全面	5.4%	58.3%	36.3%	2.17
准确	4.2%	62.4%	33.4%	2.04
公正	3.7%	67.2%	29.1%	1.94
可读性强	7.9%	29.7%	62.3%	2.61

体都有自己的立场,对中国的报道观点也不同。有些媒体对中国比较友好,有些不友好,所以只要多看几家媒体的报道,就能保证客观性。但是,中国媒体体制与日本的差异性使日本人认为中国媒体报道受到政府管制,因而并不信任中国媒体的报道。

7. 中国传媒对于日本民众理解中国帮助不大

当问及中国传媒是否有助于日本民众理解中国时,超过半数的日本民众(57%)表示没有帮助,另有三成的被调查者持中立意见,仅有一成左右的日本民众表示中国传媒对于他理解中国有帮助。这一调查结果也很容易理解。一方面,日本民众对中国媒体的接触和了解非常有限;另一方面,日本民众对中国媒体不信任。当你不接触也不信任某一个媒体的时候,该媒体所提供的信息当然就没有帮助了。

8. 日本民众对中国媒体的接触和评价显著影响他们对中国形象的认知

日本民众对中国媒体的接触和评价,是否会影响他们对中国形象的认知呢?为了回答这个问题,我们以日本民众对"中国是否威胁世界和平"的判断为因变量,以性别、年龄、是否会讲汉语、是否到过中国、是否有中国朋友、对中国文化的兴趣、接触和评价,以及对中国媒体的接触和评价为自变量进行了多元回归分析。如表3所示,性别、年龄、是否到过中国、对中国媒体的接触和评价都是影响日本民众"中国是否威胁世界和平"判断的显著因素。也就是说,男性、访问过中国的、年纪越大的、对中国媒体接触较少且评价越负面的日本民众更倾向于认为中国的发展威胁世界和平。由此可见,更多接触中国媒体的日本民众、对中国媒体评价更为正面的日本人,对中国的和平崛起越有信心。

表3 影响日本民众关于"中国是否威胁世界和平"判断的多元回归分析
(N = 1038)

自变量	中国是否威胁世界和平	
	Std. Beta	Total R^2
性别	.11***	
年龄	.10***	
是否会讲中文	.02	
是否到过中国	.07*	
是否有中国朋友	.02	
对中国文化的兴趣	.08	
对中国文化的接触	-.06	
对中国文化的评价	.02	
对中国媒体的接触	-.10**	
对中国媒体的评价	-.26***	.12***

* $P \leqslant .05$, ** $P \leqslant .01$, *** $P \leqslant .001$

同样的,我们以日本民众"是否喜欢中国"为因变量,以性别,年龄,是否会讲汉语,是否到过中国,是否有中国朋友,对中国文化的兴趣、接触和评价,以及对中国媒体的接触和评价为自变量进行了逻辑回归分析,试图找到影响日本民众喜爱中国的显著因素。表4的数据显示,男性、对中国文化越感兴趣、接触越多,对中国媒体接触越多、评价越正面的日本人,越表示喜欢中国。

表4 影响日本民众是否喜欢中国的各类因素的逻辑回归分析
(N = 1038)

自变量	Std. Beta	Wals	Exp(B)
性别	.85*	3.89	2.35
年龄	0	0	1
是否会讲中文	-.14	.04	.87
是否到过中国	.27	.41	1.31
是否有中国朋友	.44	1.5	1.55
对中国文化的兴趣	.14***	10.85	1.15

(续表)

自变量	Std. Beta	Wals	Exp(B)
对中国文化的接触	.15*	5.88	.86
对中国文化的评价	.41	1.86	1.51
对中国媒体的接触	.10**	7.90	1.1
对中国媒体的评价	.16***	12.05	1.18

Chi-square 70.63, $P < .001$; * $P \leq .05$, ** $P \leq .01$, *** $P \leq .001$

从两次回归分析的结果可以看出,日本民众更多地接触中国媒体和更正面的评价带来了更正面的中国国家形象认知。由此可见,媒体在一国国家形象的塑造中起着举足轻重的作用。

四、调研分析

1. 日本媒体有关中国的报道增多,选题多为负面

虽然我们问卷调查的主要目的是了解日本民众对中国媒体的接触和评价,但从调查结果中我们发现,日本民众主要依赖本国媒体获得有关中国的信息。因此,在对日本记者的访谈中,我们特别询问了他们在中国报道中的选题视角和报道倾向,以了解日本民众有关中国的认知来源。记者们表示,除了关注中日经济、文化交流、中国的科技尤其是航天技术的发展、日本企业在中国的活动之外,他们更多地关注中国的军事力量、环境问题、贫富差距、腐败问题、食品安全等信息,以及中日之间的矛盾。之所以关注这些问题,主要是因为这些问题与日本民众息息相关,也是日本民众最感兴趣的方面。譬如说,中国的蔬菜、饺子、包子等很多原料和食品都出口到日本,因此任何有关中国食品安全方面的报道都是日本人关心的话题。但同时,记者们也承认日本媒体对中国的报道有夸大的成分。

在我们的调查中,半数以上的日本民众认为日本媒体对中国的报道以负面为主,并且不够准确和客观。这一点在之前学者们对日本媒体的研究中也得到了印证。张玉通过对日本《朝日新闻》和《读卖新闻》1995年到2005年间有关中国的新闻报道进行了内容分析,探讨了日本媒体关于中国的政治、经济、军事、外交等九类主题的报道内容和视角,发现日本媒体中的中国报道总体上是中性偏向负面的。[1]

近年来,日本媒体关于中国的负面报道不仅在数量上显著增加,各类选题的内容比例也发生了很大变化。20世纪八九十年代,日本媒体关于中国的报道以经济新闻为主,相对比较客观。近些年来,随着中日关系的变化,关于中国的报道内容更多集中在中国的军事、环境、食品安全等领域。在我们的访谈中,多位记者都指出关于中国军事力量增长的报道或者负面的、有威胁性的报道数量和比例在2000年之前大概只占中国报道的很小一部分,但是2000年之后这方面的报道突然开始占据很大比例,这对日本民众的心理产生了很大影响,使日本民众更多感到了来自中国的威胁。

2. 日本媒体的负面报道与民众情绪形成互动

访谈中,一位日本学者表示,日本媒体的中国报道与日本民众的情绪之间形成了一种恶性的互动循环。一方面,近些年日本媒体中有关中国的负面报道持续增多,尤其在2010年的撞船事件发生之后,日本媒体中充斥着怀疑中国的意图,带动了民众中讨厌中国情绪的持续蔓延。另一方面,日本媒体为了迎合日本民众讨厌中国的情绪,也会刻意选择有关中国的负面事件进行夸大和渲染,最终导致了负面报道的持续增多和民众厌中情绪的不断高涨。

日本媒体对中国的负面报道会引发日本民众对中国的负面情绪。关于这一点,传播学中的框架理论已经进行了很好的解释,即媒体对某一事件的报道倾向,包括事实和立场的选择、报道呈现的方式等,会影响受众对这一事件的认知和态度。但媒体为什么会迎合受众的情绪,并竭力提供与受众情绪相吻合的新闻产品呢?因为日本媒体绝大多数都是商业媒体。虽然媒体有很大的自主性,是立法、行政、司法这三个国家权力之外的第四权力,对政府也有着监督的作用,但是,商业媒体的运营需要民众的支持,如果民众不再愿意订阅某份报纸或观看某个

---

[1] 张玉:《日本报纸中的中国国家形象研究(1995—2005)——以〈朝日新闻〉和〈读卖新闻〉为例》,《新闻与传播研究》2007年第4期。

电视台,那么这家报纸或电视台就面临生存危机。在这样的媒体生态下,一旦记者发现某一类型的新闻会受到民众的追捧,他们就会加大对此类新闻的报道,以此来吸引民众。近年来中日关系的恶化以及持续发生的有关钓鱼岛归属问题的冲突,使日本民众的厌中情绪在不断发酵,因而有关中国的负面事件也就成了媒体报道的热点。

3. 中日媒体报道受中日关系影响,媒体的选择性策略带来信息不对称

媒体的报道不可能做到完全客观,尤其是中日双方对彼此的报道在很大程度上受到中日关系大环境的影响,掺杂了不少感情化和民族主义的评价,影响了人们对事件的客观认知。当中日关系好的时候,媒体的关注点更多地放在双方的合作和优势互补上,而当双方关系恶化的时候,媒体的负面报道也随之增多,对同一事件的解读也会有所不同。一位研究中国政治的日本学者举例说,在中日关系好的时候,哆啦A梦在中国的流行是中日文化友好交流的例证,在中日关系不好的时候,就被中国媒体解读为日本对中国的文化侵略,这让他很难接受。

同时,媒体喜欢选择一些对自己有利的信息进行报道,而忽略他们认为对自己不利的观点。在中日双方的报道中,这一点尤为突出,造成了严重的信息不对称。如前所述,日本媒体在中国报道中,对于负面新闻的报道更为关注。中国媒体也经常出现强调一些信息,而忽略另一些信息的情况。一位日本学者指出,中日之间的信息不对称是造成中日关系恶化的重要原因。这位学者举例说,中国媒体因为不喜欢日本首相安倍,因此在报道中经常关注安倍的负面信息,而对安倍表达的希望中日友好的讲话视而不见。譬如说2014年9月在日本国会演讲中,安倍说:"日本与中国,彼此无法割舍。中国的和平发展,对我国来说是一个巨大的机遇。我希望肩负着本地区和平与繁荣重任的日中两国,为建立稳定的友好关系,早日实现首脑会谈,通过对话进一步发展'战略互惠关系'。"[①]对于这次讲话,中国媒体并没有报道。另外,2014

---

① 《安倍首相在第一百七十八届国会上的演说》,日本首相官邸网页:http://www.kantei.go.jp/jp/96_abe/statementz/20140929shoshin.html,2014年9月29日。

年 11 月 10 日，在中日首脑会谈中，安倍说：我想和习主席一起从大局、长远观点来探讨 21 世纪的日中关系。我觉得，增进国民之间的相互理解、深化经济关系、实现在东海的合作、稳定东亚安全环境——围绕以上四点，双方开展多层面的合作是非常重要的。安倍的上述讲话，中方媒体也没有报道。

同样的，习近平主席在南京大屠杀死难者国家公祭仪式上的讲话：我们为南京大屠杀死难者举行公祭仪式，是要唤起每一个善良的人们对和平的向往和坚守，而不是要延续仇恨。中日两国人民应该世代友好下去，以史为鉴、面向未来，共同为人类和平做出贡献。我们不应因一个民族中有少数军国主义分子发起侵略战争就仇视这个民族，战争的罪责在少数军国主义分子而不在人民。日本媒体虽然对此进行了报道，却没有将中日之间世代友好的愿望作为强调的重点，而在报道中更多关注了中日之间的不和谐因素。

当中日两国民众接触不到与对方相关的全面信息，其对对方的评价必然是片面的。因此中日两国开展对话、解放思想、信息公开，这是非常重要的。

五、策 略 建 议

1. 中国媒体的对外传播影响力急需提高

我们的调查和访谈数据都表明日本民众对中国媒体更多的接触和更为正面的评价，对他们正面评价中国有积极的促进作用。但遗憾的是，绝大多数日本人并不信任中国媒体，对中国媒体，包括传统媒体和网络媒体的接触和使用率都非常低。之所以不信任中国媒体，最重要的原因还是不认同中国的媒体体制，认为中国媒体不自由，受到政府的管制，因而报道过于政治化。这一方面源于日本人对于中国媒体的成见，另一方面也与中国媒体自身的报道方式有关，如有记者提到中国媒体报道中的信源缺失问题，也有记者提到报道过于感情化的问题。因此，中国媒体应当改变现有的新闻报道方式，了解国际受众的信息消费习惯和偏好，以一种国际受众可以接受的方式传播信息，努力创建有国际影响力的媒体品牌、媒体栏目,从而提高其在国际媒体竞争中的影响力和公信力。

近年来,中国政府积极鼓励中国媒体走出去,也采取多种方式提高其国际传播能力。国际传播能力提高的关键是获得国际话语权。英国广播公司(BBC)和美国有线电视网(CNN)这样的国际强势媒体的影响力就是来自于它们的话语权。因此,中国媒体,尤其是专注于国际传播的外宣媒体,应该找准定位,尽快转型,将自身打造为具有国际影响力的强势品牌,从而有效地把中国的形象和声音传递给包括日本在内的世界各国人民。

2. 引导日本媒体准确、客观报道中国

我们的问卷调查和访谈数据都显示出日本媒体对中国的报道不够准确客观,而且以负面形象为主。这一方面受到中日关系的影响,另一方面与日本媒体记者获取有关中国的信源的困难、对中国历史和国情了解不多,以及中日媒体从业人员之间缺乏相互交流等紧密相关。在我们的访谈中,多位日本记者指出,他们对于我们国家官员尤其是领导人的接触机会太少,对一些重要事件的采访比较困难,不像在日本可以随时拦住某位议员采访,所以很难拿到一手的信源,因此他们常常需要转引中国媒体的报道。同时,日本的一些驻华记者在来华之前对中国了解不多,对中国的很多问题理解起来比较困难,也就很难准确客观地报道中国。也有日本记者表示中日媒体从业人员之间缺少同行交流,也是造成相互不信任的一个原因。如果媒体从业人员之间能增加交流,了解彼此的工作习惯、思考方式,会有助于引导日本媒体准确、客观地报道中国。

如果日本媒体能够客观准确地展示一个真实的中国,对于日本民众了解中国、改善对中国的认识不无裨益。2007年日本NHK电视台拍摄的纪录片《中国铁道大纪行》就是一个很好的例子。《中国铁道大纪行》记录了艺人关口知宏在2007年以搭乘铁路的方式走遍中国的全过程,行程基本没有什么事前安排,就是拍摄关口知宏乘火车背包游,画面都是中国铁路沿线的风景、中转城市的风貌以及与中国普通百姓一起交谈、吃饭、干活的情景。这个节目忠实记录了沿途经历,展现的是真实的中国和中国人,不仅收获了很高的收视率,而且节目组的博客还收到了大量的观众留言,纷纷表示通过观看这个节目对中国有了更深的了解。日本观众为中国的壮丽山河所吸引,为中国百姓的热情质朴所感动,也为对中国的误解与现实的差异而惊讶。一位28岁的日本女性观众留言说:"我的哥哥一家将于明年4月到广州工作。幼小的侄子去中国这个未知的国度,我心里全是担心。但是看到关口的中国旅行,我对中国的印象发生了180度的转变。看到那么多中国人热情的笑脸和体贴的举动,我想侄子在中国会有非常可贵的人生体验。"[1]另一位56岁的男性留言说:"我因工作经常去中国出差,每次都会被中国人的'人情味、不认生'所吸引,不知不觉就喜欢上了中国,喜欢上了中国人。但是回到日本后,我却不知道如何把中国人的这种魅力转达给身边的日本人。看到这个节目后,我对妻子说:'太好了!这就是我想告诉大家的中国。'"[2]

从观众的留言中我们可以看出,如果媒体没有任何的先入为主,真实地记录中国和中国人,就能够减少误会,增进日本人民对中国的认识和了解。今天,日本媒体上有很多关于中国的报道,但是鲜有不带主观判断的新闻。因此,两国的媒体人如果能够相互交流、增进理解、客观准确地报道对方,将对改善两国关系举足轻重。

(作者王秀丽为北京大学新闻与传播学院副教授;梁云祥为北京大学国际关系学院教授)

---

[1] 赵新利:《中日传播与公共外交》,社会科学文献出版社2012年版,第147页。
[2] 同上书,第149页。

中国地域文化对外传播的特例
——广府文化海外传播的现象与本质*

刘康杰

内容摘要：无论是中国还是西方学术界，都很少研究中国地域文化的海外传播。本文以澳洲华人和华文传媒为例，通过历史研究和实地观察法，探索中国地域文化的一个独特分支——广府文化的海外传播。研究显示从19世纪中期广府文化就开始在澳洲广泛传播，深刻影响华人乃至主流社会的人口结构、政治、经济、文化直至今天。特别是广府的传媒文化，从1856年至今一直都是澳洲华文传媒中不可或缺的组成部分。一个国家的地域文化一百多年来都左右着另一个国家的移民传媒，这在中国乃至全世界地域文化的海外传播中都极为罕见。从现象到本质，研究通过比较广府文化在美国等西方国家的传播，展示地域文化成功进行海外传播的特点——历史性、开放性和创新性。

关键词：中国地域文化；广府；海外华人；海外华文传媒；跨文化传播

一、引言：广府文化的海外传播与研究

在历史的时空中和世界文化的丛林里俯视中国地域文化，会发现其中异彩纷呈的一朵——广府文化，它不仅历史悠久、博大精深，更突

---

* 本研究获"广东省高等教育创新强校工程"（编号 GWTP-BS-2014-21）和"广东省优秀青年教师培养项目——中国政府国际传播能力构建与评价体系研究"资助。

出的是全球传播、四海开花,这在中国乃至世界上许多地域文化里都罕见。本文通过历史研究法和实地观察法,从现象到本质,总结中国地域文化对外传播的规律。

广府文化有明显的历史性、开放性和创新性。① 具体说,广府文化历史悠久,又兼容并包、海陆兼顾,还有强烈的自我更新、自我发展能力。首先是广府文化历史长、海陆合一。"海"的源头可追溯至148000年前,南粤人类就生活在沿海一带,后来的百越民族文化也带有深深的海的烙印。② 广府文化的"陆"的源头,是中原文化。秦朝中原人民曾大规模南迁至南粤,汉武帝在现在的封开县设立"广信",两宋以广信为界,以东为广南东路(广东),以西为广南西路(广西)。③ 唐张九龄凿通大庾岭古道,中原移民又一次大规模南迁,也将中原文化带给百越,各族人民在长期的生活中不断融合创新,逐渐形成独特的海陆合一的广府文化。④

元、明、清、近代以来,广府文化海陆兼顾、独特创新的特色越来越鲜明。特别是1979年后,广东作为中国改革开放的"试验田",破除僵化体制、建立新经济体系,锐意进取,敢为天下先,"广货"风行全国至全球,商业文化蓬勃兴起,广府传媒文化也在全国熠熠生辉。从1979年至今,《羊城晚报》《广州日报》《足球报》、广东电视台、珠江经济广播电台等从内容、风格到体制上的改革,成为中国媒体改革的风向标。⑤ 进入21世纪以来,广东的新媒体发展如火如荼,以腾讯为代表的一大批互联网媒体,在全国乃至全球都占一席之地。

要指出的是,文化区域与政治区域并非相同,广府文化也并非只是广东省的文化,还包括香港和澳门。港澳和广府同文同种,据港澳政府

---

① 黄伟宗:《从封开启步的探究广府文化的15年历史》,载《封开:广府首府论坛》,香港:中国学术评论出版社2011年版,第31—52页。
② 张镇洪:《从"封开人"说珠江文化》,载《封开:广府首府论坛》,香港:中国评论学术出版社2011年版,第67—80页。
③ 徐杰舜、徐桂兰:《广府人起源及形成论》,载《封开:广府首府论坛》,香港:中国学术评论出版社2011年版,第83—105页。
④ 黄伟宗:《从封开启步的探究广府文化的15年历史》,载《封开:广府首府论坛》,香港:中国学术评论出版社2011年版,第31—52页。
⑤ 林如鹏:《广东报业竞争三十年》,暨南大学出版社2008年版。

网站的数据,两地97%以上是广府人及其后裔,粤语是主要语言。香港文化发展了广府文化的部分特点,以通俗、平实、市民化、娱乐化为特征,以影、视、歌为媒体,逐渐传播到全世界。特别是香港报业自20世纪60年代发轫,群雄并立、各领风骚,从70年代起纷纷进军海外,显示出强烈的创新性、开拓性。① 港澳回归后,粤港澳交流不断深化,三地的差距越来越小,"大广府"经济文化圈呼之欲出、初步形成。②

由于近海,海外传播成了广府文化的重要特点。从元明时期至今,广府文化随着大船的风帆,传播到世界许多地方,文化的开放性、创新性与对外传播互相促进,使得广府文化在澳洲、北美乃至世界许多地方生根发芽,成为中国地域文化乃至世界地域文化传播里一道独特的风景。③

研究中国地域文化的海外传播,具有重要的理论和实践意义,但相关专题却凤毛麟角。搜索CNKI和人大报刊资料复印数据库,以"中国地域文化""广府文化""海外"为关键词,仅有一篇论文直接相关:"区域传承与海外传扬——广府文化发展的历史与现实",主要分析广府文化在东南亚的传播,主题是"加强与海外华侨华人及港澳台同胞的联系交流,增强祖国统一"④。

以Cantonese和Guangdong为关键词,搜索世界最大的英文学术数据库EBSCO和PROQUEST,分别找到38篇和27篇论文,基本上是语言学、社会学、心理学甚至医学论文,如粤语在澳洲和美国的变化、香港粤语电影等。直接论述广府文化海外传播的英文论文,PROQUEST无法搜到,EBSCO仅一篇,但只是历史研究——19世纪末20世纪初广府文化在澳洲的传播。⑤ 还有,在上述中、英文数据库以中英文"北京文

---

① Gary Mcdonogh and Cindy Wong, *Global Hong Kong*, New York: Routledge, 2010.
② 黄伟宗、司徒尚纪:《中国珠江文化史》,香港:中国学术评论出版社2009年版。
③ Don DeVoretz, "Triangular Movement of Chinese Diaspora", paper presented at the conference "People on the Move: the transnational flow of Chinese human capital", The Hong Kong University of Science and Technology, 2005.
Wang Gong Wu, *Migration and the Chinese*, Singapore: Times Academics Press, 2001.
④ 陈伟明:《区域传承与海外传扬:广府文化发展的历史与现实》,《中国发展》2007年第1期。
⑤ Edwards, G., "Dancing Dragons: Reflections on creating a cultural history of the Chinese Australian community", *Chinese Southern Diaspora Studies*, 6, 2013, pp.102-111.

化"(Beijing culture)、"海派文化"(Shanghai culture)、"蜀文化"(Sichuang culture)、"海外"(overseas)和"中国地域文化"(Chinese local culture)等字段搜索,均无直接相关论文。

因此,研究广府文化的海外传播,能在全球化背景中揭示中国地域文化的海外传播规律,还能为减少对外传播中的跨文化障碍提供理论和实例,还能为京、沪、江、浙等外向型经济地区在海外树立地域文化品牌,提供参考。所以,广府文化的海外传播是一个理论和实践都有重要价值的课题。

然而,这一庞大课题必须确定合适的研究案例、范围和方法。有关研究案例,经过全球范围内的比较,发现西方重要国家——澳大利亚华人及华文文化传播既历史悠久,又与欧美有许多相似,正如墨尔本大学汉学教授 John Sinclair 所说:"The Chinese diaspora in Australia, Global diaspora in microfilm"①。因此,澳洲可以作为本课题有代表性的研究案例。

有关广府文化的研究范围,文化是一个广泛的话题,到底什么才能代表广府文化? 梳理广府文化学者的观点,广府文化以广府民系为基础,包括民间艺术、商业文化、传媒文化等。② 这其中,海外华文传媒是中华文化在海外最直接的体现之一。海外华文报纸从 19 世纪至今在全球大多数有华人的国家都非常流行。③ 因此,通过研究广府民间艺术、商业文化,特别是广府海外华文报纸的传扬,能够从深度和广度两方面,点面结合概括广府文化的海外历程。

有关研究方法,本课题使用历史研究法和实地观察法。文化存在于历史之中,历史是文化的缩影和反映。④ 广府文化的海外传播必须由严谨的历史事实证明。研究者 2006 年至 2012 年在澳洲居住时,多

---

① John Sinclair, "Chinese cosmopolitanism and media Use", in S. Cunningham & J. Sinclair (Eds.), *Floating Lives: the media and Asian diaspora*, Lanham, Boulder, New York, Oxford: Rowman & Littlefield, 2001, p. 1.
② 黄伟宗:《从封开启步的探究广府文化的 15 年历史》,载《封开:广府首府论坛》,香港:中国学术评论出版社 2011 年版,第 31—52 页。司徒尚纪:《泛珠三角与珠江文化》,香港:中国学术评论出版社 2006 年版。
③ 程曼丽:《海外华文传媒研究》,新华出版社 2001 年版。
④ Arnold Toynbee, *A Study of history*, London: Oxford University Press, 1932.

次前往新南威尔士、维多利亚州图书馆,还有华人聚居的悉尼、帕拉马塔(Parammatta)、莱德(Ryde)、好士围(Hursville)、车士活(Chatswood)等区的图书馆,挖掘政府文档、历史典籍等数据、文字、影像资料,收集各种相关新闻报道等。另外,研究者又采用实地研究法,在澳洲、欧美当地观察、记录广府文化在海外的各种现象,特别是海外华文传媒的传播,从比较中发现规律,以下为研究结果的综合分析。

二、广府民间及商业文化在澳洲的传播

从19世纪初至21世纪,澳洲华人发展史可分为四个时期,每一个时期,广府文化在澳洲华人社区乃至主流社会的传播都深入而广泛,对当地的政治、经济、文化等方面都有举足轻重的影响。① 本章主要分析广府民间及商业文化在澳洲传播的现象并总结其规律。

19世纪初至1901年是澳洲华人发展的第一个时期,最早到达澳洲的中国人就是广府人。1818年,广东四邑人庄世英到达悉尼,被澳洲海关记录在案。② 后来,四邑人雷三妹到达墨尔本,得知有金矿回家告诉同乡们,因此广府人蜂拥而来淘金。后来,不少人还从事农业、洗衣业等。③ 从19世纪至20世纪中叶的澳洲华人绝大多数都是广东人特别是珠三角西部的农民,以广府人为主体的华人人口在19世纪末在澳洲排第二,仅次于英国后裔,大量广府人促进了广府文化在当地的传播。④

从19世纪末期起,广府文化就在澳洲主流社会传播开来了。澳洲

---

① Eric Rolls, *Citizens: flowers and the wide sea: continuing the epic story of China's centuries-old relationship with Australia*, Brisbane: University of Queensland Press, 1996.
Eric Rolls, *Sojourners: the epic story of China's centuries-old relationship with Australia: flowers and the wide sea*. Brisbane: University of Queensland Press, 1992.
② Paul Jones, *Chinese-Australian journeys—records on travel, migration and settlement, 1860-1975*, Canberra: National Archives, 2005.
③ Shirley Fitzgerald, *Red tape, gold scissors—the story of Sydney's Chinese*, Sydney: The State Library of New South Wales Press, 1996.
④ Wei Ping Liu, *The history of the Chinese in Australia*, Tai Bei: Sing Tao Publishing House, 1989.

学者 Edwards 和 Fitzgerald①都列举了很多史实,如悉尼从 19 世纪末开始,就有华人花车巡游。每逢农历节日穿越大街小巷的花车表演,都吸引了大量澳洲人观看。广府民间文化的代表之一粤曲,更是得到西方背景的人们的喜爱。研究者在新南威尔士图书馆,找到一幅照片——一位澳洲人正在认真地学习粤曲,表情惟妙惟肖。在这一阶段,广府文化成了中国文化在澳洲的代表。"广府文化不仅是中华传统文化的一部分,也成为海外华侨文化的最早最深厚的源泉之一,对广大海外华侨华人的发展产生了重要影响。"②

从 1901 年起至 1973 年,澳洲华人的发展进入了第二个时期。在政治上,因为 1901 年"白澳政策"的颁布,华人正式受到歧视,后来还被剥夺了政治权利直至 1973 年。③然而,在不利的社会条件下,广府人发扬实干、创新、善变的广府文化,通过艰苦的拼搏,在经济上事业小成,使得广府文化的重要分支——商业文化在澳洲社会的传播产生了广度和深度。④

19 世纪末悉尼中山人马应彪、郭乐、郭泉家族就是很好例子。⑤他们早期从事水果种植,凭着广府人吃苦耐劳、艰苦奋斗的精神,他们出产的水果逐步获得了澳洲市场的认可,行销悉尼及新南威尔士州各地。他们发扬广府文化的开放性、创新性,善于了解当地西方客户的心理,学习澳洲的经商习惯,思考适销对路的产品。郭乐、郭泉家族在悉尼的水果商店,就是根据当地商店的装修款式和顾客的消费习惯而建立的。面对成功,他们不满足于只成为生产商,更希望成为经销商。据 Liu

---

① Grace Edwards, "Dancing Dragons: Reflections on creating a cultural history of the Chinese Australian community", *Chinese Southern Diaspora Studies*, 2013(6), pp.102-111.
Shirley Fitzgerald, *Red tape, gold scissors—the story of Sydney's Chinese*, Sydney: The State Library of New South Wales Press, 1996.
② 陈伟明:《区域传承与海外传扬:广府文化发展的历史与现实》,《中国发展》2007 年第 1 期。
③ Gary Tavan, *The long, slow death of white Australia*, Melbourne: Carlton North, 2005.
④ Paul Jones, *Chinese-Australian journeys—records on travel, migration and settlement, 1860-1975*, Canberra: National Archives, 2005.
⑤ Fave Young and Novole Van Barneveld, *Sources for Chinese local history and heritage on New South Wales*, Sydney: Faye Young & Nicole van Barneveld, 1997.

(1989)①和 Shirley Fitzgerald（1996）②调查，早在20世纪初，广府人就已经控制了新南威尔士州的水果、蔬菜的生产和销售。而研究者在悉尼考察时发现，直到21世纪的今天，当年广府人的后裔，仍然在悉尼西部经营水果、蔬菜种植业，正如一位研究者评介的那样："广府文化重商兴业，在海外华侨华人中也得到很好的传承发扬。"③

1973年，澳洲政府取缔"白澳政策"，开始"多元文化政策"，使得澳洲华人的发展进入第三阶段，直至1997年。20世纪80年代至90年代末，不少香港人移民澳洲，使得香港移民排在所有澳洲技术移民的第一位。④ 1997年后，由于中国经济不断发展，广府人移民澳洲、出国留学、长期经商的越来越多。中国内地移民的数量，也逐渐超过了香港移民，⑤广府民间艺术和商业文化在澳洲传播的广度和深度都不断增强。

现在，中国粤语是澳洲政府的七种官方语言之一，从表1"澳洲国家统计局（Australian Bureau of Statistics）数据"可见，中文已成为澳洲第二大语言，其中粤语使用者有244000人，占澳洲人口的1.2%，排全国第四，超过普通话使用者，这在西方国家是罕见的。悉尼西北部报纸——*The Hills News*，以Cultural Embraced（嵌入的文化）为题，报道了中国语言对悉尼西北部的影响，包括当地小孩子们也有不少报读粤语班，可以说广府文化已经嵌入了悉尼西北地区。⑥

---

① Wei Ping Liu, *The history of the Chinese in Australia*, Tai Bei: Sing Tao Publishing House, 1989.
② Shirley Fitzgerald, *Red tape, gold scissors—the story of Sydney's Chinese*, Sydney: The State Library of New South Wales Press, 1996.
③ 陈伟明：《区域传承与海外传扬：广府文化发展的历史与现实》，《中国发展》2007年第1期。
④ Shu Jin and Lisleyanne Hawthorne, "Asian student migration to Australia", *International Migration*, 1996 XXXIV（1）, pp.65-96.
⑤ Graeme Hugo, "Recent trends in Chinese migration to Australia", Paper presented at the Workshop: Chinese in Pacific, where to now? (held in The Australian National University, Canberra), 2007.
⑥ Kristan Campise, "Cultural Embraced", *Hills News*, 2009, November 3.

表1 澳洲国家统计局数据

Languages 语言	English 英语	Chinese languages 中文	Italian 意大利语	Greek 希腊语	Arabic 阿拉伯语
Speakers	15581300	465200 in total；244600(Cantonese)；220600(Mandarin)；(excluded Hellien and Hakka)(不包括海南话与客家话)	316900	252200	243700
Proportions in Australia	78.5%	2.3% in total；1.2%(Cantonese)；1.1%(Mandarin)	1.6%	1.3%	1.2%

澳洲五大语言，来源：Census of Population and Housing：Table 3. 2006 Census：top 10 languages spoken at houme。

  粤语的广泛使用更便利于广府民间艺术在澳洲的传播。从2007年起，悉尼的华人新春巡游成为当地的固定节目，由市政府组织。春节，也成为新南威尔士州各族人民的公众节日。新春巡游虽然代表的是中国文化，但是广府民间文化是主流。一个明显例证就是，巡游中的狮子是"南狮"，而不是"北狮"。[①] 巡游中的乐器，也以粤曲乐器为主。另外，研究者2008年至2011年在悉尼，曾经五次在各种场合看到过舞狮子，所有的"狮子"都是南狮，广府文化在澳洲的传播与影响，可见一斑。与悉尼相似，从2009年开始，春节又成为墨尔本的公众节日。

  另外，澳洲学者的研究和本人的实地观察都表明，广府的商业文化也给澳洲，特别是悉尼所在的新南威尔士州——澳洲的最大省带来了广泛的影响。[②] 五年来研究者考察了悉尼大大小小十多家电商店，发现大部分产品来自广东。澳洲的日用品也是如此。据研究者对周围西方邻居的调查，广货在澳洲人的眼中经历了三个阶段，从怀疑、尝试到接受。早期广东产品初入澳洲市场的时候，澳洲人有所疑惑。但是，广

---

① 舞狮子是中华传统文化之一。狮子有南北之分，"南狮"神似，"北狮"形似。
② Jock Collins, "Chinese entrepreneurs and Chinese diaspora in Australia", *International Journal of Entrepreneurial Behavior and Research*, 2002, 8(1-2), pp. 113-133.

货质优价廉、款式众多、不断创新,逐步赢得了澳洲人的认同。现在,在澳洲人眼里,广货已经与其他发达国家的商品没有太大分别。另外,从2010年起,广东省与新南威尔士州结成友好城市,广府商业文化在澳洲的发展又开始了一个新阶段。

自21世纪初以来,广府的商业文化在新南威尔士州传播的扩大出现了一个新特点——高新科技产业的逐渐增多。[①] 20世纪中国人在澳洲建立实业的主力是商业移民和政府背景公司,涉足的行业主要是贸易、传统产业和轻工业。然而近年来,越来越多的广东技术移民涉足商海,包括IT、生物等高科技和金融服务行业。这些技术移民由于拥有专业背景,在与澳洲社会和中国的交往中独具优势,实业也在当地逐步扩大。[②]

总结华人在澳洲150多年的历史,广府民间艺术和商业文化不仅在澳洲广泛传播,还深深地嵌入澳洲的历史、社会和人民的生活,成为这个西方国家的一部分。[③] 正如澳洲学者Damousi的评价:"华人在澳洲的历史的深度和广度,和他们不断嬗变的文化对澳洲的影响,是澳大利亚绝不能忽视的。华人文化与澳洲的联结有力地显示了澳大利亚的基本特征——多元化。"[④]由于广府文化是澳洲华人文化的重要组成部分之一,这段话可以理解为广府文化在澳洲今昔的传播与影响。

三、广府传媒文化在澳洲

从19世纪中期至今,广府文化都是澳洲华文传媒的主要组成部分。一个国家的地域文化一百多年来都左右着另一个国家的移民传

---

① Christine Inglis, "Chinatown Sydney: A Window on the Chinese Community", *Journal of Chinese Overseas*, 2011, 7, pp.48-64.
② Chung-Tong Wu, "New middle-class Chinese settlers in Australia and the spatial transformation of settlement in Sydney", in L. J. C. Ma & C. Cartier (Eds.), *The Chinese diaspora: space, place, mobility, and identity*, Lanham: Rowman & Littlefield, 2003, pp.359-379.
③ James Jupp, *The Australian people: An encyclopedia of the nation, its people and their origins*, Cambridge: Cambridge University Press, 2001.
④ Jan Damousi, "Chinese Australian History", in W. H. Geoffrey (Ed.), *Creating Australia*, Sydney: Allen & Unwin, 1998, p.27.

媒,这在国际传播史上极为罕见。本论文根据传播学的三个基本点——传播者、传播内容与受众,对广府传媒文化在澳洲的传播与影响作一剖析。

从澳洲华文传媒的源头开始,传播者、传播内容与受众就深深地打上了广府文化的烙印。① 最早的澳洲华文报纸是《唐人新闻纸》,1856年至1858年在墨尔本附近的Ballarat发行。这份报纸是国际传播史上的奇葩。首先,它是世界上第一份中英文双语报纸。② 另外,这份报纸是由澳洲政府翻译,Robert Park个人发行,办给当时在澳洲的华人(广府人)看的。作为一个主流社会的政府官员,为受社会歧视的边缘族群(广府人)而办报,这在移民传播史上至今还未出现过。而原因是Robert Park从事翻译工作,长期与广府人接触,逐步深入了解了中国人与中国文化的可贵,因而愤于澳洲人对华人的社会歧视,所以办起了一份报纸,为澳洲华人——广府人服务。③

由于上述两位研究者没有提供实物图,研究者在新南威尔士图书馆发现了仅有的两份报纸,从语言和内容都折射出广府文化的海外传播。首先,报纸语言是粤语而不是普通话或标准中文书面语。如1857年3月18日的报纸,头版最大的一幅广告有一句话:"唐字脚下,就係佢咯。""就係佢咯"是典型的粤语(普通话或书面语应该是"就是它")。其他广告也体现出明显的广府文化特征。比如,出售的物品是广府人经常用的凉席等。还有船票,基本上是去四邑、江门、中山等地。因此,在《唐人新闻纸》里,看到的是广府文化在澳洲的传播者和受众的统一:Robert Park既是广府文化在澳洲传播的结果,又是广府文化在澳洲传播的起点。广府文化在澳洲的传播,使他能够学习到这一优秀的文化,并被广府文化的历史性、独特性、开放性而深深吸引,于是他办起了一份报纸,既向当地居民传播广府文化,又维系广府人在澳洲的文化情结。但是,由于缺乏各种支持,这份报纸在1858年停刊。

---

① Stuart Cunningham and John Sinclair, *Floating lives: the media and Asia diaspora*, New York, Oxford: Rowman & Littlefield, 2001.
② Ye Wang and Julia Ryder, "An 'eccentric' paper edited for the unwelcome aliens.(The Chinese Advertiser)", *Australian Academic & Research Libraries*, 1997,30(4).
③ Ibid.

中国地域文化对外传播的特例

研究者在新南威尔士图书馆还调查到在澳洲的第二、第三份华文报纸——《广益华报》《东华新报》与广府文化紧密相关。两报先后于1894年和1897年在悉尼出版,全部都是由澳洲广府商人——水果商和中国产品进出口商创办的。19世纪末,成功的广府商人在澳洲不断涌现,他们迫切需要创办自己的媒体,交流信息,加强联系。20世纪初,在悉尼和墨尔本共有五份华人报纸,都是以服务广府人、维系广府文化为目的的。① 在新南威尔士图书馆,研究者审读了1894年至1912年的《广益华报》、1912年到1920年的《东华新报》,总体上是广东新闻占"中国新闻"的绝大部分。如1894年9月1日的《广益华报》,三条家乡新闻的标题是:"开平煤矿""粤省矿务""炎症潜消",还有一条是报道香港及广东的流行疫症,使得香港街市萧条。

20世纪40年代后,澳洲华文报纸逐渐式微,到1955年只剩下一份《澳华时报》。这份报纸是国民党澳洲领事馆主办的,除了鲜明的政治性外,还有强烈的广府文化地域特征。研究者在新南威尔士图书馆,看到1955年10月10日的"家乡新闻"栏新闻,全部都是广府各城市,如中山、惠州、珠海、江门等地的新闻。然而,由于白澳政策的实行使得在澳华人读者不断减少等原因,从1958年起,澳洲华文报纸全部停刊直至1981年。②

但是1982年,澳洲华文报纸重获新生,而主要的功臣就是广府传媒。③ 1982年3月,《星岛日报》开始在悉尼发行《澳洲版》,这是澳洲当代第一份华文报纸,既填补了澳洲34年没有华报的空白,又标志着当地华文传媒进入了一个全新阶段。这个新纪元就是广府文化的独特分支香港传媒的海外传播的结果。香港传媒市场竞争激烈,媒体大鳄们早在20世纪60年代,就开始布局全球市场。《星岛日报》集团在1973年就在美国旧金山发行海外版,成为首个成立海外分支的华文

---

① Mei Fei Kuo, "The making of a diasporic identity: the case of the Sydney Chinese commercial elite, 1890s-1900s", *Journal of Chinese Overseas*, 2009(5), pp. 336-363.
② Kang Jie Liu, "Diasporic Chinese newspapers not for Diasporic Chinese? A case study on *Sing Tao Daily* Australian edition", *Journal of Global Mass Communication*, 2011,4(1), pp. 88-110.
③ Kang Jie Liu, "Australian Chinese Daily not for Australian Chinese", *China Media Research*, 2012,8(3), pp. 102-125.

国际报业集团。这之后,《明报》等也在美国、加拿大等地登陆。在1987年,香港《新报》也在澳洲创办了华文报纸——《澳洲新报》,这也是最早的澳洲华文日报之一。这些日报既为广府人提供了必需信息和家乡新闻,也为广大华人读者服务,至今仍是最重要的两份华文报纸。

2004年,广府传媒文化在澳洲的传播又出现了一个里程碑式事件:《澳洲新快报》创刊。一位广东籍的澳洲华裔商人周鑫雄买下已经停刊的一份华文报纸,又与广州《羊城晚报》报业集团的《新快报》合作,成为《新快报》的澳洲版。《澳洲新快报》虽然在悉尼发行,却是广州市民报纸在澳洲的传播:四开小版面,头版大幅照片,内容以社会新闻为主,有杂志型周末专版。《澳洲新快报》的创刊,不仅为当地华文传媒市场又增加了一份日报,而且是一份简体字、大陆背景、南粤风格的日报,更加适合广府人的口味。①

广府传媒文化在澳洲的扩张,还从报纸到电子媒介。1987年,澳洲第一家华文电台开播,这就是一家粤语电台。之后,先后有几家粤语电台出现。这些电台传播广府文化,维系家乡与乡情。到2010年,香港翡翠电视台开设了澳洲频道,总部设在悉尼,这是目前澳洲节目最丰富、规模最强大的华人电视台,也标志着广府传媒在澳洲的拓展从报业到电视,传播的广度和深度都在不断增加。

四、广府文化从澳洲到全球

在全球化的背景下审视广府文化的海外传播,会发现这一文化不仅在澳洲生根发芽,在全世界许多地方也都熠熠生辉,广府文化的国际传播,有许多相似点。因为它切合了跨文化传播中历史性、开放性、创新性的特点,所以能跨越时空,传遍五洲。

与澳洲相似,广府文化在西方不少国家,特别在美国的旧金山、落

---

① 刘康杰:《澳洲华文报纸历程研究》,《新闻与传播研究》2013年第9期。

杉矶、加拿大的多伦多等地,广为撒播。① 早在19世纪中期,广府人就来到北美,是当时最早到达的中国人之一,经过一个多世纪的曲折历程,人数越来越多。现在上述三座城市,粤语使用者均居于前四位。早在1852年10月,粤剧已在旧金山剧院演出。与《唐人新闻纸》相似的是,1854年,美国最早的华文报纸《金山日新录》也是广府人创办、为广府人服务的传媒。② 加拿大的情况也类似。20世纪70年代起,香港的《星岛日报》《明报》等,先后在旧金山、洛杉矶、纽约、温哥华、伦敦、巴黎等地建立海外分支,将广式传媒文化传播到西方世界。③ 而现在温哥华华文报纸《中华时报》总编辑冯胜娟,就是广府民间文化和传媒文化的结合:她既是总编辑,又是粤剧"发烧友",是当地粤剧团的骨干。另外,当代广府的商业文化在西方也得到弘扬,不少广府人根据当地特点,开创了各种实业,特别是高科技业,这在北美各州都可以见到。

　　由表及里,有必要深入思考,广府文化能成功进行海外传播,主要原因是广府人出国早、人数多吗? 显然不全是。从实践和理论角度的分析,就会发现广府文化能够顺畅进行海外传播的内在规律。

　　从实践的角度来分析,在世界文化的丛林中审视广府文化。意大利人和希腊人到澳洲比广府人早,人数至今比广府人多,然而他们的文化,在澳洲的传播却不如广府文化。原因是意大利和希腊文化虽然有历史性,却缺乏强大的创新能力,自我更新、发展程度不如广府文化快。另外,美国的印第安文化和澳洲的原住民(土著)文化,在当地很有吸引力,也是历史悠久的文化,然而这些文化不仅很少走出国门,甚至对当地现实生活都没有深刻的影响。究其原因,是这些文化现代性、创新性不足,缺乏像广府文化那样强大的商业文化支撑,因而这些文化只能停留在狭窄的艺术欣赏层面,不能嵌入当代社会。还有,在悉尼、旧金

---

① Zhou Ming, *Contemporary Chinese America*: *Immigration, Ethnicity, and Community Transformation*, Philadelphia: Temple University Press, 2009.
② Tao Yang, "Documenting immigrant experiences: A study of the Chinese-language newspapers published in North America". Paper presented at the 74th World Library and Information Congress, 2008.
③ Clement. Y. K. So and Alice Y. L. Lee, "Tapping 'Yacht migrants': overseas editions of Hong Kong newspapers as an econo-cultural spin-off", *Asian Journal of Communications*, 1995,5(2).

山等地,均有"韩国城",韩国文化在西方社会也有一定吸引力,但是其地位也不如广府文化,因为不仅广府文化有强大的适应力、具有现代性,它的历史积淀也比韩国文化深厚。

通过上述比较,再从理论上做一总结,思路就会比较清晰。为什么广府文化能够全球撒播、跨越时空呢? 这是因为她的优势切合了跨文化传播的特性。美国学者萨莫瓦(Samovar)与波特(Porter)[1]在《跨文化交流》中提出,一种文化想成功地进行跨文化传播,必须有几个特点——文化的历史性、开放性和创新性。

而广府文化正是满足了这几点要求。如早期和当代广府商业文化在澳洲的传播表明,广府商业文化在保持自身独立性的同时,非常擅于学习当地文化、不断创新,从而壮大自己,有着强大的适应力和开放性。而广府传媒文化150多年来更是在澳洲和美国创造了许多个"第一",表现出强烈的开拓性。透过广府文化在世界各地传播的现象,可以探索到的本质是:广府文化不仅历史悠久、积淀深厚,还擅于兼容并包、开拓创新。不论到哪里,广府文化都善于吸收当地文化的优点,既独树一帜,又不断进取,创新争先,这使得这一文化具有创新性和开放性。因此,有必要在"全球化""中华文化""中国视野"[2]中继续深入研究这一独特课题,这对在全球弘扬中国文化、实现中国政府"走出去"的战略有重要意义。

(作者为广东外语外贸大学新闻学院副教授)

---

[1] Larry Samovar and Richard Porter, *Communication between cultures* (5th ed.), CA: Thomson, 2004.

[2] 程曼丽:《对外传播需要有新视野》,《新闻与写作》2010年第3期。

中国地域文化对外传播的特例